# 离开清华的110种方式

## Ⅰ

张　超　何雪冰　主编
金蕾莅　韦　江　董吉男　副主编

清華大學出版社
北　京

图书在版编目（CIP）数据

离开清华的 110 种方式. Ⅰ / 张超，何雪冰主编. —北京：清华大学出版社，2021.4
ISBN 978-7-302-57986-1

Ⅰ. ①离… Ⅱ. ①张… ②何… Ⅲ. ①清华大学－校友－生平事迹 Ⅳ. ① K820.7

中国版本图书馆 CIP 数据核字（2021）第 065894 号

责任编辑：王巧珍
封面设计：傅瑞学
责任校对：王荣静
责任印制：从怀宇

出版发行：清华大学出版社
网　　址：http://www.tup.com.cn，http://www.wqbook.com
地　　址：北京清华大学学研大厦 A 座　　邮　　编：100084
社 总 机：010-62770175　　邮　　购：010-62786544
投稿与读者服务：010-62776969，c-service@tup.tsinghua.edu.cn
质 量 反 馈：010-62772015，zhiliang@tup.tsinghua.edu.cn
印 装 者：北京博海升彩色印刷有限公司
经　　销：全国新华书店
开　　本：170mm×240mm　　印　　张：16.75　　字　　数：288 千字
版　　次：2021 年 4 月第 1 版　　印　　次：2021 年 4 月第 1 次印刷
定　　价：65.00 元

---

产品编号：089865-01

# 序

长期以来，清华大学高度重视学生就业工作，将其看作人才培养过程中具有战略意义的关键环节。早在1916年清华学校时期，清华就开展了择业指导，帮助学生“用其所学，为国效力，使民富国强”。新中国成立后及改革开放以来，清华就业工作先后从“统包统分”发展到毕业生“供需见面”“双向选择”，为社会主义事业输送了大批毕业生。2002年起，清华在全国高校中率先提出和开展就业引导工作，鼓励和支持毕业生“立大志、入主流、上大舞台、干大事业”，“祖国至上，人民为先，事业为重”的职业价值观在校园蔚然成风。

2012年6月，习近平同志视察清华大学，勉励即将毕业的同学们“要将自己的命运同国家、民族的命运紧紧联系在一起，在报效祖国的过程中成长成才”。清华牢记嘱托，坚持将服务党和国家人才战略需求作为基本原则，大力引导毕业生到祖国最需要的地方去，并对到重点地区、行业和单位工作的毕业生“扶上马、送一程、关心一生”。清华毕业生就业结构不断优化，就业质量持续提升，到重点单位就业的比例已由2003年的三成提高到现在的八成，京外签约就业比例连续八年超过五成。过去12年清华累计输送的2200余名选调生，近一半在西部和东北地区工作，近百人扎根在新疆、西藏、青海等艰苦边远地区。一大批清华毕业生做出了具有方向性意义的职业选择，代表着当代青年的未来方向。

眼下这本书所呈现的，是过去十年里，同学们从清华离开后的选择与坚持。新闻学院本科毕业生仁增顿珠牢记“走出来是为了更好地回去”，放弃了薪资优厚的大国企等工作机会，选择到藏北草原当一名基层工作者建设家乡。机械系硕士毕业生李金玺是2012年6月向习近平同志汇报就业选择的毕业生代表之一，近十年他一直坚守徐州重工，承担了全球首款8轴千吨级起重机底盘的总体设计任务。土木系毕业生胡黎俐在亲历汶川地震后，立志建出更牢固、更安全的房子，毕业后她在国内高校从事土木工程研究，实现了儿时的梦想。

过去的十年，是清华新百年的开局十年，更是中国全面建成小康社会决胜阶段的十年。随着党和国家事业格局的变化，以清华毕业生为代表的青年学子个性更加鲜明、兴趣更加多元，有更多机会和条件去聚焦自己的兴趣，施展自己的才华，其就业选择也呈现出更加多元化、个性化的特征。

生命学院博士毕业生苏宏伟读博期间在学校和导师支持下远赴少有国内学生访学的南非开展结核病研究，电子系本科毕业生姚颂刚毕业就与导师、学长联合创立“深鉴科技”，人文学院本科毕业生范煜群在追梦戏剧的路上披荆斩棘，无所畏惧，新闻学院硕士毕业生王晓亚从校园主持人成长为江苏电视台优秀主持人，教育研究院硕士毕业生沈晓东选择到山村担任救助和教育流浪儿童的学校校长，人文学院本科毕业生李晓东投身汉语和中国文化的传播事业，工程物理系博士毕业生李姝莹选择到国际原子能机构工作，希望用专业知识参与全球治理，捍卫人类和平……这些清华毕业生的多样化成长也印证了，只有国家发展、时代变革、社会进步，才能真正承载青年学生五彩斑斓的个人志趣，真正成全青年学生丰富多样的选择自由，更好地引领青年学生将个人价值融入服务国家、服务人民的事业之中。

由此，110 个名字，110 个选择，汇聚成为《离开清华的 110 种方式》，献礼清华 110 华诞。但这 110 个故事依然仅仅是十年来清华近十万名毕业生成长成才的一个小小缩影。个体的生涯发展选择也远远不止 110 种，我们更希望以这样一个富有象征意义的数字，寓意每一位离开清华的学子，心系家国，都在投身建设中国特色社会主义、推动人类文明进步的事业中，书写属于自己的最独特、最闪亮的青春诗篇。

是为序。

过勇

2021 年 4 月

# 目录

# 蔡崴：我在制造业的第十年

## 为什么选择制造业

时针拨回到2010年的10月底，放弃博士推荐资格的我，手里握着北、上、广、深、佛五个地方的offer：其中有金融机构，那个年代我们的主流选择就是金融/咨询业；也有金饭碗的央企，我爸妈喜欢的选择（当然他们更愿意我继续深造）；还有致力于IPO的电子商务民企，用现在的话说，算是初创公司吧。说老实话，我内心特别地纠结，每天晚上望着天花板做SWOT分析，起薪、工作地点、发展空间、个人兴趣、专业契合，来回挣扎，辗转反侧。

踌躇之际，我试探性地给其中亲朋好友认为“最不靠谱”的选择——溢达的HR（注：人力资源经理的俗称）发了封邮件，很粗糙地问一些关于发展前景、升职空间之类的问题。万万没想到，当天下午，收到了来自四字班（精仪94本科，普渡硕士）学长、时任溢达集团梭织面料副总经理的邮件，大意就是：溢达很好，来吧，哥罩着你。当时我的想法很简单，如果两位旅美清华学长（另一位是工物94本科，普林斯顿硕士）都能在溢达工作将近10年的时间，我好像确实也没有什么理由拒绝。就这样，大笔一挥，我开始了将近十年的制造业之旅。

Hi Cai Wei,

**Congratulations!** You finally became our choice by going through a series of very tough and tedious interviews, and you also made the right choice!

As a unique company leading in the industry in the whole world, Esquel takes people as the most precious treasure. From here you'll start a tota professional manager! You will be given the intensive training to become such a person, and you will be granted the opportunities to do so.

Frankly when I was in your age, I never dreamed once to be a professional manager in my career. I thought I was going to be a technician, doin in charge of a factory with more than 4500 employees and producing 10 millions yards of fabric a month. Here I can do something big to bring t will be under my colleague, Mr. Luo Xiao Lai (you've met with him)'s supervision and coaching, and you can be ensured that in Esquel your life v

Congratulation again! And should you have any questions please feel free to give me a call or send me a message.

Cheers,

Cheng, Peng
Assistant General Manager, GEW
Esquel Group

2010年来自学长的邮件截图

## ■ 为什么留在制造业

今年是我在溢达的第十个年头，岗位从最开始的梭织面料厂，到桂林的十如项目、高明制衣厂、杨梅制衣厂，再到现在的集团质量保证，最大的感触就是，这是一个非常愿意相信年轻人、培养年轻人、锻炼年轻人的公司。9 年多来我最大的收获就是跟随不同的老板，学到不同的东西，自己也不断地成长。我在公司里遇到很多优秀的同事，他们的鞭策与激励，也一直鼓舞着我向前奔跑。

2012 年 9 月底，当第一次带团队的时候，我以为老板让我带一个 30 人的团队就顶天了，毕竟是一个刚毕业的小青年，真没想到交给我 330 号人，让我管一整个织布车间。在 2015 年去杨梅制衣厂担任生产经理之前，我只是短暂管过 550 人左右的部门，老板却交给我一个将近 1500 人的团队。2018 年成为杨梅制衣厂副总经理的时候，我已经需要对超过 2000 人负责。2000 多名员工，背后就是 2000 多个家庭，如何通过自己和团队的努力，让这 2000 多名员工可以有更好的收入，让他们可以工作得更轻松，工作得更开心，既是我的责任，也是我最大的动力源泉。



现在，我负责全集团的质量保证，又是一个全新的挑战。如何带领新的团队找到流程弱点，如何落实标准化和做好知识管理，如何建立优秀的质量文化，如何提高全体员工的质量意识，如何提升组织能力和产品质量水平，这一个又一个的挑战为我在制造业的第十年开启了全新的篇章。

2017 年国庆，摄于新西兰瓦纳卡

溢达是一家传统行业里不传统的公司。2019 年，当全国上下都在激烈讨论“996”的时候，我们却希望在纺织服装行业首推“8+0”的双休模式。在我们看来，为蓝领员工创造更好的工作条件，同时改变我们这个行业在大众心目中的形象，可能是比挣钱更重要的事情。每每想到这里，又觉得工作好像变得更有意义了一些。

## 沿着抵抗力最大的路径走

其实非常感谢学校这次的约稿，让我十年来第一次系统地将回忆整理成文字，感触颇深。在学校的时候，常听学术大师、治国之才、兴业之士的故事；新生党员培训期间，“我愿以身许国”的“两弹一星”元勋事迹历历在目；每次东操体育课，总是思考自己将来是否也能“争取至少为祖国健康工作五十年”。最开始的时候，清华是留美预备学堂，后来也走出了非常多实业救国的企业家。令人痛惜的是，现在愿意投身制造业的同学越来越少。溢达集团董事长杨敏德（清华经管学院顾问委员会成员）在 2014 年的时候找我们录制了一个清华人在溢达的视频，转交给老学长朱镕基，向他汇报清华人在制造业的坚持。



从中美贸易摩擦，到今年的疫情，再加上企业“光荣”地进入美国的所谓“实体名单”，作为出口加工型的企业，溢达面临着从未有过的挑战与困难。与此同时，号称“纺织行业黄埔军校”的溢达，还在持续地给这个行业，乃至某些互联网“大厂”输送人才。越是这种时候，越是对“自强不息，厚德载物”的校训有更深刻的认识。作为清华毕业生，我们应该有担当和责任，我希望通过自己的努力，为从“中国制造”到“中国质造”，搬上一块砖，添上一片瓦。

时光飞逝，再过几天就是我 32 岁的生日。18 岁那年我爸送我到清华，回程的时候给我发了一条短信：“好男儿志在四方。”当时我在听涛园吃饭，看到的时候瞬间泪崩。清华的四年于我而言，总是伴随着美好与折磨。作为一名化学系的广东考生，我整个大学都在为不挂科而竭尽全力。还记得第一次微积分期中考试不及格，辅导员连夜约谈，劝我放弃班长职务，专心学习。最难的时候我常常问自己，是不是后悔了，当时是不是不应该选清华。现在想起来，当年在学校的那些挫折教会我的，远比我想象的多。When the going gets tough，the tough gets going. 也正是在清华，我遇见了一生挚爱，开始了班长和团支书的爱情故事。现在她已经成为我的太太，也在溢达工作。毕业那年是百年校庆，希望 150 年校庆回学校找那封写给 50 年后的自己的信的时候，我们仍然在制造业，为祖国健康地工作。

考上清华是我最幸运的事情，加入溢达是我最骄傲的选择。自强不息，有所作为；励志笃行，厚德载物。但愿我也能耐得住寂寞，经得起诱惑。

我是溢达蔡崴，这是我离开清华的方式。

写于 2020 年 10 月

2018 年国庆，摄于冰岛黛提瀑布

蔡崴，清华大学化学系 2011 届本科毕业生，毕业后以管理培训生（MT）身份加入溢达集团。

# 赵江涛：新疆十年，源于清华六年的求索

2011 年我从清华大学马克思主义学院硕士毕业后来到新疆工作，到现在已经十年了。这一切，还得从进入清华说起。

2014 年在南疆驻村时赶巴扎

## 在迷茫中认识自我

2005 年，我从甘肃省庆阳一中毕业，考入清华大学航天航空学院。拿到录取通知书，我大概只高兴了两个小时左右就陷入了深深的迷茫。高考之前，完全没有考虑过未来要做什么、成为什么样的人，只知道高考很重要，全力以赴去学习。可是，高考结束了，到清华去学什么？未来干什么？我完全是迷茫的。

这种迷茫一直持续到开学。开学不久，班主任刘彬老师问大家未来想干什么。很多同学都说本科毕业后要读本专业的博士，或者要出国；我也说我想继续读博士，可实际上我根本不知道自己在说什么。读博士干嘛？读什么方向？脑中没有任何想法。只是按部就班学习，却发现我对理工科的课程兴趣逐渐减小。大一下学期，我加入了学生求是学会、“三农”学会，参加

活动后发现，这是校园里一群“独特”的人，他们关注马克思主义的理论问题，更关注社会现实问题和解决之道，在这里我感受到强烈的共鸣。有一种隐约的念头冒上心头，我不太确定地想，我的未来应该是可以做一些服务社会、服务基层的事情吧。那么如何去实现呢？应该先从参加一些社会实践和社会工作开始吧。大一暑假我牵头组织了到家乡甘肃宁县的支教实践，大二开始做一些社会工作。

大二被吸纳为入党积极分子，参加培训学习，我逐渐了解并理解了党的理论、主张、理想和要求。在院团委初步接触了沟通协调文字等社会工作的基本要素，在“三农”学会参加农民工调研和支教，这是内心最纠结的一段时间，每天都在问自己，上下课骑车的时候都在想：未来到底干什么？到底应该选择一条什么样的人生道路？最终，心中的那个念头稍微确定了一些：我应该去做直接服务社会的事。在“三农”学会接触校外的一些非政府组织，为他们的奋斗奉献精神所吸引，觉得搞社团组织很有意思。于是，大二结束时，在当院团委副书记和当“三农”学会会长两份社工选择中，我选择了后者。



担任“三农”学会会长，还有一个故事。大二下学期的某个晚上，学会的一个大一师弟发信息给我，让我去教室，到了以后发现有三个人。他们说，如果你不来担任会长，我们就集体退会。当时的学会确实活动太少、不够吸引人，组织也不够紧凑，快要难以维系。当时我觉得对于一个学生社团组织，最重要的是理念认同、价值认同、情感认同，我担任会长后确定了学会发展目标，对内部组织进行了优化，明确了责任人，推出了常态化的活动。学会会员逐渐增多，那三名同学的很多室友、系友被他们吸引加入，还有一些和我同级的同学也加入了。到了大三上学期招新后，学会注册会员达到近百人，活跃会员三十人以上。那一年凝聚了一批志同道合的人，搞了一些活动，充实而轰轰烈烈。但是这段经历也让我意识到了社团的局限性。那年大学生村官开始试点，北京某区是其中一个试点地。我们看到了新闻后，想去做一个调研，于是我写了一个言辞犀利的调研提纲，提出了一些问题，发给了这个区的相关部门。不久学校相关主管老师就找了我，表示这个采访提纲提出的问题过于尖锐，毕竟这只是个试点工作，还需要逐步探索。最后采访自然没有去成。这件事让我感到，对于社会的发展变革，非政府组织只是从侧面做一些辅助性工作，最主要还是由政府主导和推动。在大三结束时，我基本上明确了自己的人生方向：学习上，转向文科专业；职业选择上，投身公共服务。

## ■ 保研马院，迈出这一步

大三结束时，我的成绩刚好达到本校保研分数线，在班上也不算是一个安安分分的“好”学生，总是折腾一些与学习无关的事。从现在看过去，这是一个从西北农村走出的孩子，面对未来的人生道路时，在一片茫然中认清自我的挣扎求索。幸运的是，这种求索让他最终找到了一条属于自己的路。大二暑假我的母亲去世，学院老师、同学给了我很多温暖和关怀；母亲离世的打击让我在大三下学期有几个月一度陷入抑郁状态，学院给了我一个参加中日友好协会组织的赴日交流推荐机会，通过选拔最终成行，这次十天的日本之行让我从低谷中走了出来。

保研时我放弃了本专业的机会，跟随三农学会的指导老师孔祥云教授，去刚成立的马克思主义学院（以下简称“马院”）参加保研面试。高中分文理科、大一可以选择转系时我都非常想读文科，都是由于一些现实的考虑而放弃了，我想一定要抓住这最后的机会转读文科。



保研过程经历了戏剧化的一幕。从工科申请保送文科研究生，我心里是没有多少底的，唯一有的就是坚定的态度。面试异常顺利，老师们看起来都挺满意，可是最后我却没有通过。我去找主考老师，得到的解释是老师们觉得我作为一个工科生，不是真心想要读马院的研究生，可能只是作为保底，录了我怕最终“放空”。我向老师反复解释我想到马院读研的真心诚意，表明我已经放弃了本专业的保研资格。老师最后答应我，可以将我排在第一替补位置。跨系保研没有成功，而我也没有做好本科毕业工作的准备，于是只能寻求校外保研机会。我和一个同班同学去航天某院面谈，对方很重视，参观完后，领导与我们正式谈读研的事。我突然接到马院教务老师的电话，老师告诉我，一位外校保研的同学放弃了机会，学院决定补录我，让我立即当场确定意向。就这样我终于读了文科研究生。

大四我加入了学生红色网站，做一些文字编辑工作，后被选派参加北京团市委的培训班并担任班长。2009 年春天我担任北京团市委和韩国未来林绿色协会大学生交流活动的中方大学生团队负责人，带领来自北京各高校的大学生与韩国未来林协会的大学生志愿者开展交流活动，并在秋天跟随北京团市委代表团回访韩国。研究生搞好学习的同时，我先后做了校党委学生部思教办辅导员、《业余党校》报主编、马院研究生团总支书记等社工，研一暑假参加暑期挂职项目赴江苏金湖县挂职镇长助理。这些工作为未来道路做一些准备，同时也让我思考具体如何选择。

选择公共服务部门是确定的，但是去哪呢？那几年学校与很多地方签订了人才输送协议，有志于去基层服务的同学面临的选择是比较多的。从本科开始，经常听到“到西部去、到边疆去、到祖国最需要的地方去”“祖国终将选择那些选择了祖国的人”，不知不觉间这种建功边疆的信念在心中根植。我和有共同志向的同班同学周杰反复讨论就业的选择，也向马院分管学生工作的副书记朱安东老师、时任校就业指导中心主任熊义志老师、时任研工部部长武晓峰老师多次请教，其实是在进行一种心理建设。有一天傍晚，我和周杰在图书馆后面的假山上又讨论未来的选择问题，马院吴倬教授路过看到我俩，问我们：“你们是在讨论人生吗？”我们说：“对，我们就是在讨论人生。”经过反复的讨论，指向逐渐清晰，我和周杰都下定决心到新疆工作。我们俩都感到，既然要去西部，那就到最西部去，而且当时第一次中央新疆工作座谈会召开不久，各方面信息都显示新疆的发展机遇良好。



2011 年 3 月 7 日，时任中央政治局常委、全国人大常委会委员长吴邦国到清华考察，在图书馆老馆与同学们亲切交谈时，我向吴邦国委员长汇报了我和周杰决定去新疆工作的想法。吴邦国委员长鼓励我说：“新疆、西藏是可以大有可为的事业舞台，尤其是新疆现在处于关键阶段，亟须各方面的优秀人才。响应国家号召，到西部艰苦地区接受锻炼，为民族地区、边疆地区的稳定、改革和发展贡献自己的聪明才智，是青年学子都应该学习的好榜样。希望你们在新疆为民族地区、边疆地区的稳定和发展贡献自己的聪明才智，干出好成绩，作出大贡献。”这让我受到了极大的鼓舞，我也更加坚定了到新疆去的决心。在毕业前的各省（市、自治区）来校招考中，我只报了新疆，最终确定到新疆乌鲁木齐经济技术开发区（头屯河区）工作。

## ■ 新疆十年，将初心坚守下去

2011 年 8 月 5 日，我坐了 46 个小时的卧铺大巴，来到了乌鲁木齐北郊客运站。出了武威以后，才知道什么叫“西出阳关无故人”，进入新疆前的上千公里，一路全是荒漠戈壁，真的是苍凉无比。

我被安排在乌鲁木齐开发区（头屯河区）委组织部工作。开始的几个月觉得好奇，然后逐步适应，过完春节后有几个同学辞职离开，我内心也在波动，毕竟在学校的理想和这里的现实是两回事，到底来新疆是不是一个正确的选择？在这待下去以后会怎么样？我每天都在想，甚至去做一些离开新疆的准备。但是我最终还是没有采取行动，因为一直没有找到一个充分的理由去推翻自己当初来新疆的那个决定，我相信自己，想等等看。我告诉自己，多坚持一会，哪怕是一两个月，也许一切都会大不一样，现在才几个月不足以证明当初的选择对错。2012 年 8 月，来疆一年的时候，我写了一篇文章《新疆这一年》，分析了在新疆的状态、面临的问题和解决的方法。这之后，才算渐渐适应了。

2012 年秋天，我被推荐到自治区党委组织部挂职，第二年调入。2014 年我报名参加了新疆第一批“访民情惠民生聚民心”干部驻村工作，在南疆一个全是维吾尔族村民的村子工作生活一年。我是第一次去南疆，而且一待就是一年，机会很难得，我想做点记录。于是在工作之余我写作驻村笔记，记录亲身经历的维吾尔族人和南疆的生活，在个人微信公众号上发表，还在观察者网开通了专栏全文登载，在凤凰网、中国新闻网、《环球时报》欧洲版部分发表。这些文字能使更多人了解南疆、了解维吾尔族，一定程度上促进了不同民族间文化的交流。后来，在时任清华党委副书记史宗恺老师和时任研工部部长张小平老师的支持下，通过校友原创出版资助计划，这些文章在清华大学出版社正式结集出版为《南疆住村笔记》一书。南疆这一年，我跟许多维吾尔族群众结下了深厚情谊，我也看到了真正的新疆是什么样子。这一年结束，我感觉自己真正地融入了新疆，成为一名新疆人。

2019 年在县里工作时参加“民族一家亲”活动

2015年，我认识了一位蒙古族姑娘塔娜，她从浙江大学毕业后回到家乡工作，我们在工作中相识相知，最终走到一起，三年后我们有了孩子——我在新疆扎了根。

之后的几年机关生活宁静平稳，直到党的十九大召开。习近平总书记在十九大报告中指出："广大青年要坚定理想信念，志存高远，脚踏实地，勇做时代的弄潮儿！"我感到一种想要去基层的激情，又看到《习近平的七年知青岁月》记载青年习近平决定从中央军委办公厅到基层工作时说，"这次下去，干得好，将来成就一番大事业，干得不好，就在下面给老百姓做些实事，也没什么"，深受触动，深感共鸣，下定了到基层工作的决心。于是，我向组织递交了申请，在组织关心下，调到了县上工作。县上工作这几年，直面老百姓，干了很多具体的事情，感觉十分充实，越干越感到有价值，越干信心越坚定。而母校培育的坚定的人生信念，自强不息、厚德载物的精神动力，永远激励着我，将这片建设边疆的初心坚守下去。



写于2020年12月

赵江涛，清华大学马克思主义学院2011届硕士毕业生，毕业后赴新疆工作。

# 邓诚：在在线教育行业的这八年

## ■ “误入”在线教育

相比于现在网课的火爆，2012 年的在线教育行业存在感约等于 0。

说实话，当时进入在线教育行业是误打误撞。2012 年毕业后我在备考中国人民银行研究生部（现清华大学五道口金融学院）的金融硕士，单纯想着毕业了不好意思再问家里要钱，需要找一份看上去上手比较快的工作，就给老东家学而思投递了简历，后来经过为期一个月的培训选拔，我手握两份 offer：去线下还是去线上？线下各方面已经成熟，线上还是摸着石头过河一无所知，没人知道在线教育是否能得到市场的认可。

可能是被当时的老领导刘亚超老师的个人魅力征服，最后我签了网校的 offer。

来了之后发现实际并不那么好上手，会做题、能做题和能讲题、会讲题有非常大的差别。初期经常碰到的情况就是：这种题也要讲？这不是很简单么？自己从来没学过教学，如何解构知识点，怎么引入等，需要补很多课。再加上新教师都会面临着和老教师同台 PK 的问题，你一个刚入行的人怎么和五六年教龄甚至十余年教龄的老师比？本着干一行就干好一行的原则，让自己的学生有更好的听课体验，我前三年基本上是“9117”（编者注：一周 7 天工作，从早晨 9 点到晚上 11 点）工作制，不是在备课就是在录播室或者在去线下教室的路上。考研的事也就抛诸脑后，我在在线教育行业扎根下来。

## ■ 继续折腾的心

经过前三年的疯狂学习，到 2016 年进入平稳期，我取得了一定的成绩，领导和同事都很好，家长同学也很认可，行业也越来越火热，一切都朝着好的方向发展，但自己却感觉陷入一个定型的模式出不来，教学陷入瓶颈需要突破，公司要求标准统一，只能在框架内做事，没法做创新。2016 年虽然各方面数据都在快速增长，但一年来过得浑浑噩噩。进入 2017 年，我尝试借助自己些许名气搭建学生互相交流帮助的社群，让他们不单交流知识方法，也交流心情，一起成长。在 B 站我做免费视频，分享高考数学每日一题，力求帮助更多学生（不过没多久因为一些原因被叫停）。课程设计可以更多样化的理念和现有课程一些设计理念的冲突，让我在 2017 年年底向公司提出了离职。因为不想给公司既有教学计划带来麻烦，我提前半年打招呼，带完寒假和春季课，2018 年 6 月正式离开。有朋友开玩笑说："没见过你这样的，把辛苦奋斗 5 年的位置拱手让出。"随后的两年自己创业，创业失败，再进入大机构，在追求商业利益的同时，一直在努力做一些公益分享，无论是从 2018 年起到现在免费更新了 600 多篇的"每日一题"，还是今年疫情期间 3 月份连续 21 天每天直播 3 小时刷卷子荣登了 B 站停课不停学活动的专题页，抑或是搭建沟通交流社群，让年轻人互帮互助或找高年级同学给低年级同学答疑解惑，都是希望自己在明年暑假开启新征程后依然能够把这些分享坚持下去。



我一直觉得在线教育能够在一定程度上促进教育公平，帮助那些普通学校的孩子进入更好的大学。从教 8 年，我的学生里既有北上广深等一二线城市的，也有四五六线城市的，有超级中学的，也有普通高中的，无论是付费学员还是每天看公益分享和听免费直播的粉丝，每每收到他们的反馈私信说哪怕得到那么一丁点帮助，不管他们考到哪我都会很开心，都会坚定我继续做下去的信念，帮助他们提高数学成绩，助力他们高考进入更好的大学，也尽力帮他们成长。

在园子里偶遇曾经教过的学生

国庆前回清华园和一个今年保研到经管学院的学生聚餐，在园子里逛的时候偶遇2个9字班、1个0字班学生，我都曾经教过他们。今年我有60多个学生考上了清华，希望以后每年能有100个以上。

## ■ 要不要进入在线教育行业

今年春季网课狠狠地刷了一波存在感，家长、学生对网课的认可度越来越高，各个网课机构学生量猛增，对主讲老师需求量有大幅提高。甚至前段时间部分培训机构给清北毕业生开出了媲美IT和金融行业的薪酬，也有一些自己的学生面临择业来询问机会如何。

应该说以清华毕业的背景进入教育行业有其优势，牌子硬，小初高越往高年级越有影响力，但也会面临不少挑战。第一就是自己能不能放下架子更接地气地去了解某个学科不会的同学的学习困境，找到适合的讲解方法，以及还要锻炼自己的表达能力；第二就是培训机构是否愿意等你成熟，对你忍耐度有多高。整个行业还在快速增长，面对快速增长的学生数量，机构对你的期待肯定是越快上手越好，就要看你能否承受这个压力；第三就是市场对老师越来越挑，随着在线教育行业认可度越来越高，进入这个行业的人也越来越多，你面对的会是同样拥有强悍学历背景和多年教学经验以及拥有优秀过往学生成绩的“老”教师，家长学生在做选择的时候，大概率不会选你，如果你的薪酬和报名人数挂钩，将要面对的就是收入不达预期以及自己看到惨淡数据的落差感。我曾经讲过两小时只有1个人看的直播课，虽然现在没有那么夸张，但可能是大几千和小几百的对比。

所以在面对这个职业选择的时候，你要多去沟通了解，问清楚培养体系和成长路径，以及和过来人多聊聊，让自己少走弯路。我还是非常欢迎各位学弟学妹加入在线教育这个行业，带来一些新想法、新思路，补充新鲜血液。

写于2020年10月

邓诚，清华大学2012届数理基科班本科毕业生，B站知名UP主。

# 李金玺：选择源于喜爱，我在“一根筋”的道路上越走越坚定

眨眼间离开园子已有 8 个年头，随着小伙伴们纷纷毕业离校，我们老“五字班”的痕迹已被“后浪”们的精彩所代替。但我还是喜欢回到园子，即使工作原因来去匆匆，即使一个人沿着主干道闲逛，每次进入园子（注：清华园），看到熟悉的建筑和匆匆来往的自行车流，就如同有人给你按下了自动清理键一般，荡涤掉了外界的困惑和负担，重拾了梦想、担当和奋进的力量。

我是 2005 年进入机械系本科学习，直到 2012 年硕士毕业，总共在清华待了 7 年时间。这期间，我加入了机械系学生会，与一帮“文艺青年”一起办了三届学生节；我参加了 2009 年的国庆 60 周年群众游行，在科技发展方阵向全国人民展示了来自清华学子的“笑脸”；我做了两年七字班的带班辅导员，在清华“双肩挑”队伍中经受了思想政治的洗礼。清华的爱国主义教育是非常有传统的，尤其是作为辅导员队伍的一员，我更是深有感触。我还记得在国庆 60 周年群众游行结束后，清华科技发展方阵分成两列沿长安街步行返回时，大家不由自主地唱起了清华老校歌和《歌唱祖国》的歌曲场景，也正因此，到祖国需要的地方去、到基层去的就业观在潜移默化中深入人心。那几年机械系辅导员团队中很多人都选择了去基层工作，比如去成飞集团的隋少春、去中冶赛迪的张勇、去黑龙江双鸭山基层政府的郑伟、去贵州毕节的林晓晖，这也是我当年选择徐工、选择到国家装备制造一线工作的初心。当然，做就业选择最核心的还是基于自己的内心是否愿意从事这个行业，能否在自己的工作领域内能有所担当和作为。现在回想起来，年轻时候必须适当地自我加压，在不断挑战中锤炼自己，才能当得起清华赋予我们的底色。

我一直觉得 2012 届的清华毕业生是较为特殊的一个群体，因为当年 6 月，时任国家副主席习近平来到清华紫荆操场，为即将奔赴祖国各地的清华学子们加油鼓劲，而我有幸作为 19 个就业代表之一汇报了自己的就业选择。自此以后就好像自己的就业选择带上了一层使命感，我感觉必须在中华民族伟大复兴的中国梦大潮中贡献自己的一分力量。

在与徐工签约之前，我从未到过徐州，但却对“徐工徐工、祝您成功”的广告词记忆深刻。很多同学可能并不了解工程机械，但提起中国“基建狂魔”的称号都耳熟能详，这背后离不开中国工程机械产品的强力支撑。而徐工作为中国工程机械行业的佼佼者，自 1943 年诞生以来基本上参与了新中国基础设施建设从无到有、从弱到强的每一个历程。刚进徐工，我从事的是轮式起重机设计，在这个岗位我一干就是 6 年。这个过程刚开始的时候是枯燥和艰辛的，我要从结构的一块钢板件画起，要在设计之初就考虑将设计、成本、效率以及工艺实现过程有机融合。这都离不开对生产过程的熟悉和把握，所以我时常到生产现场去，跟着工人师傅下料、焊接、机加，很多时候也需要自己钻车底、拧扳手，工作服基本上一直处于沾满油污的状态。然而那时候大家以此为荣，谁的工作服上油污多，就仿佛谁的荣誉多一般。我想徐工王民董事长一直说的“一线情节”正是如此，在一线待久了，对机器的轰鸣声乃至每一个工件散发的油气味都有种莫名的亲切感。

2016 年，公司安排我作为底盘总体负责人主持新款 1200 吨全地面起重机的设计。在国内市场，这款产品主要用于 2.0 ～ 2.5MW 风力发电机的吊装。当时，竞争对手为了快速抢占市场，以牺牲产品的安全稳定性的代价推出了一款风电吊装专用机型，将吊装安全风险转嫁给用户，市面上也发生了多起吊臂倾翻事故。我们团队为此进行了全方位的论证分析，决定将用户的吊装安全放在首位，通过徐工技术上的领先优势来满足该类风电吊装的使用工况要求。这款产品在上市后得到了市场的热捧，也开启了徐工独占千吨级全地面起重机市场的序幕。

在印度起重机协会调研

作为一名工程师，设计产品犹如养育自己的孩子一般，从孕育到产出、从试验到交付的全生命周期都要做好保驾护航。产品交付使用的结果固然令人欣喜，产品试制验证的过程却充满艰辛。这款产品试制的时候正值三伏天，长时间的试制跟踪让我的工作服湿了又干、干了又湿，但与工人师傅的长期协作让我充满了干劲和希冀。我也曾因自己的设计失误而愧疚。一块主减速机底板因设计尺寸偏差连续装拆了四遍，热交换器的安装位置空间狭小，让工人师傅硬别着劲拧螺栓，这些场景至今回想起来都历历在目，不断提醒着我要再严谨、再细致，不能纸上谈兵，要脚踏实地地做好产品。

2017 年 12 月 12 日对徐工、对我而言都是一个极为特殊的日子。这一天，习近平总书记十九大后首次地方调研选择来到了徐工。这于徐工而言，是对我们长期坚持自主创新、深耕工程机械行业的莫大肯定；于我个人而言，是对我的就业选择的再次鼓舞。当时在现场的我仿佛又回到了 2012 年 6 月份的清华紫荆操场，这一刻我感觉国家、清华、徐工的需要完美地融合到了一起，化为自己继续奋进的不竭动力。

参加共青团江苏省第十五次代表大会

到后来，我先后担任了徐工重型的底盘所所长助理、技术管理部长的角色，今年又到了徐工总部科技质量部担任部长助理。这使我在不断深化专业技术研究的同时，得以从一个更为宏观的视角来考虑徐工的科技创新体系建设。作为一个在充分竞争的市场中成长起来的地方国有企业，徐工将红色基因与市场客户导向很好地结合在了一起，这其中最重要的就是过硬的产品，为客户创造价值。在今天，徐工已经位列了世界工程机械的第四位，并吹响了向世界工程机械行业第一名冲锋的号角。在中美贸易脱钩趋势加剧、逆全球化潮流愈演愈烈的大背景下，我们已没有退路，必须像当年的“两弹一星”元勋一样站出来，在各自的细分领域捍卫中国的产业安全。

工作之余我有时候会想，当年学机械、现在做机械的初衷到底是什么。直到后来我有了自己的小孩，在陪伴他成长的过程中，我发现一个小男孩对汽车、挖掘机、消防车这些模型有着近乎偏执的热爱，仿佛镌刻在人类基因当中一样。我想，老祖宗将利用工具这种理念化作了人类的本能传承，就是要我们一代代人能够将人类区别于动物的优势不断进化，并发挥到极致。工程机械就是人类用于改造世界的最常用的工具，它的历史伴随着人类社会不断发展进化。这个行业存在的最初目的就是让世界更美好，让人类更强大。清华给予了我们追求卓越的种子，让它在合适的地方生根发芽，恰是清华人一生孜孜不倦的追求。



写于 2020 年 9 月

李金玺，清华大学机械系 2012 届硕士毕业生，毕业后到徐工集团工作。

# 税晓霖：少有人走的路——治愈心理痛苦

接到这篇稿子的邀约时，我满心诧异：确定是我吗？

毕竟，2019 年校庆我回校参加本科毕业 10 周年活动时，看到我们年级毕业生行业分布的统计数据，我的工作属于占比仅有 1.89% 的“其他”类别。清华的传统育人目标——治国栋梁、兴业之士和学术大师——我一个都沾不上边，心里一直默默把自己归为“校强我渣”的典型代表。

另外，这本书的撰稿人在我眼里都是大牛，职业经历金光闪闪，是入主流、上大舞台、做大事业的校友们，而我的职业曲线从平台规模而言，却是越来越小了。

向我约稿的老师说“你和他们没有不同，但你们每个个体又都是不同的。”诧异之余也为母校的多元氛围感到欣慰。我想，既然母不嫌子丑，那就坦然跟学弟学妹们分享一下我从国企到创业，最后再选择成为心理咨询师的故事，分享在这条少有人走的路上领略到的艰辛与幸福。

2019 年回校参加毕业十周年活动

## “除了学习，我还能做什么？”

2005 年，我进入清华新闻与传播学院学习如何做记者，4 年后又去教育研究院学习研究生教育改革，2012 年夏天正式毕业后，却既没有当记者也没有从事教育工作，而是选择了一家中字头的国企，开启职业生涯。

说来也好笑，直到拿到 offer 的那一天，我都没太搞明白自己要去的部门究竟是做什么的。那为什么选择了这个地方呢？现在回想起来，其实当时根本没有清晰的职业规划，我只知道自己不喜欢做记者、不喜欢做企业内宣，但却不明白自己喜欢什么，也没有底气确信自己能做什么，似乎除了学习，其他事情都不太有把握。

在剩下的有限选择里，中字头国企给户口、福利好、压力小、门槛高，对外地留京的女大学生而言，是一个能给人相当安全感的选择。

人生的第一份工作，就这么确定了下来。公司的领导和同事都很好，尽力给了我很多锻炼机会，各方面待遇也不错。两年的时间，当初缺少的底气慢慢找了回来，我基本上能够确信，即使没有那么热爱，只要自己愿意，我也能把一份工作做得比大部分职场人要好。但是，我逐渐不满足于做一份“体面”的工作，不希望靠责任感去克服平淡感，心底那个被摁住的声音逐渐往外冒——你还有更多可能，不要被舒适感慢慢吞噬。

于是，工作两年后，我离开了这家在长辈眼里样样都好的大平台，移居上海，开始另一段旅程。

税晓霏毕业照

## 在创业热潮中，看见自己的内驱力

2014年前后，国内掀起全民创业的热潮，我当时刚晋级为新手妈妈，也从安稳的国企退了出来，准备尝试一番不一样的生活，于是在孩子只有4个多月大时，和朋友一起联合创立了一家以哺乳服务为核心的母婴育儿平台。我们聚集了一批最优秀的哺乳顾问，借用O2O模式帮助新手妈妈处理各种哺育难题。

当时正是O2O备受资本青睐的时刻，我们才刚成立不久，就被著名投资公司约谈了项目，后来也顺利拿到了天使轮投资。但是在创业过程中，我一直问自己：你为什么要做这个项目呢？你对扩张公司规模、一轮轮的融资有强烈渴望吗？答案是否定的，我发现自己对创业本身并不热衷，而是被这个项目的社会价值深深吸引。

不像现在，当年没有那么多女明星站出来诉说新手妈妈的尴尬和痛苦，她们获得的关注和社会服务都少之又少，我们的项目为母亲这个群体提供了有力支持，直到今天，仍有许多朋友来找我推荐哺乳顾问、咨询产后问题。



可能因为过于强调情怀而忽略了商业本质，这个项目在两年后停了下来。虽然没有创业成功，但这段经历弥足珍贵。

我看清了不适合自己的道路，即使这条路上人来人往；也看清了最能驱动自己持续奋斗的力量来源，那就是在帮助他人的过程中，成就自己。在创业过程中，我认识了一些优秀的心理咨询师，对这个行业燃起好奇心，也为后来投身其中埋下了一颗种子。

## 再次转行，终于找到那束光

创业项目停下后，我已是30出头的年纪，那些在20岁就坚定道路的同龄人早就取得了傲人成绩，我却不得不再次站在十字路口，思考未来究竟路在何方。利用那段休整的时间，我去考了心理咨询师的执业证书，竟然赶上了最后一趟末班车（自2018年起，中国取消了二、三级心理咨询师资格考试）。

但是，真的要以此为职业吗？行业外的人会觉得这一行太爽了，坐着跟人聊聊天就能赚几百块钱，当时央视做了个采访，号称心理咨询师能日进9000元。然而业内人士都是大写的劝退：你要做好前5年入不敷出的准备哦！

所以，我也只是伸出脚试探试探。没想到，这一脚踏进去，终于听到了回响。

心理咨询师执业考试难度并不高，很多人只是为了拿个证，400 个学时的培训课程完全就能混过去了。但我抱着系统学习的态度，不仅认真听课写笔记，连培训教材都看得津津有味。无论是普通心理学的脑神经知识，还是弗洛伊德的精神分析，即便再艰涩难懂，也没让我打退堂鼓，反而找到了久违的学习快感。科学探索自己和他人的内在，这种感觉无比美好。

但仅有热情是不够的，我还需要确认能力和价值。在模拟演练、案例讨论等实战培训环节中，我得到了许多肯定，最大的肯定是“你看起来完全不像一个新手”。随后在督导老师的带领下接待来访，首个收费个案不仅没脱落，还连续做了 14 次。相信自己能做好的底气，在一次又一次的尝试中慢慢积攒。

然而，“30+”转行的痛苦仍然真实存在。清华的学历背景在这一行全无优势，大部分来访者不知道也并不关心你的学历，咨询师同行也不会因为你是名校毕业生就对你另眼相看。此外，持续的学习投入也非常考验耐心和钱包，入行前两年要么同时做其他工作维持收入水准，要么忍受被家属“包养”的焦虑。克服焦虑感的利器，便是这份职业赋予的价值感。

坐在咨询室内听别人讲述自己的故事，虽然大部分都充斥着痛苦，但通过我的陪伴、倾听和赋能，帮助对方重新获得爱和工作的能力，这是在此前所有工作中都不曾体验过的成就感。尤其是在接待儿童个案时，我的工作为他们营造了一个无条件接纳的空间，对某些身处困境的孩子而言，更是提供了一段极其难得的安全稳定关系，帮助他们在糟糕处境中找到成长的力量。

接待儿童个案的工作空间

2020年8月，我加入国家汉办的团体辅导项目，为亚非拉国家的孔子学院对外汉语老师们，开展了一个月的线上团体训练营，陪伴他们处理新冠肺炎疫情造成的冲击。平时我也尽量挤时间，通过微信公众号文章科普儿童心理及家庭教育的知识，希望靠绵薄之力去促成点滴改变。

## ■ 转行的困难不在学习，而是选择

感受到热情、确认了能力、体验到意义，三个要素结合起来，让我逐渐坚定了成为心理咨询师的步伐。而这也是我想提醒所有考虑转行的人需要思考的三个问题：喜欢吗？适合吗？值得吗？其实也是一开始在面对职业选择时，就应该思考的三个问题。

回顾毕业8年说长不长、说短不短的职业生涯，一方面觉得能越早确定职业目标的人越有机会获得成功，另一方面也感慨追寻梦想最好的时机永远是当下。



事实上，当我决定成为心理咨询师的那一刻，忽然发现那些托腮观察别人的发呆时光、那些苦练访谈技巧的本科作业、那些站在顶层系统思考的学术项目，当然还有刻在清华人骨子里的社会责任感和追求卓越的意识，似乎都在帮我从事这个职业做着准备。不用纠结为什么没有趁早找到内心所爱，也不用遗憾浪费以前学过的专业。

学习一个全新的专业很困难，但最困难的不是学习，而是选择。

出于职业受训要求，我从2018年开始就持续接受心理咨询（也叫个人体验），每周都要见一次我自己的咨询师。对于自己的不断转行，我也曾担心，这是否意味着我难以持久从事一份工作呢？咨询师说：“我看到的，是你不断卸下外在的期待，逐渐靠近自己内心的过程。”

与君共勉。

写于2020年10月

税晓霖，清华大学教育研究院2012届硕士毕业生。毕业后最初在一家国企工作，后参与创办一家母婴育儿平台，现为一名心理咨询师。

# 陆昕清：我在非洲做农业

离开清华的时候，我想象自己会按部就班地走上一条传统的职业发展道路：读研究生，投身金融或者咨询业，在每周 55 个小时的工作时长和日日夜夜对着 Excel 表格的日子里，从萌新小白一步一步熬成合伙人。没想到这一刻落笔的我，已经打包了在内罗毕生活了两年的所有行李，准备登上前往巴黎的飞机。

从清华经管学院出发，在牛津和世界碰撞，麦肯锡和盖茨基金会的经历彻底改变了我的世界观。两年前我搬到了肯尼亚，在一个非政府组织推动中非农业合作。下一步，我将再一次出发，前往巴黎政治学院就读环境政策。山本耀司在一个采访里说："一个人的自我，是在关系的碰撞中形成的，厉害人物，是和厉害的东西去碰撞，也要敢于深入你黑暗的潜意识深处，这样你才能看到更多。"这是一个我与世界不断碰撞、寻找自我的故事。

## ■ 与世界相遇

清华毕业以后，我选择在牛津的 Said 商学院就读金融经济学硕士。这一年的求学经历，我原本以为只是简历上金光闪闪的一行字或是毕业后求职有用的敲门砖，没想到却成为改变我人生观、世界观的重要分水岭。第一次在外求学的我，第一次与整个世界实实在在地碰撞了一次。至今还清晰地记得，在学院的正式晚宴上，在哈利 · 波特式的长桌上，与对面并不熟识的学院同学争辩中国地理、民主政治、核能源、素食主义、资本主义和其他种种。在牛津，同一个项目或同一个学院里的同学通常来自五大洲几十个国家。每当看到同学在饭桌上为地球另一端发生的事情争得面红耳赤，或是年轻人在模拟联合国上假装自己是国家领袖滔滔不绝演讲的时候，我一开始也会暗自发笑：明明是一群乳臭未干的学生，却操着国家元首的心。

但渐渐的，这对我的世界观带来了深远的影响。我认识到自己不仅仅作为一个"中国人"，而是作为一个"地球人"的存在。没有一个人能够脱离地球存在，这也就意味地球上没有任何一件事是与我这个个体丝毫无关的。修身、齐家、治国、平天下，这在千年前就是中国人的理想。对于我们这一代人而言，当世界上最远的距离不过飞机十几个小时的航程，当地球另一边的火山爆发 10 分钟后就报道在因特网上，“天下”变得比从前更近了，我们还有什么理由不去关心“天下”的事呢？

有幸加入麦肯锡，给我提供了一个积极参与“天下事”的最佳平台。我参与了许多个政府和公共领域的项目，其中有两个最有趣的项目。第一个是给东南亚某国家政府做全国基础设施建设规划。项目过程中与数十名来自世界银行、亚洲发展银行等发展机构的专业人士做访谈，了解不同交通的优劣和建筑成本；也访谈了不少政府部门人士，给出关于国家财政和融资规划的建议。在这个项目里，我第一次深入地研究中国的全球发展合作战略。以“一带一路”倡议为例，“一带一路”给全球基建发展和产业合作带来了巨大的资金流和机会，但在实施过程中也出现了不少挑战，其中包括劳工权益保障、生态环境保护以及发展中国家过度借债等问题。我不止一次被专家在采访中质疑，也进而深深反思，如何在“中国走出去”的过程中，总结和汲取过去的经验教训，真正给“一带一路”国家的人民带来双赢的结果？

陆昕清在英国

第二个有趣的项目，是与英国麦克阿瑟基金会合作，发布中国循环经济报告。循环经济的核心是通过减少浪费、循环利用的方式，最有效率地发挥资源与材料的最高价值。在我做这个项目的 2017 年，“循环经济”一词在中国还算是一个比较陌生的概念。而 2019 年，上海的垃圾分类政策终于出台。这是我第一次接触农业与环境相关的内容，却推动了我的兴趣和视野到更大更远的地方。我问自己的问题，不再仅仅限于中国和东南亚国家，而是中国的循环经济举措，如何降低全球碳排放，为地球气候变化做出贡献？

## ■ 走近非洲

2018 年，我在盖茨基金会做了一年的借调战略官，参与了中国办公室中非健康和农业合作战略的制定，其中主要参与了疟疾项目和私营领域合作。在疟疾项目中，我第一次来到非洲。在 16 天里走过了四个非洲国家，从中央层面的健康卫生部，到边远村落里破破烂烂的卫生站，我看到了非洲国家公共卫生体制从上到下的种种问题，一环扣一环。

“你们要怎么解决全球健康问题？”得知我在盖茨基金会工作，有很多人问我这个问题。“全球健康”这个词太大、太宏观、太面面俱到——疟疾、肠道传染病、卫生厕所与清洁的饮用水，乃至普惠金融、教育、农业生产。这些还仅仅只是基金会涉足的一些领域。基金会暂时不涉及的领域：教育、能源、交通、工业发展的基础设施等，因为这些领域需要更长期也更大规模投入。基金会每一项投入都提供了解决贫穷问题的有效路径，但每一项又和其他问题有着千丝万缕的关系。

在盖茨基金会参加中非疟疾合作考察

2018 年我做了一个别人看起来有一些疯狂的决定，就是搬到肯尼亚，加入了一个非洲的非政府组织——Alliance for a Green Revolution （AGRA） 。AGRA 是 2006 年在由联合国前秘书长科菲 • 安南号召下成立的非洲地区非政府组织，致力于为非洲 3000 万小农户提高收入，保证粮食安全，帮助提高非洲实现可持续的农业转型。AGRA 现在有超过两百名员工，而我作为唯一一个中国人，负责推动中国和非洲之间的农业合作，致力于吸引更多的中国公共部门和私营部门对非援助和投资，并推动中国对非援助和投资项目更有效、更可持续、更公平地开展。我的工作很有趣、也很有影响力，但做起来并不太容易。

农业合作不仅仅是中国单方面对非洲的技术转移和物资援助行为。在中非合作的舞台上，扮演主要角色的其实是企业，是自发看到商机远赴非洲、响应中国国家战略走出来的企业。从全球发展援助的角度而言，人类社会已经成为你中有我、我中有你的命运共同体，利益高度融合，彼此相互依存，中非减贫合作对于南南合作、全球贫困治理有许多借鉴意义。

与莫桑比克农业部部长合影

## ■ 未来

在内罗毕生活的两年，我真心爱上了这里。我喜欢这里四季如春的气候、葱葱郁郁的草木，最喜欢的是内罗毕来自世界各地不同年龄、不同肤色、不同背景，怀抱着各自不同理想的形形色色的人。这里有周游世界一百个国家的自由职业调查记者，有肯尼亚最大的教育创业企业创始人。每个人都有一条令人惊奇的人生轨迹，都自带一百个充满话题点的标签。一群“非主流”的人凑在一起，反而成了这里的主流，于是在这里生活的我，从来没有觉得自己和其他人比起来有什么不同。而我最喜欢的，也正是生活在这个圈子里的自在。没有一条所谓主流的生活路线，你可以成为任何你想成为的人。

几个月前，我决定短暂离开非洲，前往法国巴黎政治学院就读环境政策学硕士。选择环境政策这个领域，是因为我看到气候变化与农业息息相关的联系。农业生产活动和毁林造田等后果导致了25%的全球温室气体排放，而气候变化导致的极端天气反过来对农业发展会产生致命的打击，很可能对非洲国家的粮食安全形成威胁。未来的一年中，我希望能够深化在农业和气候变化的交叉领域的知识，找到自己能够做出贡献的发力点。

写于2020年9月



陆昕清，清华大学经管学院2014届本科毕业生，毕业后先后加入麦肯锡和盖茨基金会。2018年搬到肯尼亚，加入AGRA。

# 王晓亚：从清华电视台到江苏卫视

工作后被人问到最多的问题就是：你是清华毕业的？你们学校也有主持人专业？（当然没有！）居然可以跨界来做主持人！刚开始，我也不以为然，后来有一天开始思考这个问题：我怎么就做了主持人呢？在学校的 7 年里，除了专业课的学习，我待得最多的地方就是清华电视台。每周两次播音，7 年不变；学校的大大小小的舞台上，实战了 100 多场；在毕业前的 100 天创办访谈脱口秀《慧晓天下》，我和慧凝两个既是主持人，也是编导、摄像、剪辑、后期、运营……学校里的种种经历，仿佛都在给我的职业选择作准备，虽然不是所谓“科班出身”的主持人，但对于这次“跨界”我有自信。

## ■ 从零开始的清华主持人

通过校招，我来到了江苏广电。“清华大学外文系文学学士、国际新闻传播硕士”，众人眼中我是顶着名校光环来到工作岗位的，可我毕竟换了一个全新的城市，一切还是要“零基础”开始。从《青年江苏》节目的记者做起，我爬过阅江楼，绕过玄武湖，跑过南京青奥会场馆，挤过中秋节人山人海的夫子庙，对话过教育改革前线的教育局长，采访了特殊教育学校的老师、孩子……高密度的采访、写稿历练让我迅速成长，刚工作的第二个月参与的系列报道《教改再扬帆》就荣获了 2014 年度江苏教育新闻奖一等奖。

由于频道人手紧缺，刚到台里的第二个月，我就开始了直播新闻节目《江苏教育新闻》的播报工作。上来的第一档节目就是直播，不容出错的直播，现在想来领导还是挺大胆的，只是他们不知道我曾经在清华电视台播了 7 年新闻，曾经下过功夫，又有何惧呢？2015 年，《江苏教育新闻》改版为全媒体教育评论节目《教育锐报》，每天 15 分钟的教育评论，中间只有一次片花断点，一方面要求主持人基本功过硬，连续评论 7～8 分钟不间断、不出错；另一方面在内容上还要有新闻人的敏感、冷静、思考和新锐观点。拿不准的，就学；不擅长的，就练。每天看教育领域的报道、观点，然后自己写 500 字的评论，来训练自己的思维逻辑，说出自己的观点。有时候会感慨，我多么渴望变老！因为那样我就会有更多的积淀，才能发出观点独到的声音，才会拥有超出年龄的“责任感”。

教育对人一生的影响是最根本、最直接的。多年的积累、养成的习惯、学习的能力，才是工作后“从零开始”最大的资本。

参评第三届江苏广电主持人“金荔枝”奖形象照

## ■ 努力做“十项全能”的科学达人

2015年年初，全新打造的青少年互动科普真人秀《未来科学家》开播。这是一档每周一期的全外拍科学实验节目，平均每期节目要在一所小学校园拍摄三天，遇到烦琐的实验甚至会一期节目外拍六天。外拍环境不比演播室，不可控因素很多。零下196℃的液氮、遇到粉尘炸裂起火的油锅、40℃烈日下的水晶采石场、35层楼高的消防天梯、置身上千条扬子鳄的池塘……为了这档节目，我跟随节目组走南闯北，危险系数再高的实验也都亲自上阵，因为“不做科学节目，你永远不会知道自己有多勇敢！”

然而真正的压力是从2016年开始的。《未来科学家》改为日播节目，每天进一所学校，录制一期节目。录制频次高了，变数就更多了，作为主持人，必须和节目组想办法一一应对、全部克服。录制学校的条件参差不齐，遇到天气条件不允许，准备好的实验没法做了，就临时就地取材，调整实验内容。参加录制的学生年龄不一，从幼儿园到初中生，我们必须调动现场的孩子们的好奇心，在漫长的录制过程中保持他们的新鲜感、兴奋感；每一期节目都是一场带观众的真人秀，从一间十几人的教室，到几百人的礼堂，哪怕没有话筒，全程靠“吼”也要全部出色完成。

想要真正成为节目的灵魂，就必须深度参与节目的策划、录制、后期、宣推、产业运营全过程。自己的节目就是自己的孩子，你要对它负责。科普节目内容要严谨，形式要活泼。策划阶段就要与编导讨论选题，力求带动更多观众，做更有效率的实验、录制出更好的视觉效果；每天白天做实验录制节目，晚上在宾馆对稿本，试验第二天的实验；拍摄之后，我还有一个习惯，就是找到没有任何后期包装的节目视频反复观看，听大家反馈。365天进了240所学校，录了240期节目，编导、摄像一批又一批轮流出差，而主持人不变。直到有一天，我忽然发现对于节目我比编导懂得更多了，这就是做“灵魂人物”的感觉吧。

新冠肺炎疫情刚暴发时的春节，在空空荡荡的演播室内，一天内录制了十期《非常时期·非常荐书》

## ■ 做知识型“主持人+”，必须“细节控”

人们总是期望从一个主持人身上看到他的风格、他的内涵、他的积累，又需要他每次出现在节目中都带着鲜明的、极致的“标签”，这需要主持人长期的锤炼和探索。7 年来，从教育频道《江苏教育新闻》《教育锐报》《未来科学家》《家有儿女》《未来之星》《最赞老师》《环球教育周刊》《创投合伙人》，到江苏卫视频道《职来职往》《最爱故乡味》《家屋室的主人》《京东双十一直播超级夜》……主持的节目涵盖了新闻直播、教育评论、科普实验、家庭访谈、少儿才艺、职场创业、生活服务、国际交流、大型晚会等。看似涉猎广泛，而事实上我在不断尝试和积累，努力成为一名懂教育、懂发展、具有国际视野的知识型生活主持人。

拒绝泛娱乐，坚持做好内容，工作上不能要求团队给你什么，而是要非常苛刻地要求自己，不放过任何一个细节。为了准备主持江苏发展大会，我提前两个月了解嘉宾的生平、作品、近况，中文、英文的材料看了厚厚一叠。活动当天，一位华裔嘉宾演讲时中文表述不清，我就上去翻译救场；《未来科学家》专访阳光动力二号飞行员，录制时终于可以用上英文，与嘉宾侃侃而谈，当然代价就是结束后还要把所有内容翻译成中文，校对、配音、编辑成片；暑期英国文化交流营，我一个人带队，从前期策划、设计路线、与英方沟通到招募营员、带团出访、后期宣传推广，亲力亲为；平安希望小学支教、盐城阜宁支教活动中，与老师一起设计和准备课程，在带给孩子们欢乐的同时，注重他们的心理建设，让他们得到自信和快乐。从工作中得到的收获，永远与工作时自己的用心和努力成正比，没有真正付出过，你就不会知道自己的能耐有多大。

从记者、播音员，到有编导思维的主持人，再到全程、全时、全员传播的积极参与者、团队的核心力量，我希望不断拓展主持人的外延，在团队中永远坚持做“加分项”。我记得节目中一位师兄曾说过，只要不断去做自己喜欢的事，剩下的交给时间，时间就会让你逐渐成为你注定要成为的那个人。

写于 2020 年 12 月

王晓亚，清华大学新闻与传播学院 2014 届硕士毕业生，毕业后签约江苏省广播电视台。现为江苏广播电视总台双语主持人，一级播音员。

# 吴丹妮：记录历史瞬间，走向未知远方

2020年8月，埃及开罗，盛夏。

这是我成为新华社驻开罗分社记者的第22个月。

2018年10月，我如愿以偿踏上中东北非这片“热土”。那天清晨，通红的朝阳挂在机场高速尽头，无数未知开始慢慢显现。

## ■ 启蒙：山川异域的向往

《尼罗河上的惨案》，这是阿加莎·克里斯蒂书迷的必读书，也是我人生中看的第一部电影。除了精湛的表演和极具张力的推理过程，金字塔、尼罗河、阿布辛贝神庙这些与我生活环境完全不同的异域景象将我深深吸引。

这或许也是从事国际新闻工作的“原力”所在。在那个还没有“世界那么大，我想去看看”说法的日子里，向往探索其他文化并记录那里的人和事，似乎已为未来的职业选择埋下伏笔。

从浙江大学外国语言文化与国际交流学院的外语专业到清华大学新闻与传播学院的国际新闻传播专业，本硕七年的学习经历令我大体掌握了外语沟通交流与新闻采写技能。2012年，通过清华国新海外实习项目的选拔，我在《人民日报》驻澳大利亚分社做实习记者三个月，这一短暂但意义非凡的实践经历也坚定了自己成为一名国际新闻工作者的想法。

2014年毕业后，我进入新华社总编室工作，四年后驻扎在了小时候好奇不已的尼罗河畔。

作为世界性通讯社，新华社有181个国境外分支机构，每天24小时以9种语言文字，通过多媒体形式不间断地向全球发布新闻信息。我所常驻的埃及既是新华社开罗分社、也是新华社中东总分社的所在地。

埃及地跨亚非，人口已超1亿，是中东北非地区举足轻重的国家之一，阿拉伯国家联盟总部也设立于此。2011年，埃及爆发举世瞩目的埃及革命，政局不稳，安全形势严峻。2013年，埃及又因大选等引发流血冲突事件，政治形势与社会生活面临严重挑战。2014年6月，埃及大选尘埃落定，政局趋稳，但时至今日仍处于紧急状态之中。

作为驻外记者，为了应对随时可能发生的突发事件，休息时间里也保持待命状态是一种职业习惯。还记得刚到开罗不久，便碰上了金字塔旅游巴士爆炸事件，当时的我正准备享用一餐还算地道的重庆火锅，却也只能先撂下碗筷。

在国际新闻里，冲突、骚乱、疾病永远是避无可避的报道元素，中东地区更是国际新闻中地区安全类报道的长期主角。然而在动荡不安中，我们也时常能够发现许多同样值得记录的侧面和瞬间。

## ■ 见证：历史长河的一瞥

久处一地，许多发生过的事情就像窗外的尼罗河水一样在采访、发稿中平静流过，然而却标志着一个时代的终结。

2020年2月25日，曾在埃及执政长达30载的前总统穆巴拉克在首都开罗病逝，终年91岁。穆巴拉克，这个自小就在新闻联播中反复听闻的名字，如今真切地“走”到了我的面前。

26日清晨，我与分社摄影记者前往开罗坦塔维将军清真寺报道穆巴拉克的军事葬礼，大批民众手持印有他照片的海报为他送行，一些上了年纪的妇人坐在马路边号啕大哭。上午，穆巴拉克的遗体在其子陪同下由一架空军直升机运送至清真寺，覆盖着埃及国旗的灵柩由马车拉着缓缓经过清真寺前的一条大道，我们用镜头和文字记录下了这一切。

穆巴拉克曾以98.46%的高支持率当选总统，却也是埃及首位受审的前国家元首。从“铁腕”到“铁笼”，他走过了跌宕起伏的戏剧人生，我们则用新闻报道记录了他人生戏剧的最后一个片段。

穆巴拉克并不是我常驻埃及后“目送”消失于历史长河的首位埃及前国家元首。2019年6月17日晚，埃及前总统穆尔西在作为一起间谍案被告接受审理时突发疾病去世，终年67岁，我同样用“新华社开罗电”完成了这一历史瞬间的记录。

在埃及这个考古成就蜚声国际的国家，我们也常有机会穿越三四千年“触摸”历史。在开罗，我们爬进有着4500多年历史的弯曲金字塔内部墓室，目睹古埃及金字塔修建历史上的重要转变；在卢克索帝王谷，我们在“世界遗产日”当天走进当时还未全面开放的法老王后奈菲尔塔利的墓室，细赏保存完好、精美绝伦的大量壁画；在明亚图纳山大墓地，我们爬下深达7米的竖井，一探距今约2600年的古埃及王朝祭司墓。

在明亚考古发掘现场



拨开历史的尘雾，埃及人也深受全球化浪潮的影响，对体育运动热情十足。2019年盛夏，原本应在冬季由喀麦隆承办的非洲杯足球赛移师埃及，以记者身份报道国际A类体育赛事令喜欢看球的我兴奋不已。赛场高温、长时间蹲守、繁杂的球员信息，报道体育比赛远比当一名观众累得多，只是当萨拉赫、马内、马赫雷斯这样的人物从你的身旁走过时，一切似乎又变得值得了。

2019年非洲国家杯足球赛媒体区工作

## ■ 前路：行走在梦想与现实间

日子仿佛一下就来到了今天。若不是席卷全球的新冠肺炎疫情，此刻的我应该像去年一样，忙碌地与同事们穿梭在埃及的大街小巷与城市乡村之间。而如今，“与病毒共存”成为一名常驻埃及记者的新模式。

不久前，惊闻去年在开罗国际电影节期间采访过的一位埃及著名女艺术家因感染新冠病毒去世。自 2 月 14 日埃及首例新冠确诊病例正式浮出水面以来，单日确诊病例数从几十到破百，再到破千，疫情发展势头虽不像伊朗、土耳其等中东国家那样迅猛，但超 1 亿的人口基数和高密度的居住环境仍然让这个地处欧亚非三洲交界的国家成为非洲大陆的疫情重灾区之一。

在疫情蔓延和经济下滑的双重夹击下，埃及政府提出了“与病毒共存”计划，疫情阴霾中的埃及社会呈现出许多新动向。从记录疫情下埃及鲜橙企业的生产现状到呈现埃及一线医护人员的艰苦辛劳，从关注疫情下埃及低收入人群的生存状态到展现埃及艺术家用音乐抚慰普通民众的感人行动，我们用文字、图片、视频、英文 vlog 多种形式客观、真实地刻画了“与病毒共存”的埃及在面临全球健康危机时的处境和抉择。

“没有了革命的埃及也基本没有了国际新闻。”这是一位前辈在我来常驻埃及前说的话。盼突发、盼新闻，或许每一个记者的内心都经历过这种“吃人血馒头”的道德挣扎，成为战地记者也或许是许多驻外记者的梦想。然而当我们行走在梦想与现实中时也会发现，新闻的标签不只有战争与流血。

2015 年，在新华社社内培养体系和平台资源的支持下，我到新疆分社进行了 8 个多月的锻炼。在新疆做一线记者期间，跨草原、翻达坂，从北疆到南疆，从沙漠公路到高山野保区，我们跑遍了几乎所有地州，也记录下了许多普通新疆百姓的感人故事。今年年初，王毅外长访问埃及，我在共见记者会上提出了一个有关新疆的问题，这也让我再次感叹所有经历间有意无意的联结。

2017 年 9 月 17 日到 26 日，新华社独家推出“迎接十九大”大型系列网络直播节目《红色追寻·足迹》。短短 8 天里，我以网络主播身份先后到达深圳、大理、芦山、花垣、上海、兰考、大连、雄安 8 地，直播记录精准扶贫、科技制造、大国工程中的生动故事，真切地感受、传递着家国命运的变化。

2020 年年初王毅外长访问埃及时，吴丹妮在记者会上提问

一个国家的一步或许就是一个普通人的一生，而我也相信，每个普通人的选择也组成了这个国家的未来。回望离开学校、走进新华社的那天，一切都是未知而充满挑战，如今站在异国他乡的土地上望向前路，我愿意继续迎着未知和挑战，在做好国际新闻、讲好中国故事的路上坚定地走下去。

写于 2020 年 8 月

吴丹妮，清华大学新闻与传播学院 2014 届硕士毕业生，毕业后加入新华社。

# 谢淘：永远不要忘记，最初我为什么来到这里

从新桥村委的农贸市场调度完防汛工作回到镇里，已经是晚上 11 点多了。根据几个小时前省水文局发过来的中小河流洪水预警，从 2020 年 7 月 9 日 19 时起，水北镇蒙河水位将持续上涨，预计总涨幅 4.5~5 米，新桥村等蒙河两岸的村庄是重点防护对象。

今晚，注定是个漫长的夜晚，我一个人坐在办公室里，等待着蒙河水位能尽快退下去。我的思绪也飘回到了 5 年前的那个夏天。

## ■ 初心是“一心为公，情系百姓”的坚守

2015 年的夏天，从清华大学博士毕业后，我选择以一名选调生的身份，回到家乡江西工作。做出这个选择，一方面是内心对于家国情怀的坚守，另一方面则是对回归故土的渴望。

我至今还记得，史宗恺老师送我们首批四位选调生到江西来工作时对我们的叮嘱：“清华学生的就业选择，某种程度上代表着中国青年的未来发展方向。对于你们首批去江西基层工作的四位选调生，我希望你们能扎根基层，通过实践将人民的概念理解得更加生动而具体，努力工作，不辜负母校、江西省委、省政府和江西人民的期望。”

我工作的第一站是在新余市仙女湖区河下镇。工作的第二年，河下镇划江村赤谷山村小组一千多亩杨梅因大雨滞销，我鼓励村民酿制杨梅酒，并通过“水木年华”缪杰师兄创办的“家乡来客”电商平台，帮他们发起众筹，累计卖出杨梅酒两千多份，帮助村民增收十多万元。后来村民给我们镇里送来一面锦旗，上面写着“一心为公情系百姓，杨梅酒香温暖人心”，看到大家的认可，我发自内心地感动，也更加坚定了自己的这份选择。

今年，因为疫情的影响，一些地源产品尤其是扶贫产品的销售出现问题，我又一次当起了带货官，在京东、抖音等平台做了好几期直播，宣传推广我们的助农扶贫产品。尽管这些工作要占用很多周末或者晚上的时间，但只要

我们做的这些事情能帮到老百姓，我就觉得一切付出都是值得的。

直播带货，推广助农扶贫产品



## ■ 初心是“为官一任，造福一方”的承诺

几个月前，我接受组织的任命，到渝水区水北镇担任党委书记。7 月 1 日，我在镇里的老礼堂给全镇的党员同志上了一堂党课。

讲课中，我让大家用 10 秒钟的时间回想一下，自己是哪一年哪一个月哪一天入的党，政治生日是哪天。让我意外的是，几个老党员依次站起来，大声报出自己的入党日期，有的老党员讲述着他们那代党员的信仰，他们是如何一门心思为村里人做事的，那个画面在我脑海里久久难忘。

中国人有句古话：“为官一任，造福一方。”何为造福一方？我想，就是踏踏实实地为老百姓做实事。到水北工作的几个月，一有时间我就会到村里去转，看到路面破损了就尽快让人来补，集镇供水不稳定就去找水务集团协商解决方案，怕大货车压坏了新修的柏油路就联系交警中队来治理超载，担心十字路口交通安全隐患就积极争取装上红绿灯。群众身边无小事，想群众所想，急群众所需，这就是我们基层党员的一份职责。

时至今日，我一直牢记当初在清华成为一名中共党员时心中默许的誓言：

家国天下之愿，但求此生无悔。这份家国情怀始终提醒着我，无论身处何时何地，最重要的是一份不忘初心的坚守。

## ■ 初心是“立足岗位，履职尽责”的责任

参加工作以来，作为一名环境工程专业毕业的博士，我始终牢记导师钱易院士的谆谆教诲：环保是一生的事业。

2016 年 4 月，一次偶然的事件让我深刻感受到身为环境人的责任。4 月 5 日，新余市第三水厂取水口江口水库检测到重金属镉浓度超标，下午停止自来水供应，次日凌晨两点，我参与了市委市政府的紧急部署会议。后来，我也积极联系到清华大学环境学院张晓健教授等中国治水领域的专家，为污染水源的治理提供解决方案。

在接下来的将近一周时间里，我每天平均睡眠时间不超过三小时。我们水质站的“战友们”来回奔忙于取水口、化验室以及水厂的各个处理工艺流程上，制定投药治理方案。这场与时间抗争的攻坚战，涉及新余市十多万人的饮用水安全，我们不容丝毫松懈。每每看到新闻中报道小区的居民拿着脸盆、水桶去排队等待消防车送水时，我们都希望能争取早一刻钟实现安全供水。4 月 10 日，连续三小时试运行供水达标，正式恢复供水，我们倍感欣慰。专家组撤离后，我又先后在规模较小的新余河下水厂和樟树临江水厂工作了一周，针对性地设计投药方案，保障了供水安全，同时也保障了樟树市没有发生停水事故。

这一过程中，我深深感受到一份环境人的责任，同时也是一份基层干部的责任。

## ■ 初心是“守土有责，责无旁贷”的使命

目前，我在江西省新余市渝水区担任副区长，兼任水北镇党委书记，主要承担两部分工作。一方面，作为副区长分管环保及重点项目，积极推进解决中央环保督察回头看反馈的各项问题，为我区全面打赢污染防治攻坚战、进一步改善生态环境质量筑牢基础。另一方面，兼任水北镇党委书记，主持镇党委全面工作。以全面践行“一线工作法”为契机，引导全镇党员做落实

上的“行动派”、发展上的“排头兵”，从提升镇村面貌细节、营造激励干部作风氛围、畅通政务问政渠道和狠抓基层村支部党的建设等方面，大力促进水北工作大变样。

在基层工作的时间久了，我也更加清楚地意识到自身所肩负的使命。

年初，渝水区疫情防控形势异常严峻，我们四套班子都下到社区挂点帮扶，我对口的是城北街道燕子山社区。一个多月的时间里，我基本每天从早到晚都沉在社区一线，小区值守，隔离楼物资保障，困难群众帮扶，逐户逐人大排查，大数据管理系统推广，等等，一项项工作都不容易，但现在回想起来，却是一段异常难忘的经历。

这几天，乡镇防汛压力剧增，我又一次有了那种要“逆行”上战场的感觉。我们镇村两级干部连夜冒雨开展巡查，密切关注水库水位、河段水流信息，加强隐患排查，转移受灾群众，切实保障人民群众生命财产安全。面对使命的召唤，我们全力以赴，毫不退却。

在防汛一线工作

此刻，已是凌晨3点，新桥村委书记报过来最新消息，根据他们每个小时在农贸市场摊位边留下的刻度，蒙河倒灌淹水的水位已经开始下降了，我悬着的一颗心也终于放下了。

我重新翻开了2015年参加工作之初的日记本，日记里有这样一段文字：

“清华”二字，对于每一个清华学子或许都是一颗梦想的种子。当初我从这片红土地上走出去，如今我选择将这颗种子播种在脚下这片红土地上，让它在基层的土壤生根发芽，茁壮成长。而我也时刻提醒自己，永远不要忘记，最初我为什么来到这里。

写于 2020 年 7 月

谢淘，清华大学环境学院 2015 届博士毕业生，毕业后赴江西做选调生。

# 姚颂：我的创业之路

## ■ 大学不只是学习，也还有生活

在刚到清华的第一个学期，我就深深地体会了“天赋”的差异确实是存在的：大一上学期主要是数学课，在电子系，很快大家就发现，有一些同学是学起来毫不费力，每次考试都是很高的分数，年级里也流传起了“韩神”“帆神”“二神”等绰号。而我自己，只能成为每天所有时间都在自习、从图书馆借吉米多维奇习题集拼命刷题、希望取得好一点成绩的普通一员。第一个学期的成绩出来了，我的成绩是年级 270 个人中间的第 52 名，在庆幸至少排名还在前 20% 的同时，我的感觉却是无比的疲惫。

我一直不是一个能长时间保持高度注意力的人。在高中阶段，几乎每天下午下课我都会去打打球，而我自己也从初三开始一直玩吉他——在运动和音乐中，我才能获得放松，缓一口气，再专注到学习之中。但到了清华，学习的强度和知识的密度远远超过高三，繁重的课业压力以及恐怖的竞争环境，让我也只能长期保持着紧绷的冲刺状态。在寒假的一天晚上，躺在床上我突然想明白一件事：无论是小学、中学，学校都只是单纯学习的地方，我们在家吃饭、休息，而在学校认真地上课；而到了大学，我把“家”的位置丢了，只剩下学习，在宿舍也只是学习和睡觉。我决心开始寻找一些自己的节奏，寻找学习和生活的平衡。

## ■ 为长远准备，不只为眼前准备

因为热爱动手做实际的项目，大一下学期我和几个同学一起组队参加了“电子设计大赛”，也开始加入实验室开始上手做科研——而实验室的导师汪玉老师，也正是我毕业后创立深鉴科技的联合创始人。因为想做出一点不一样的科创比赛，大二我申请了电子系学生科学技术协会（以下简称“科协”）

硬件部部长，之后在举办了一届成功的、全新的电子设计大赛之后，又竞选成为电系学生科协主席。

在科协的经历，极大地锻炼了我的演讲、沟通与组织协调能力，也增强了我的自信，让我从一个在讲台上讲话时脚会不住颤抖的人，变成了一个能够在台上脱稿演讲侃侃而谈的人，让我做事能够同时注意到几十个细节，让一件事情尽可能的完美。

在实验室的第一个学期，我在三个月内完成了汪老师原计划一年内完成的一个三维集成电路电源地网络仿真加速项目，把论文写了出来，后续又参与和负责了硬件安全、深度学习加速项目。后来我又去了斯坦福做访问研究，在微软亚洲研究院进行实习，做了两个和编译器相关的项目。从集成电路底层，到编译器，再到深度学习算法与硬件加速系统，几乎全栈的研究经历给了我后来创业很大的帮助——对于 AI 芯片这样一个交叉领域，必须既懂 AI 算法又懂芯片架构，同时还要能与软件和系统的合作伙伴以及客户充分地沟通。

在参加电设、进入实验室的时候，我没有想过我会毕业就创业，也没有想到过锻炼的这些能力这么快就会派上用场，而且真的帮到了自己。当时做了这样的选择，让自己同时要兼顾学习、科研、社工、托福与 GRE，同时还保持运动和音乐的爱好，毫无其他的休息时间，也几乎没有寒暑假的时间。这些是出于完全的热爱，以及单纯地觉得——多锻炼自己总是没错的。

在创业后，再回到清华做报告或者和一些同学交流，发现大多数同学也依旧还是只关注眼前，只关注成绩、保研、找工作，每次都只能考虑最近一两年的事情。确实学业的压力很大，同时同学们接触外部信息又不够，我在大一、大二时对于未来工作是什么同样毫无概念。这让我想到了大一 C++ 课程上讲的“贪婪算法”，步步为了当前最优来选择，却往往是局部最优解，不是一个全局最优解。而从另一个角度说，大家都希望自己是那个出类拔萃的人，却在人生的各个阶段都是按部就班，只为了眼前，都和大家一样，这样出类拔萃也就更难了。

我在小时候刚开始看足球的时候，AC 米兰的主力前锋是因扎吉，号称“小禁区之王”，特点就是经常能够在小禁区该在的抢点位置，简单地把球踢进去。后来我真的成为一支球队的忠实粉丝，引以为榜样的一名球员武磊，也是有类似风格。除了跑位飘忽、速度极快，武磊门前嗅觉也非常灵敏，经常在门线前一两米将球碰入球网。大学毕业后，我逐渐形成了每周固定踢一次球的规律，踢的位置也多是前锋或者边锋，风格也和他们有些类似，我才感觉到，看似轻松的进球其实非常不容易——经常你跑位了，队友没有传；队友的传球也可能被对方防守球员拦截或者头球解围；队员也时常传得不精准，传得太深接不到，抑或是传到了身后。虽然我也经常能打进一些门线上简单碰进去的球，但是每一个进球背后可能有十几次徒劳无功的快速冲刺跑，并且每次有可能的机会都必须跑，这样才能在真的球传到正确位置时一脚简单地将球打进。很多同学可能从小习惯了一个一个地过人，想要一次性挨个解决防守队友，把球打进——这样的人有，但世界也只有一个梅西。没有梅西的天赋，我们必须多做准备，多跑动，多冲刺，才能在机会来临时把握那一次机会。

## ■ 塞翁失马，焉知非福，积极心态应对挑战

2013 年 10 月，大三上学期，我发表了第一篇论文，并要去美国加州 San Jose 参加 ICCAD 会议并做报告。在我第一次出国开会、英语也很差的情况下，我拿到 ICCAD Student Research Competition Undergraduate Track 的全球冠军，给了我极大的自信，开始觉得自己的科研是能做出一定成绩的。而会议的另外一大收获则是，通过聆听导师汪老师和他的同学们的交流，我开始知道硅谷大公司工作的师兄师姐们的生活状态是怎样的，开始知道一个词叫“透明天花板”，开始知道有创业这回事，也开始思考，我自己是不是要创业呢？

2013 年 10 月在 ICCAD 参会并做报告

经常有朋友问我当时为什么创业，我常常归结为五个重要因素：一是一直有创业想法；二是判断随着深度学习进入实用，AI会需要新硬件作为支持；三是恰好在2015年本科毕业时深度学习硬件加速项目随着几个同学的毕设一起有了初步成果；四是正好汪老师也有创业想法想拉着我一起；五则是一个戏剧性的因素——我没有拿到斯坦福的offer。

在2014年暑假，我有幸到斯坦福做访问研究，深深地迷上了那里——无论是大量的“聪明人”，还是周边的创业与科技氛围，抑或是加州明媚的阳光和斯坦福美丽的校园，都让我心驰神往，我甚至心里立下了一个flag，我之后出国读书只去斯坦福。然而，虽然我信心满满地觉得，凭着自己前5%的学分绩排名、多篇论文、斯坦福研究经历一定能拿下来斯坦福offer，现实却给人极大的冲击——斯坦福甚至连硕士的offer都没有给我。我时常在想，如果那时拿到了斯坦福的offer，我大概率就去斯坦福读书了，之后也就不会有深鉴这样一家公司，我的人生轨迹就走向了另一条截然不同的道路。当时没有拿到斯坦福的offer可能让我失望甚至绝望，但最后这给我打开了另一扇大门，可能让我有了更好的未来。



很多事情确实都是互相转化的。在创业初期，由于深鉴的三个创始人是一个教授、一个斯坦福博士生，还有一个刚毕业的本科生（也就是我），我们出去融资遭受到了无数次拒绝，然而也锻炼了自己的韧性和心性，让自己之后遇到很多事都能波澜不惊。第一年拍脑袋做了无人机，在大疆公司碰了一鼻子灰，逼着我们认真思考潜在应用场景，调整方向进入智能安防和辅助驾驶领域，让公司后续有了长足的发展。

道路千万条，正确的路不是只有那一条，未来是创造出来的，而不是做完选择就自然而然出现的。很多情况下，你觉得正确的那条道路，只不过是随着自己惯性走下去感觉性价比最高的一条。所以，如果找工作不顺利，或者是感觉自己吃了不少亏，一定不要光顾着抱怨，这很可能都是未来的财富。积极地分析，谨慎地探索，去把路走对，而不是只想着走对的路。

## ■ 清华带来的做事方式是一生的财富

雷军经常被大家引用的一句话是“站在风口上，猪都会飞”，我也经常给朋友们补充一句，“风停了，没翅膀的猪都摔死了”。无论猪如何，大家也可以清楚地看到，能不能飞起来，关键是看风，而不是猪。

我在读黄仁宇写的《万历十五年》时候也有类似的感觉。作者给本书的英文名取的是“1587, *A Year of No Significance*”，在没有特别重大事件的一年，作者凭借着历史的几个截面，希望展现出历史背后涌动的暗流——以道德治国、千万条邻县之间短程小额的补给线、对私人财产的保护不足，等等。我且不评论《万历十五年》到底写得好不好，观点是否偏颇，但它却提供给人思考历史的一个新的角度：我们习惯了史记、三国之类以英雄为主的历史传记，但是很少在一个时间截面下思考背后的社会变化和历史的必然。张居正也好，戚继光也好，他们是一艘大船上被人记住的船长，但这艘船漂泊着的这片大海却时常被我们遗忘了。

创业取得了一定成绩，以及把公司卖掉之后，经常有朋友问我：你的心态是怎样的？我都如实回答：战战兢兢，如履薄冰。我时常感觉，自己只是一叶扁舟，哪怕当时深鉴拿了几千万美元的融资，变成了风口上的明星公司，那也还只是惊涛骇浪中一条小渔船而已。在历史发展的浪潮中，永远潜藏着巨大的风险与机会。而清华带给我的做事方式，真正在把握小船的方向时帮助到了我。

参加基金捐赠仪式

“自强不息、厚德载物”，前者在说自我，要力求进步、发奋图强、永不停止，而后者在说对待他人，要有宽厚的美德、开阔的心胸，能够包容世间万物。在清华学习的过程中，相信大家可以从同学和老师身上感受到自强、上进之心，也可以感觉到师兄师姐和老师们对自己无私的帮助。而创业过程中，有很多重要节点也是靠着清华师兄师姐的帮忙——比如深鉴当时的天使轮融资，主要就由电子系师姐张予彤和师兄辛旺分别在金沙江创投和高榕资本推动；深鉴早期往安防相关的业务推进，也得到了自动化系师兄张进的大力帮助。后来有幸加入了清华企业家协会TEEC，发现其宗旨正是“受助、互助、助人”。再之后有了一定能力，我们首先想到的是回馈母校，也了解到清华教育基金会的规模全国最大，再次感受到了校友们的社会责任感。外界常说清华人“抱团”，能够互相帮助，我想这里面一定有校训的影响——大家互相鼓励、互相支持，而不是相互竞争和眼红嫉妒。而对于习惯了和同学们互相竞争学分绩排名的同学，也一定要想起校训的后半句，除了“自强不息”，还有“厚德载物”。

回首整个清华学习的生涯，虽然相对于大家津津乐道的创业故事，我的稍显平淡，但却帮助我奠定了自己的价值观与做事风格，我相信是能让我受益一辈子的事情。我衷心地希望清华的同学们能够在清华过出自己的人生，多尝试，多经历，不急不躁地布局好自己的未来，成为一名让自己满意、让家长骄傲、也能够给国家与社会创造出价值的人。

写于2020年8月

姚颂，清华大学电子系2015届本科毕业生，毕业后与大学导师、同学联合创立人工智能芯片公司深鉴科技。

# 蔡泽洲：从法律到公管，从国外到国内

如果以“毕业”算作“离开”，我从清华离开过两次，一次是本科毕业，一次是苏世民硕士项目毕业。两次离开后，我都选择了继续深造。这背后的具体考量不同，却也贯穿着一条一致且日益明晰的主线。

## ■ 第一次离开：选择从经历中来

大三快要结束时，我身边的很多同学陆续选定了毕业后的方向。法学院学生的就业方向其实比较明确，绝大多数人选择从事以律师为代表的法律职业，或本科毕业后直接进入律所，或国内、国外硕士毕业后再就业，而当时的我却迟迟定不下来。我在法学院的学业生活顺利，也去过很好的律所、法院实习，照理说从事法律职业是很自然的选择。但是我能感到，自己内心里有一种不一样的声音和冲动。这种声音和冲动有这么几个来源：一是本科期间组织或参与的大大小小各种社会实践，尤其是去农村的实践，让我近距离接触最基层、最真实的中国社会，看到了一些问题，想要进一步研究并努力改变；二是本科期间做各种学生工作，尤其是法学院学生会主席这份社工让我结交到一群非常有家国情怀的同学，他们未来很多都会去政府部门，这样的职业选择让我看到了另一种可能；三是外国语学校的中学经历让我一直保有出国学习的某种“情结”。所有这些经历对我的影响都很大，都是我的所谓“内心渴望”的一部分，但是它们的指向——研究、政府部门和出国读书，似乎非常不同，所以当时我心里其实非常困惑和纠结。看到身边同学选定保研或就业并开始准备后，我越发焦虑，甚至一度想：“泽洲，何必那么折腾，和大家一样保研或者去律所工作就好了。”不过我还是相信，这个世界上有很多可能性，不用急于定型，可以再努力一下，找到那个更加契合自己的可能。

作为本科生代表在全校毕业典礼上发言



直到有一天，我们院团委书记俞理晓师兄转给我一个通知，是中美富布赖特学者资助申请者赴美国攻读公共管理方向的硕士项目。他说："泽洲可以试试哈。"简短一句话和一条通知，我看到以后，内心突然安定下来，对自己说："嗯，好像就是它了，泽洲，是可以试试。"我想，之所以这个机会最终打动了我，一是"出国做公共管理的研究"这个选择好像是能最大限度地调和我之前那些指向不同的经历，二是当时的我有着"学习世界上最先进的国家在做什么，回来报效祖国"的朴素想法，所以我相信这时候选择出去，是为了更好地回来。而在准备申请材料时，我愈发感到这个选择适合自己。我的申请文书中，一篇写的是社会实践经历，一篇写的是学生会主席经历，语言考试（TOEFL 和 GRE）也因为自己中学时打下的良好英语基础而能在短时间内拿到一个不错的成绩。现在回过头来想，我的这次选择属于"后知后觉"和"水到渠成"型。我并非是很早就定下明确的目标，然后为之准备，甚至大学里几乎所有的活动都要围绕这个目标展开；而是先开放心态，广泛吸收，广泛经历，从中不断感受，并慢慢形成自己的方向和目标。因此，虽然我没有提前刻意做太多准备，但是因为我的选择从经历中来，过往的所有经历都是准备，到了选择的档口积累其实已经充足，只需将它们串联起来，讲出自己的故事。

## ■ 第二次离开：回到中国公共管理的实践

后来，我申请到了这个中美富布赖特奖学金，赴美国乔治城大学攻读了两年公共政策硕士。两年间，我抱着“好好学习，认识人，深入美国社会”的想法，在学业、研究、实习和社交方面尽力拓展自己。毕业的时候，我没有太多犹豫，想要回国，因为一直记得自己在全校毕业典礼发言时所说的，习“他山之石”之后要回来，为中国社会的发展做贡献。我先申请了学校的苏世民项目，希望通过这一年在中国的国际化项目，给自己从美国社会回到中国社会做一个过渡。而从苏世民项目毕业后要做什么就是我“离开”清华的第二次选择。这次选择是我从乔治城毕业后、苏世民项目入学前作出的，我的决定是去清华公共管理学院读博。在乔治城学习的两年里，我愈发感到，对公共政策和公共管理的分析与讨论确实契合我的志趣。这些政策和管理问题的背后揭示着这个社会和人性的复杂和多样，令人着迷。我在国外学习了政策分析的基本知识和方法技巧，在这个领域打下了一定的基础。在此之上，我觉得还需要进一步提高。这个提高主要体现在两个方面：一是能够对中国的实践有近距离的观察和思考；二是能够在某一个领域有系统的分析，从而在理论上有深入的提炼，于是我想到了回清华公管读博。而我在乔治城遇到的几位老师也对我选择读博产生了很大的影响。他们对学术的热情和对社会的关怀让我领略到大学者的风采，他们对我的认可和鼓励也给了我在这条路上走得更远更深的动力和信心。我想这就是人生榜样和导师的力量。回过头

苏世民书院读书期间主持活动

来看，选择到清华公管读博其实是一个很自然的过程，这背后隐藏着我的那条人生主线——对中国公共管理的兴趣和那份理想主义的情怀。而与第一次选择不同的是，经历了乔治城两年在专业方向的浸润，我的想法更加明晰而坚定，在选择时也就少了很多纠结和困惑。

如今，我在清华公管读博已经一年有余，和所有博士生一样，这样的过程是痛苦与快乐并存的。中国大地上近几十年来公共管理实践的蓬勃发展是如此重要，已经改变并将继续改变整个国家乃至全世界人的生活；它又是如此复杂，涉及制度、组织和一个个具体的人，以及这些要素之间的互动。我坚定地相信，能够投身于这一实践的伟大进程之中，用学者的眼光去研究、用笔端去记录，甚至有机会去影响和参与决策，是我们身在这个时代的荣幸。好好学习，努力做一名有用有为的人才。我想，这就是我接下来的几年乃至一生要践行的信念。

写于 2020 年 11 月



蔡泽洲，清华大学法学院 2016 届本科生，毕业后先后在美国乔治城大学和清华大学苏世民书院攻读公共政策和全球领导力硕士，现为清华大学公共管理学院博士研究生。

# 李晓东：不惧争议，坚守初心

离开清华，是一段旅程的结束，也是一段旅程的开始。在这篇稿子落笔之前，我刚刚帮本科生修改了毕业论文。四年前，我是那个站在老师办公桌旁，战战兢兢担心自己论文写得不好的大四学生。而现在，在离开园子的四年后，我已经可以独当一面，承担起科研与教学的压力，帮助自己的学生完成论文。再想起那段寻梦、筑梦的旅程，即使已走过一遍，但激动、紧张与压力的情愫依然会翻涌在胸中。

## ■ 进还是退？

2016 年，从清华大学本科毕业之后，我来到了北京师范大学汉语文化学院，攻读汉语国际教育专业硕士。从我得到了录取的消息到我毕业之前，我身边总是会有朋友、老师，甚至是不熟悉的人，很质疑我的决定。他们说："学校水平决定了求职高度。"而我自己心里知道，我选择的不是"退"，而是"进"，是为了实现我的职业理想走出清华的选择，而不是一种委身与妥协。

在进入研究生阶段的学习后，我感受到了身边前所未有的变化。因为知识体系与能力要求的差异，成为一名汉语国际教育专业的硕士和想象中研究生每天实验、看书、写论文的生活有着很大的不同。试讲是我们专业最重要的环节，是每周一次的"周考"，也是每周我要花大量时间准备的。为了试讲好一门少儿汉语课，我手舞足蹈了一整个星期，练习儿歌。我从开始时登上讲台就会手发抖的菜鸟，一点点变成敢于在 300 人面前利用"全身反应法"，声情并茂地讲故事的"老手"。

经过一年的锤炼，我感受到距离一名真正的汉语老师越来越近了。所以，我选择给自己一个更靠近真实教学的机会——孔子学院汉语教学志愿者。

## ■ 赴美交流

2017 年，作为一名汉语教学志愿者，我来到了旧金山州立大学孔子学院，开始了为期一年的海外教学生涯。任何的教学理论的学习与教学实践都是有差距的。我在大学不仅要教授汉语言专业的本科生，还有美国旗舰项目与教职工兴趣班。这些不同的班级有着不一样的特点，无论是学生的年龄、专业、汉语水平和学习目的都不一样。刚开始上课的时候，我觉得茫然无助，自己不仅上课辛苦，学生听课也觉得很累。经过数周的适应与调整，我一点点找到了美国学生的脾性，知道了他们喜欢的学习方式，也了解了他们的学习习惯。针对自己班级学生参差不齐的语言水平，我琢磨出一套"差异化教学法"。经过教学实践，同学们都表示在我的课上不仅仅收获了语言，也获得了学习语言的激情。

在孔子学院的活动上



在教学的同时，我还负责组织了多项中国文化传播活动，全年共计 12 场，共吸引超过 3000 人参加，在学校和社区都取得了一定影响。这些活动涉及古筝、剪纸、书法等中国传统艺术，也包括电影、经济等现代话题，涵盖古今。旧金山州立大学孔子学院还承担了北加州地区中小学生汉语比赛的组织工作，我作为团队的一员，为 1200 位参赛者提供了赛事服务。在组织这些活动后，通过意见反馈，我了解到这些参加活动的人不仅仅有本校学生，也有专门前来参加活动的校外人士。通过我和我们团队组织的这些精彩活动，更多的美国人了解了中国，特别是当代中国。

歧视源于不了解，而孔子学院组织的中国文化活动让更多国家的人有机会了解中国。这有助于消弭国家之间的矛盾。当他们不能主动获取信息的时候，给予他们正确的信息就显得格外重要。举办丰富多彩的活动，让当地的学生与居民在参与中不自觉地感悟了中国文化，实现了“感悟—体验”的文化传播流程。我希望通过我的努力，将文化活动组织好，让更多的外国人形成对中国的丰满且客观的认知。

## ■ 初心不改



经历了在美国为期一年的汉语教学与文化传播工作之后，我返回国内完成了研究生学业。而在这次毕业求职中，我更加坚定地选择汉语国际教育作为自己一生的事业。我在这份职业中感受到了成就感与荣誉感。我知道，我付出的每一点时间与精力，都是为了让更多的人了解中国、认识中国、热爱中国而努力着。无论需要付出多少，我都可以用自己的信念与理想坚持下去。

最后，非常幸运，我加入了中国政法大学国际教育学院，继续从事汉语教学的实践与研究。从入职到现在已经一年有余，我为近 100 名学生提供了超过 10 门课程。有的时候，我也会感到疲惫和无奈，想要放弃。但是，想到我的努力可以让更多的人了解中国，我就更加坚定了继续努力下去、实现人生价值与社会价值的决心。在一个平凡的岗位上，我已经并将继续为汉语和中国文化的传播做出自己的一份贡献。

我身边的人从一开始的不理解，到渐渐看明白了我的选择。在我看来，职业选择最重要的标准，就是兴趣。前一段时间，一个视频刷爆了网络，名字叫作《后浪》。视频里面谈到，现在的年轻人可以自由地选择、自由地创造。热爱是在职业发展中解决困难、坚守初心最重要的动力源泉。坚守的路上一定会有不一样的声音，其实不必在乎，没有人比你自己更了解你需要什么。

明晰自己的职业规划，了解自己的兴趣、爱好与专长，才能找到你真正喜爱的、能够做好的一份事业。

写于 2020 年 10 月

李晓东，清华大学人文学院外文系 2016 届本科毕业生。毕业后攻读北京师范大学汉语文化学院汉语国际教育硕士学位，其间赴美国旧金山州立大学孔子学院任汉语教学志愿者教师。2019 年起于中国政法大学国际教育学院任讲师。

# 徐梦周：园子里普通人考研的那点事

朋友让我讲讲考研的故事。一开始我觉得没什么可说的，后来又觉得应该说说，说给园子里每一个普通的学生。

## ■ 优秀的人只有几个，大多数都是普通人

大三暑假结束后返校，那种毕业季的焦虑像一团热火，立刻焦灼起来。每个人都行色匆匆，忙碌着关于未来去向的事情。

而我，只是一个普普通通、平平凡凡的毕业生。那些关于未来、关于梦想的事情一下子冲到眼前，让我不知所措。相比那些大学生活过得风生水起、十分充实的同学来说，我只是按部就班地修学分、上课、参加几个社团、和朋友说说笑笑，就这样来到了毕业季。没有什么社工的经历充实自己，没有在学业上下过功夫而导致学分绩平平，也没有找过实习，对就业更是一无所知。我就是这样普普通通，我的经历也许和大多数平凡的同学差不多，毕竟优秀的人只有几个，而大多数都是普通人。承认自己普通不是一件难事，尤其是在这个园子里，哪一个不知天高地厚的同学未曾吃过点苦头呢。金字塔的塔尖就那么点，下面的基底才是大部分。

所以看了太多优秀的人的故事，我想也许我这样普通人的故事可能也会给你一些启发。这点事，说给园子里每一个普通的你。

## ■ 我固执地决定试一试，可能心里还是存有一些侥幸的

首先是做一个选择，就业还是读研？考虑了很多，我最终做出了自己的选择，继续读研。我很喜欢我的专业，希望继续读研究生，深入地学习，如果能够顺利，我还想做一名教师，让更多的学生感受到日本文学的魅力。

看了我的学分绩之后，我深感推研困难。辅导员、学长、同学们都觉得我的学分绩排名真的太低，推研可以说没什么希望。推研竞争大，一起报名

推研的同学们都名列前茅，平常表现也比我优秀许多。但我还是没有听从他们的建议，固执地决定试一试，可能心里还是存有一些侥幸的。

推研面试的时候，老师们问起我的学分绩就让我哑口无言，真的没有什么借口可以敷衍。虽然大家平常都痛恨学分绩，但是毕竟在一定程度上学分绩还是说明一些问题。平日里漫不经心，最终当然是换不回光鲜亮丽的成绩单的。我不是学习不努力，但是说实话，确实没有拿出我全部的精力投入学习。比起高中的全身心投入，大学阶段的学习多了一点放纵和漫不经心。面试的最后一个问题，老师们问我如果推研失败，我以后有什么打算。

我已经想好了，我不能放弃，我决定考研。

## ■ 做选择只是一瞬间的事情，重要的是接下来为选择有所付出

推研失败后，我决定考研。

听学长学姐们谈起毕业季的选择，好像清华考研的人不多。在清华园这个优秀人才汇集之地，毕业时我们有更多的选择。即使推研失败，毅然决然选择考研的人也不多。因为大家还有很多别的选择。究其原因，还是考研投入的精力过多，比起选择外校推研，或者申请出国留学，考研会花费更长的时间，而且结果出来得晚。

我仔细考虑了很久，还是决定背水一战。我非常热爱清华，舍不得这里。专业的老师是我非常熟悉的，校园也是熟悉的，读研究生的时候可省去适应新环境的时间。这里有太多丰富的资源，是非常好的平台，适合我继续成长。我还是想留在这里。

做选择只是一瞬间的事情，而重要的是接下来你要为自己的选择有所付出。亡羊补牢，为时不晚。我从图书馆借了一大堆专业书，开始狂补。推研失败的结果在 9 月末出来，而研究生招生考试是在 12 月末，我只有三个月的时间。

在这有限的时间里，我疯狂读书，发誓把之前荒废的时间补回来。大四上学期我们的专业课程还不少，在上课、准备毕业论文开题的间隙中，我尽最大的努力准备考研，看书、刷题，恨不得把知识一股脑地倒进脑子里。参加推研的考试还是很值，毕竟专业知识就这些，怎么个考法，怎么表达自己

的观点，之前的推研考试就是一次经验积累。除了专业知识，还有公共科目，在疯狂刷题之后，高中文科的基础还是让我心里有了点底。

每每想起那段奋战的日子，我就十分感慨：曾经那么专注，那么疯狂，单纯又认真。

## ■ 其实没有什么特别的，就是有点不服输，然后纯粹地去努力和付出

在通过了初试、复试之后，直到公布考研的结果，我才真正松了一口气。我终于通过努力，拥有了留下来的资格。

每次谈到这段考研的经历，好多朋友都非常佩服我的勇气，其实我倒是觉得没有什么特别的，就是有点不服输，然后纯粹地去努力和付出。当时就想不管结果怎么样，我得去争取。不争取，就没结果；争取了，就不后悔。其实当时也想过退路，觉得如果考研失败，我还可以有很多选择，可以参加校园招聘，可以准备申请出国读书，可以参加公务员考试，总之还有退路。所以就暂时不用管那些，先专注考研，把这件事干完再说。

努力不一定成功，但放弃一定会失败。这句话果然不错。幸好在努力后，加上一点幸运，我得到了一个自己满意的结果。每一种选择，都有各自的好处，只要付出过了，就不后悔。不去试一试，就不知道到底行不行。

徐梦周在清华园

园子里优秀的人太多，普通的孩子总觉得自己做得不够好。毕业的时候迷茫，失去方向。其实只要做出自己的选择，并为之付出，总能找到自己的答案。要知道，普通的我们，才是大多数。没有内容丰富的简历不用怕，没有拿得出手的荣誉也不用怕，没有名列前茅的成绩也不用怕。大学，是发现自己的地方。我们有很多选择，每一条道路都通向理想的未来，就看你能不能坚持，愿不愿意尝试。为了梦想，奋斗无悔，我想这就是青春吧。

写于 2020 年 10 月

徐梦周，清华大学人文学院外国语言文学系日语专业 2016 届本科毕业生，本科毕业后考取清华大学日语专业硕士研究生，目前博士在读。

# 姚国友：做喷遍祖国混凝土的姚阿甘

从走进清华大学水利水电工程系开始，我就和混凝土结下了不解之缘。它走进了我的生活，甚至跟我的爱情、工作息息相关。

“致知在格物，物格而后知至。”为了彻底了解它，给它最“贴心”的防护，我走遍祖国大江南北，深入工程一线，给每一方混凝土喷下“神仙水”，以实践促改良，来实现混凝土工程的全生命周期防护。

## ■ 机缘巧合，顺利毕业

读博期间，一直困扰于毕业论文的主题，我纠结了很久，始终没有找到合适的方向。这个时候也是极度自我怀疑与迷失的高峰期，若不能梳理好心情，调整好心态，是件很危险的事情。当时也是机缘巧合，广东省水利电力勘测设计研究院在寻求入侵生物贻贝的解决方案时，找到了清华大学，我的导师安雪晖教授负责这个项目。于是我开始接触淡水贻贝，俗称淡水壳菜，当时的我并不清楚，这小小的生物，竟然是我的博士论文的主角。

在广州，为了寻求解决这种泛滥成灾且影响极大的入侵生物的材料，我接触了多种涂料，反复做测试、看效果，并尝试改善材料性能，来解决这不起眼的小生物。研究多了，论文的内容也就有了。我一直觉得自己很幸运，上清华是，遇见安老师是，完成毕业论文也是。

## ■ 恰逢渗漏，立志防护

清华读博及博士后期间，我租住在清华园附近的一幢老旧建筑里，晴天的时候怡人清爽，有次下大雨却让我措手不及。室外噼里啪啦大雨滂沱，室内淅淅沥沥滴个不停，顿时很郁闷。“床头屋漏无干处，雨脚如麻未断绝”，我一下子就体会到杜甫的无奈与悲凉。可能别人感慨一番就忘记了，但我学的是混凝土，漏水这个问题怎么也避免不了，这是嘲讽也是激励，激励混凝土人真正去考虑渗漏问题，乃至考虑混凝土的其他问题。在寻找解决淡水壳菜方法的时候，我接触了很多有机硅和无机硅的材料，其中有一款安老师从日本带回来的无机硅材料令我记忆深刻，它有很好的渗透性，也能解决混凝土的防护养护问题，包括混凝土的密实性、防水抗渗性、抗氯离子等。混凝土有了它，感觉就像是做了一次深入的保养，整个结构的性能都焕然一新。这给了我很大的启发，如果我国的混凝土建筑都能喷上这种材料，那滴水不漏的广厦千万间岂不是能轻易实现？

## ■ 道阻且长，行遍南北

日本进口的这款材料，价格很贵，当时我就想，如能将它国产化，在提高性能的同时大幅降低价格，那么一定会有较好的市场空间。这也燃起了我心中创业的火花。如何跨过从 0 到 1 这个过程却很艰难。那段期间，我每天都是在实验室里度过，和水泥块打交道，一天可能都说不上几句话，只是把实验配比的材料喷在试块上，干燥养护、观察记录、对比分析，一次次失败，一点点调整，一次次改进，一点点记录。面对沉默的混凝土和屡次的失败，无助感有时像云彩，忽远忽近，有时像潮水，猛烈激荡，有时像黑夜，寂静肃萧，脑中闪现最多的是放弃，是顺利结束博士后的工作，安稳地找个企业，进入实验室，安心地做个科研人员，也是极好的。

是我的导师和我的妻子（当时还是我女朋友）给了我源源不断的支持、鼓励和帮助，以及不断坚持下去的动力和决心，拨开云雾见日出，纳米硅酸盐材料终于研制成功，因其与我妻子梳妆打扮用的 SK-Ⅱ神仙水有异曲同工之妙，于是我也给了它一个名字——混凝土的“神仙水”。

材料研发成功后，也送给第三方专业机构做了测试，结果和我想的一样，比同类进口的产品数据还要漂亮，这也给了我极大的信心和推广的动力，我要把这款产品推广到全国，让祖国的每一方混凝土都能得到最贴心、最周全的防护。说来有趣，我还没有喷遍祖国的混凝土前，倒是先在我的求婚戒指上喷了“神仙水”。在清华大学启航奖颁奖仪式上，我拿出了求婚戒指，这是一个喷了“神仙水”的混凝土戒指，虽然没有钻石耀眼，但它独一无二，喷了“神仙水”改善性能，它也可以和钻石一样“恒久远”。很幸运，我求婚成功了。

启航奖颁奖现场求婚

接下来，我带着混凝土的“神仙水”行遍祖国大江南北，喷过南水北调、向家坝、羊曲水电站等水利工程，海口综合管廊、南京综合管廊、深圳地铁、新疆城市高架等城市工程，结果很成功。这给了我全面走向市场的决心和底气。

海口市现浇综合管廊施工

## ■ 天道酬勤，布局谋远

2017 年，在苏州我成立了佳固士新材料公司，开始了民用市场推广。公司刚开始只有 5 个人，而且大部分时间都在工程项目上，冬奥会主场馆混凝土防护、格库铁路混凝土增强、南京长江大桥翻新防护、烟台港口裂缝修复、红星美凯龙新建防水……我们始终在路上，在不停地奔跑，为每一处需要防护的混凝土喷上“神仙水”。

第二年，我们迎来了天使轮投资，团队人员也不断扩大，参与的各种比赛也给我们带来了多项荣誉，于是我们在 2019 年开始了大规模的民用市场拓展，团队扩充，经销商加盟体系完善，线下交流会，线上直播，多种方式并举，从防水领域切入，并逐步拓展到混凝土全方位防护领域。2020 年，我们举办了混凝土防护技术高峰论坛，融资成功，科技研究院成立，混凝土防护市场六大领域“赛道”全面开启，稳扎稳打，步步前行。

天道酬勤，厚积薄发，科技为先，行稳致远，在混凝土防护领域，我对阿甘精神心向往之，希望在不断奔跑中，把“神仙水”喷遍祖国的每一方混凝土。

写于 2020 年 9 月

姚国友，清华大学水利系 2016 届博士毕业生，毕业后创立佳固士新材料公司。

# 邓超：装备制造业三年有感

毕业季找工作的时候，我对自己的未来并没有一个清醒的认识，在一位关心我的师兄撺掇下，我报考了陕西省委组织部的人才引进计划，但是在最终签订三方协议书的时候，我犹豫了，因为哈电。

2016 年 11 月，哈电集团以党委书记、董事长斯泽夫学长为首的招聘团队，在学校职业发展中心举办了宣讲会。宣讲会上，斯泽夫学长亲自介绍了哈电集团的光荣历史和为共和国做出的卓越贡献，并向清华的学弟学妹们发出诚挚的邀请。作为一家国资委直属的副部级央企老总，斯学长亲切和蔼地跟大家进行交流，表达了对青年人才的渴求，让我感到深深的敬佩。同时，装备制造业正面临寒冬，国外对我们进行一系列“卡脖子”技术的封锁，我心中开始泛起投身哈电的念头。母亲担心我在哈尔滨生活不习惯，斯学长知道后，亲自邀请母亲和我赴哈尔滨参观交流，哈电集团和汽轮机公司的同志热情地接待了我们，斯学长也亲切会见了母亲和我。2017 年 8 月，我正式加入哈电集团汽轮机公司研究院，成为一名材料工程师。

清华校友在哈电

在哈电集团汽轮机公司工作的三年多时间里，我完成了很多公司需要的研发课题，同时协助公司生产工作，完成了一个又一个项目。感谢哈电集团这个舞台，让我发挥自身优势，实现自我价值。下面结合自身经历，谈两点感受。

第一，人生要算总账。

这句话是斯泽夫学长说的，斯学长在跟青年职工和朋友们交流的时候多次说过这句话。总有人问我："你清华毕业来这儿干啥？"看到同学们有的出国，有的在南方收入高、待遇好，我确实迷茫过、羡慕过。但是随着工作年限的增加，不断参与新的项目，我不断取得新的成绩，不断获得新的成就感。一时的先后并不算什么，有的人前期进步快，但是碰到瓶颈后难以突破，有的人前期比较磕磕绊绊，但是能厚积薄发。工作的前几年更重要的是平台，因为大的平台能够支持我们走得更远。刘新新学姐是我们公司技术管理部部长、全国青年岗位能手，姑且认为她是成功的，但是她当初在同学中工资待遇相对较低，走得也不算快的，正是有哈电汽轮机公司这个大的平台，她才厚积薄发，逐渐成长为独当一面的管理者。另一方面，高薪、高职位并不一定就能开心，收入、岗位、家庭、社会地位、理想实现等，很多方面都会影响我们心灵的满足。我在哈电这几年，虽然工资待遇方面跟大城市的同学相比存在一定差距，但是工作上能承担重要的任务，很快发展成为业务骨干和基层管理人员，同时也娶妻生子，过上普通家庭的幸福生活，我感受到强烈的获得感和满足感。人生需要算总账，当十年二十年后再来看，那些出国的、在外企的不见得比咱们成功，比咱们过得幸福。

我幸福的小家

第二，耐得住寂寞最重要。

这句话是刘新新学姐在工作十年后回清华，在职业发展中心分享经历时说的。我是一名“90 后”，有人说“90 后”是垮掉的一代，但是这种说法是偏激的，是不对的。“90 后”已经遍布各行各业、各个角落，而且是作为新生代生力军。喜茶创始人聂云宸是“90 后”，比特大陆联合创始人、执行董事葛越晟是“90 后”，“三金”影后周冬雨是“90 后”，机械系校友、我的同学、公司技术管理部部长助理郭鹏飞也是“90 后”……他们在我们这个年纪算是成功的，而且他们的成功是通过自身的努力、坚持、奋斗得来的。鹏飞总说，他取得的成绩与他在秦皇岛一年多的艰苦日子是分不开的。2018—2019 年的时候，我和同事为了开发末级叶片激光固溶工艺方法，天天泡在车间里，研究固溶工艺参数，隆冬的时候，冒着大雪和寒风，推着小车去叶片分厂拉叶片，这样的日子持续了一年半，后来我们实验室堆满了解剖剩下的叶片，一共 50 多只，全都是 680 和 1040 的大叶片。中间做不出来的时候，我们一度非常绝望，但是最终我们耐住寂寞，按大功率快扫描、中等功率中等速度扫描和小功率慢扫描，一步一步重复了无数次试验，终于成功掌握了激光固溶的工艺方法。我想说的是，只要耐得住寂寞，我们必将破除人们的误解，闯出属于我们“90 后”的新天地。

如今，哈尔滨已经成为我的第二故乡。我在哈电集团工作了三年多，哈电集团是一家国有企业，别的国企存在的一些问题，在哈电也存在，但是哈电已经植根我的血肉和灵魂，我热爱她，并且试图以自己的方式、用自己的双手去稍稍改变她。我想对清华的学弟学妹们说，作为清华人，我们在择业时，独善其身的同时，多少有一点家国情怀，尽量选择更有贡献的岗位，哪怕能为国家、为社会多做出一点点贡献。哈电集团作为一家大型装备制造央企，关系国计民生和国家安全，承担着重要的使命，非常欢迎学弟学妹们来哈尔滨、来哈电集团工作，跟我一起让哈电这个老牌企业重整旗鼓、再上一流。

写于 2020 年 12 月

邓超，清华大学材料学院 2017 届硕士生，毕业后以“50 优才”计划加入哈电集团汽轮机公司，从事技术研究工作。

# 范煜群：戏剧是一场未完待续的历险记

## ■ 把爱好变成事业

从小到大，如果一定要说自己有什么行动上的座右铭的话，那大概也就是“做喜欢的事，让喜欢的事有价值”了吧。但在找到自己真正热爱并且愿意为之付出一生的事业的路上，也并不是没有走过歧路。大三之前，我一直都觉得自己未来会去公益组织工作。其实到现在，“战地记者”也一直是占据着我的人生梦想榜首的职业。但几次的实习和志愿者的经历，让我发现真正的基层公益和我脑海中构建出的理想主义图景的距离——我免不了总是“雷声大雨点小”，终于，在数次的痛定思痛之后，我决定寻找新的路。

我也被学院和校内的大环境所裹挟过。当别人都在做一件事的时候，很难让自己不被影响。于是我也曾经对于这个那个“计划”蠢蠢欲动。还记得有一次，我把某个计划的报名表递到辅导员手里，他饶有兴致地问我：“你不是一直都走公益志愿那条路吗？怎么想到来参加这个？”当时的我只有嗫嚅几句，不过尝试过后，果然发现自己并不适合那条路。现在想起也会庆幸，如果当时真的入选，可能现在又会是完全不同的轨迹了吧。

大三去国外交换半年带给我的最大影响，应该就是看到身边人不管什么年纪都没有停止探索，不是“什么年纪该做什么事”，不是随波逐流于社会的规则和旁人对你的期待，而是真正听从自己内心的声音，敢于尝试，敢于承担后果。于是也让我有时间真正静下来，回头看自己走过的路，捋清楚自己的思路。于是就想起，大一大二最有成就感的事，大概就是做了两年学生节。在台口边感受到的那种悸动，是每次想起都依旧会感到心跳加速的。我其实从小就是个文艺积极分子，喜欢唱歌跳舞，喜欢拉着同学编排戏，也喜欢看别人在舞台上发光，我又从来都是任性天真的，于是就想：为什么不把爱好变成事业呢？刚好那时候同专业的学姐也走上了戏剧的路，她是把我从文艺部一手带起来的学姐，我一直都记得她对我说：“舞台是有魔力的，但选择了这行，就要做好一生清苦的准备。”当时的我，也不是没有过为了喜欢的事情熬通宵、吃尽苦的经历，于是就这么轻率地决定走上这条“不归路”。

## ■ 靠梦想吃饭

但戏剧的路，也并不从此就一帆风顺。首先是戏剧是一个很大的行业，其下有台前幕后很多个工种。我一无资历、二无人脉，必须从头做起，挨个摸索尝试。从决定做戏剧到申请学校的这短暂时间里，甚至一直到去英国上学的前半年，我都一直在不断尝试转换着不同角色，想找到最适合自己的那一个。我做过演员，做过制作助理和宣传策划，做过导演、编剧、类似舞监那种打杂的、灯光音响操作，甚至还和设计师一起焊接过舞美。我所在的英国学校鼓励学生多线发展，包括英国的大环境也是会有越来越多全能的艺术家，而非局限于单一的工种。于是在一个学期后，我主修了导演课，也辅修了编剧，后来的毕业作品也写了人生第一部完整的、大约时长两个小时的剧本。后来抱着随便投投的心态递给了英国最好的剧作家剧院皇家宫廷剧院，没有想到他们很喜欢，这是后话了。

在英国自编自导的第一部戏《LIES》

也是在研究生的这一年，我发现自己完全不适合学术这条路。曾经各种的犹犹豫豫，以及功利一些的考虑，完全被我抛之脑后了。相对于永无止境地读文献、写文献综述等，我更喜欢创造和讲述自己的故事、喜欢跟演员们以及其他不同工种的团队一起工作、实践的感觉。我的专业从夏季学期，也就是大约四月开始，就几乎没有授课了，而是让大家潜心准备毕业作品。于是从那时候，我就开始了在英国说长不长、说短不短的为期九个月的自力更生的自由职业生活。

从那时开始我真正认识到，靠梦想吃饭真苦啊。就和国内的许多地下艺术家一样，我打着两份工，偶尔接一些创作的工作，而大多数时候的创作——因为自己的资历尚浅，是完全没有报酬的“为爱发电”，以此来应付每个月的房租等生活开销。我曾经坐在伦敦凌晨三点的公交上，拿着同事送我的向日葵（那天是我的生日），而我刚刚轮完一个时长八小时的班，累到完全没有力气去管后座醉汉的叫嚣；我也曾经在早上繁忙的金融城路上旁若无人地放声大哭，因为觉得迷茫和孤单，看不到出路。这些经历现在说起来都觉得好神奇，但不论当时有多么辛苦，我依然深深爱着并感谢着伦敦，因为那是完全理想主义、完全纯粹的一段时间，也是我作为个人和作为艺术工作者飞速成长的一段时间。好像经过了那些，之后的任何辛苦和任何风浪都不算什么。我记得当时一周最多的时候会在不同的剧院看三四场戏，看完之后在人声鼎沸的剧院酒吧和朋友辩论到凌晨；我记得第一次挑大梁导一部一个多小时的戏，合作的三位女演员都到了我母亲的年纪，我要和她们建立起信任；也记得跟着剧组在“风吹草低见牛羊”的威尔士和曼彻斯特巡演；跟着剧组去监狱做工作坊，感受到深深的震动……我们会去讨论一部作品背后的权力关系、艺术家的社会责任。这些事情在英国的氛围里是那么理所当然，我很感谢从一开始，这段经历教会我的就是艺术从来都不是孤芳自赏和阳春白雪，而是“无穷的远方和无尽的人们，都与我有关”。这也是为什么，当同届的中国学生都早早回国开始找工作，我在家人的万般催促下，依然决定留在伦敦。虽然作为少数族裔，很多时候觉得自己不被听见、不被看见，虽然异国的生活难免辛苦，但是它在职业上给我的满足感和希望，是我选择留下来的理由。当然，半年之后，因为签证的关系，也因为自己的作品还是不够优秀和丰富，我很遗憾地离开了。



## ■ 妥协和成长

回国之后，仿佛我的历险记才刚刚开始。首先国内的主流对艺术行业、对自由职业者还有一定的偏见。另外，国内对于年轻人，尤其是对于女性，总是有更高的一份期待，期待你取得符合世俗意义上的成功，期待你尽快成家立业，等等。好在我已经学会不那么在意别人的看法，父母念叨归念叨，我却是他们越念叨，越凭着一股子倔劲偏要往南墙上撞。当然，我也作出了妥协，脱离了在英国时自由职业者的身份，成为一名职业音乐剧制作人。

如果说，在英国时遇到的艰难险阻更多的是来自于生计的压力，和对自己创作能力缺乏信心，那么在国内是完全不同的一番道路。如果说导演和编剧更多需要考虑的是创作上的问题，那么制作人需要操心的事情就更多也更杂。有时候制作人像是万金油，哪里缺人手，哪里就顶上；有时候制作人像是垃圾桶，每个工种有了压力和委屈，一定会第一时间来找我。这份工作，需要超强的体能，因为经常会跟着技术团队通宵拆装台；需要超级强大的内心，因为在演员或主创没有安全感的时候，需要给他们安全感；需要审美能力，能够跟创作团队沟通；也需要商业头脑，该卡预算的时候要“心狠手辣”，该争取的时候也需要争取。掐指一算，回国从业到现在也有一年半了，我从一开始的每周必崩溃大哭，到现在抗压能力直线上升了不少；从最初会因为压力大、事务繁重而打退堂鼓，到现在学会享受策划和牵线、完整搭建一个项目，也算是有成长。



我是很幸运的，经历了这个行业大起大落的一年半。刚回国的时候，恰逢某档综艺节目大火，资本和市场都在关注这个本来没有多少人问津的行业。彼时还懵懵懂懂完全不了解那些艺人，但接手的第一个项目，就是和其中三位的合作。之后，我也陆陆续续都会合作一些小有名气的艺人。在光环身边工作，会让人卸去对光环的许多迷思，也会慢慢学会在浮躁的大环境里保持一些定力。见过有了流量就玩世不恭的人，见过历经千帆选择稳扎稳打的人，也见过孤注一掷依然坚守的人——其实这个行业和社会其他行业并无不同，总是有各式各样的人，有投机取巧的人，就有纯粹热爱的人。无论人怎样流转改变，音乐和戏剧的本质并不会随着斗转星移而改变，当灯光亮起、音乐响起的时候，人们依然会被最简单的东西所打动。

## ■ 在剧场工作到八九十岁

疫情刚开始的时候，我还带队在外巡演，整个组活在自己营造的梦境里，丝毫不知道外界已经骤然开始改变。回家之后，情势急转直下。老实说，上半年并不好过。舞台虽然光鲜亮丽，可是这个行业中的许多人，生存其实一直都是非常艰难的。一档综艺节目的大火并没有改变大多数人的命运，很多人依然挣扎在基本的温饱线上，而疫情更是让我身边的很多好朋友都无奈考虑转行。对我自己来说，也是一个再次停下来思考自己从哪里来、又是否还要继续的过程。因为最忙的时候，手上有几个项目在连轴转，是没有时间思考自己是否偏离了来路的。好在有这段停下来的时间，让我有机会回到自己选择戏剧的本心。于是，播客爱好者的我终于录制了自己的个人播客“破晓”，反思剧场和社会的关系；重新又开始创作，策划自己的演出，写想写的剧本，帮朋友写歌等，也有一些笃定的小快乐。

最近和 Royal Court 剧院合作的线上戏剧项目

记得之前看到一位策展人说，“我不再追求某个时间达到人生的高峰或事业的高峰，而是想把这个过程尽可能地延长，一直开开心心地做下去，在剧场工作到 80 岁，甚至 90 岁。”那就把这句话当作本文的结尾吧，也祝愿各位学弟学妹都能找到自己的方向。其实人生是一场马拉松，并没有一个时刻是突然通透之后就一劳永逸的，什么时候都会有迷茫，也会需要去不断调整方向。不管如何，不要害怕没有立即拥有世俗意义上的成功，不要害怕去寻找那个在远方等待你的知音。

写于 2020 年 9 月

范煜群，清华大学人文学院 2017 届本科毕业生。毕业后前往英国皇家戏剧学院（RADA）就读，后在英国从事独立戏剧导演与编剧。回国后担任音乐剧《吉屋出租》中文版制作人、音乐剧《第一次约会》中文版译配等。

# 李彰：沉浮得失亦无悔

2017 年毕业后，我通过定向选调前往浙江省绍兴市，先后在街道、乡镇、开发区等不同岗位工作。今年是我到岗工作的第三年，静下心来回想这段时间的经历，有诸多的感悟和体会，有的在意料之中，但更多的是意料之外的惊喜与收获，很高兴能有机会与在校的学弟学妹们分享。

## ■ 基层是大有可为的舞台，选调是大有出息的负担

是否前往基层做一名选调生，是这个毕业季摆在许多同学面前的一个大问题。自己那个时候也同样犹豫过，担心真下去后，干不出成绩怎么办？发展不顺利怎么办？特别是考虑到留京也有好多不错的机会，机会成本是不是太高了？等到最后一刻要做选择的时候，我静下心问了自己内心最在意的几个问题：

一、是不是觉得这份工作有意义，也有意思？——是。

二、如果发展不顺利，将来后悔吗？——不后悔。

三、如果现在不去，将来会不会后悔？——会，现在不去，这辈子大概也没机会了。

想好了就再没有犹豫。工作后回过头来看，我很庆幸，也愈发感到：基层是大有可为的舞台，选调是大有出息的负担。

基层工作千头万绪，涉及方方面面，身处其中我深刻感到，基层工作内在的各类矛盾与困境，是深入理解和把握中国道路、中国实践和中国制度的关键窗口。

城市发展需要空间，就必然涉及征地拆迁，但如何保障群众的合理诉求？经济数据统计要求企业应报尽报、实事求是，但乡镇街道又面临着具体的指标考核任务，怎么办？信访制度意在服务群众，但如今大量的非访、闹访早已令基层干部筋疲力尽，怎么一件好事反而被少数人绑架利用？村民自治是我国农村民主政治的生动体现，但在实践中，特别是在换届选举等重要节点，

如何在保障自治的同时将党的领导这一基本原则贯彻始终？

所有这些矛盾和困境的落脚点、执行人，都在基层，在县乡，在街道。由此我发自内心地认为，基层这堂课，是每一名有志于公共管理实践的清华人的必修课。

在直接接触群众、服务企业的工作中，我个人更是受益匪浅。

首先是懂得了许多“土道理”。我在街道工作期间的老领导，遇到难题总给我讲两个字“挡牢”，开始还不习惯，后来听得多了，越感到言简意赅、意味深长，现在我也常讲给人听。长期在地方工作的一位长辈告诫我要廉洁自律，没有长篇大论，只讲了三个“没有”：没有免费的午饭，没有不透风的墙，没有后悔的药。寥寥数句，胜过千言万语。

其次是培养了许多“好作风”。在街道工作期间，为了给我联系的社区老百姓办好安置房产权证，我没少花心思，前后半年跑部门、找领导，还争取到了市委、区委主要领导的批示，但直到离开工作岗位仍没办成。在这个过程中我深切体会到，要真正干成干好一件事，哪有那么简单？靠一两次会议、一两份文件，是绝不会自然而然落实的。推动工作，没有扎实的作风和坚韧的品性，万万不行。著名企业家鲁冠球讲过“一天做一件实事，一年做一件大事，一生做一件有意义的事”，我也常用这句话来自勉。

此外是收获了许多“真感情”。街道是我工作的第一站，现在想起来，那个时候对于工作的程序、规矩，很多都一知半解，但我的同事们都真诚地接纳了我，不同我计较；我联系的社区群众，虽然许多事情并没有为他们办好，但他们看到我努力了、尽心了，也一直对我心存感谢，到现在还时有联系。在他们这儿我收获了宝贵的真情，更从中体会到了基层工作的乐趣和一点小小的成就感。

## ■ 常怀感激之情，常守平常之心

清华的学生毕业后选调到基层工作，我认为能力不是短板，最难的是调整心态、摆正位置。

怀感激之情，就是放下姿态，别太把自己当回事。特别是许多清华同学放弃了在京优越的工作条件，难免会对未来的发展有着较高期许。

记得自己还在校时，常有各地的主要领导或组织部长到学校招才引智，那时总感觉，好像自己去地方就是被“请”回去的，也不太把领导当回事。真到基层工作后，才发现连小小一个乡镇街道的工作都忙碌异常，更不用说区领导乃至主要领导了。

现在回想起来，自己刚到绍兴工作的时候，区里的组织部长和分管副部长亲自领着我到街道报道，并嘱咐街道书记，希望他放手培养、大胆使用。当时只道是寻常，后来才觉得难能可贵。

对一个地方组织部长而言，组织线、干部线、人才线的各项工作压力繁重。选调生工作虽然重要，但也只是其中一项具体工作，当地的组织部长能放下手中大大小小的事务，抽出时间专门送选调生去单位报到，可见组织部门对人才的重视。作为选调生的我，更应该不负领导和学校的重托，怀着感恩之情加倍努力工作。就是这种心态伴随着自己，在工作中不断调整、适应。

在同心越城大会上推介绍兴集成电路产业园

怀平常之心，就是放下功利，别太把得失当回事。工作一段时间后，自己有时不免会去跟同届选调生，还有其他省份的选调生做比较，有时候也会产生这样一种情绪，觉得自己各方面都不比别人差，怎么发展得没有别人好？或者领导为什么不把我安排到更重要的岗位？一旦有了这种念头，就失了平常心，工作总是急功近利，动作就容易变形，心思也没法集中在工作上。

庆幸的是，自己较快地平复了心态。尤其是看到别人背后的付出，再对照自己的不足时，就更感到平静和坦然，我想，相比之下，德不配位、本领恐慌，才是最大的危险。

工作以来，我发自内心地感到，组织安排你到哪个岗位工作，都是好事，都是宝贵的机会，都应该抓紧时间学习适应。两年多来，通过不同岗位的学习锻炼，自己对于乡镇街道的基层工作，对于现代产业发展以及开发区规划建设等工作都有了较系统的认知，这笔财富令我终身受益。

更何况许多时候，“得”与“失”就在毫厘之间，福祸相倚，难以预料。我到街道工作后没多久，因工作需要分管综合治理线，没想到刚调整完第二天就有上级领导过来突击调研，发现我们没有按规定落实人员值班，影响很不好。我们街道书记找我谈话，说这件事情要有个交代，问我怎么考虑。我想了想，说：“第一，工作确实有不足，自己负有领导责任，今后要在工作中加以改进；第二，工作交接存在问题，今后会注意程序，但在这件事上不希望推来脱去，给上级的印象也不好。”最后处分下来，我受到效能告诫，扣了几个月的奖金。

这算“失”了吧？但偏偏因为这事，市里、区里有大量领导和同事都听说了我，陆续鼓励我，说：“李彰你不要担心，不会影响你今后的发展。”印象最深的是一位领导语重心长地对我说：“今后你会慢慢理解，推功揽过，这是对干部的一项基本要求。”我感到从中收获的远比失去的多。



## ■ 能沉得下去，能浮得上来

处理好“沉”与“浮”的辩证关系，是我到基层工作后面临的一道难题。沉得下去是基层的第一堂课，要逐渐忘掉自己的名校背景，真正做到融入环境、融入工作；但又要能浮得上来，时刻不忘母校的培养和教导，不在忙碌的日常工作中迷失自己，始终对自己抱有更高更严的要求。

选调生入职后，往往面临一个难题：要想深入实际、干出成绩，必须要有领导信任、安排工作压担子；但站在单位领导的立场，一个刚入职的年轻人，还没怎么证明自己，怎么去信任他、放手将重要工作交付给他？我的一点体会是，选调生必须在最短时间内抛开“局外人”的思想，全身心地“沉”到工作当中，学会在吃劲和重压的岗位中锻炼成长，干出实绩。

2017 年 10 月，党的十九大召开，紧接着是 12 月的乌镇世界互联网大会，基层维稳安保的工作压力巨大，那时距离我到街道挂职工作才两个月，机缘巧合下分管政法线，但我不敢因为挂职的身份有一丝局外人的姿态。

整整一个月时间，我白天在单位部署工作，晚上就在单位值班值守，其间承受了多大的压力，付出了多少的心血，也只有自己清楚。但正是凭借这样的付出和努力，我得以迅速在单位打开局面，赢得了领导和同事的信任，因为大家觉得：这个人来挂职并不是在走过场，是真正来干事的。之后单位领导又陆续将许多重要工作交给我，我们建立起了良好的默契和互信，我个人更收获了实实在在的成长，完成了从“生力军”到“顶梁柱”的角色转变。

在集成电路小镇客厅讲解

要能沉得下去，更要能浮得上来。一位清华毕业在浙工作的老学长同我聊天时提到，在基层工作的这段经历，让他不论身处什么位置，都对乡镇基层干部充满尊重。因为他们的工作一点不比自己轻松、简单；但也始终牢记，自己身上承载着母校的重托，清华人要能够“不一样”。

在工作中我深有体会的是，基层经验固然重要，但越走上进一步的工作岗位，对干部素质的要求，越不局限于基层工作常见的“土路子”，越需要更高的理论修养和综合素质，也就越需要坚持学习、常学常新。如果以深入基层为借口就停止学习，那就丧失了持续进步的源头活水，丢掉了我们身上的最大优势，那才是真正的“捡了芝麻，丢了西瓜”。

我到集成电路管委会工作后，刚开始完全不懂这个产业，两眼一抹黑，英文看不懂，中文也听不懂。那段时间就买回来各种书籍和报告，从网上查询各类文章资料，跟书本学，跟企业家学，到车间现场学，自己学明白了再同单位同事分享心得体会。现在一年下来，单位里不少人也都成了行家里手。

特别最近半年来，我开始坚持每天早上 6 点半起床，上班前先在家看书 1 小时，政治、经济、历史，广泛涉猎。说来惭愧，这个习惯自己在读博期间没有养成，反而是工作后才下决心坚持的，就是因为感受到了学习的极端重要性，希望在忙碌中还能不断提升自己的理论修养与知识储备，为将来打下扎实基础。

## ■ 写在最后

一回想起这两年的工作时光就心潮澎湃，讲的却多是些只言片语，不成系统，只是希望多少能对还在校的学弟学妹们有一些帮助，记录下来也算是对自己的一份勉励。现在全国上下都在谈“不忘初心”，回想起自己两年前的选择与初心，经历了这许多后，我想至少有一点是肯定的，就是自己仍然能够斩钉截铁地说，这是一份有意义、有意思的工作，我不后悔。

写于 2019 年 11 月

李彰，清华大学公共管理学院 2017 届博士毕业生，毕业后赴浙江省做定向选调生。

# 李姝莹：博士毕业去国际组织实习，我不怕路途荆棘丛生

## ■ 清华岁月

我是一名西北女孩，2008 年从甘肃省考到清华大学工程物理系，自那时起和核物理结下了不解之缘。选择这个行业的女生是真的少，本科工物 81 班，37 个同学只有 4 个女生。虽说是女生，撸起袖子照样干活，金工实习磨榔头、码代码调单片机、手抓放射源做实验，一样也不比男生差。四年的本科学习，为我打下了坚实的数理基础，也烙实了清华核物理的印记。

本科毕业，我又是这 4 个女生中唯一一个选择直接去读博士的。家里人说读博士很累，干吗要那么辛苦，可我偏偏要迎难而上。在我看来，清华有这么好的资源，磨砺一下自己总不是坏事。读博士的五年，是苦中作乐的五年，也是学会坚持的五年。头发掉了不少，心态却从未变老。在知识的海洋里尽情探索，也曾迷茫找不到方向。特别幸运遇到两位神级导师，他们积极引导，提供力量，伴我历经困难，终于抵达了胜利的彼岸。回头望望，有论文、有成果，有同行的国际认可，更重要的是培养了自己多视角分析问题，以及规划解决问题的能力，可以为社会发光发热了。

学术之余的我也在不断地充实自己，向身边的人、向社会传递能量。成为国家心理咨询师，并在李家杰大学生热线服务三年，为电话那头的“他”传递温暖；做工物系本科生思想政治辅导员，为师弟师妹们的发展保驾护航；当肚皮舞队队长走上中国梦想秀，向全国人民展现清华女博士的别样风采；学西班牙语、学德语忙得不亦乐乎……不断地挑战自己，勇于尝试，提高综合素质。这既是我对自己的要求，也是清华人“追求卓越”的体现。

在国际会议上报告学术成果

## ■ 职业选择



毕业前夕，我遇到了职业选择这个难题，想不清楚究竟去哪个行业，才能创造出更大的价值，不辜负学校和国家对我的多年培养。博士科研做出了一些成果，好像顺理成章地应该去高校做研究，这样既有了稳定优渥的工作与生活，又符合老师、家人对我的期盼。但我先天长了一颗不安分的心，总觉得这样的选择缺了点什么，走大家都走过的路，总没有另辟蹊径有意思。我希望我的工作，可以实现“拥抱变化，突破自我”的追求。

恰逢此时，学校鼓励应届生前往国际组织实习，这和我的想法不谋而合。两个缘由，从大方面讲，联合国的宗旨是维护世界和平，围绕人类可持续发展目标展开的工作，自然是很有意义的工作。并且，随着中国的国际地位与世界影响力逐步攀升，需要在国际环境中争取更多的话语权。作为清华人，有能力也有责任挑起这个担子，上大舞台，成大事业。从自己讲，一方面，我认可这份工作创造出的价值。通过对核安全、公共安全等相关课题的深入研究使我意识到，与人类生存命运息息相关的安全问题，必须通过国际合作进行保障，没有任何一个国家可以独自管控风险，特别是核风险。另一方面，国际组织的工作环境对我有很强的吸引力。不得不说，这是一条荆棘丛生的道路，就算能成功获得实习机会，那也仅仅是实习，从前人经验来说留用可能性极低，实习期结束后有“失业”风险，无法获得稳定的工作和薪资保障，没有师兄师姐的经验可以借鉴，摸不清未来的职业发展方向，都成为摆在我面前的现实问题。但少有人走的路更能激发自己的斗志。有能耐就去闯闯，有了这股劲儿，就决定奔着这条路去了。

因为自己核物理的专业背景，决定申请国际原子能机构（简称 IAEA）的岗位。申请过程不算顺利，7 月份毕业的我，看着周围的同学陆续开始工作，也一度焦虑心慌。但斩断了退路的我不能放弃，必须靠不断申请才有可能获得机会。天气渐渐变冷，所有的申请都石沉大海，让我一度觉得国际组织真的是远在天边，遥不可及。

11 月的一天晚上，我从图书馆老馆出来，接到了一个来自奥地利的电话，终于让我在大海的浮沉中看到了一丝希望。直到现在我都记得那一刻头顶皎洁的月光，是对我所有努力、所有等待的奖赏。在我积极准备面试，并拿到 offer 后，我决定放弃现有的选择，前往 IAEA 实习一年。当我心怀疑虑地将我的决定告诉老师时，工物系和学生职业发展指导中心对我的支持和鼓励，给了我更多的信心去追逐梦想。去年 7 月，我作为前往国际组织实习的学生代表，获得了清华大学毕业生启航金奖，听到校党委书记陈旭老师报告中对我们的肯定，我更加坚定了自己的选择。

在 TRANSSC 会议上向来自几十个国家的委员汇报成果

## ■ 在IAEA

一年的时间说短也长，对 IAEA“仰望星空”似的期待，也随着承担起的工作而变得“脚踏实地”。来到 IAEA 之后，我不忘初心。一方面，努力加强中国与 IAEA 之间的合作，让我们可以从发达国家吸取更多的经验，提高国家实力。通过我的努力联系，又将有一名中国职员走向世界，前往 IAEA 工作。另一方面，我努力宣传核科学、核知识，并和同事一起，帮助欠发达国家共同发展。作为IAEA 核物质运输安全股的一员，我承担起修订安全导则、撰写编排新技术文件、管理专家联络组等一系列工作。在运输安全委员会上，我也可以用中国人的声音，向各国代表介绍工作成果。

与 IAEA 的同事们一起度过难忘的生日



在实习过程中，我总结了在国际组织工作的几点体会。第一，责任感很重要。来到 IAEA 后，更能体会到“奉献”两个字的重量。作为核大国，我们有责任帮助更多发展中国家的贫困人群受益于核技术。如果和自身的价值观有偏离，很难获得很高的工作成就感。第二，沟通很重要。中国人的英语水平相对较低，沟通上难免存在障碍，但如果因此而不积极沟通，只会让自己与同事、与工作脱离更远。第三，口碑很重要，在国外或多或少能感觉到外国人对中国人存在一些刻板印象，只有以身作则，营造口碑，才能获得国际友人的认可。在我熟识了我的领导Stephen Whittingham后，他告诉我，他是从近百份简历中挑选了我。IAEA副总干事Mary Alice Hayward曾和我说："在和中国的政府官员谈合作的时候，我都会提到你，我会说中国也有很多青年人才愿意、也有能力来到IAEA的平台做出贡献。"我为他们的评价以及可能起到的示范作用而感到自豪。

当然，在国际组织工作无法避免多种不利因素，如受国际局势影响大、不稳定因素多、上升空间有限等。但这样机遇与挑战并存的工作，可以让我得到更大的成长和锻炼。工作之余，我和来自世界各地的人交朋友，探索世界上林林总总的风俗习惯，生活过得多姿多彩。而且，每每介绍到中国的传统文化与现代发展时，我都会打心眼里感到骄傲。

## ■ 未来的路



今年6月又要踏上国际组织之旅，作为正式职员回到IAEA，投身于《不扩散核武器条约》的保障工作中去。这份听起来酷酷的工作，也意味着我将在IAEA的道路上走得更远，在保卫人类和平的道路上走得更远。回首之前的申请、面试之路，也算是战胜了几百名来自世界各地的求职对手。拿到offer的我不仅代表了多年的付出取得了阶段性的胜利，更代表了国际环境对中国人的认可。我也曾为取舍纠结，也曾为他人的不理解而难过，最终决定不忘初心继续向前。三十岁又怎样，只要背上背包就可以继续出发，谁让我的梦想在远方。经历后的再选择，不同的不只是身份的变化，还有更明确的目标、更坚定的态度、更自信的认知。我相信通过努力，可以为国内国际搭建更多的桥梁，让更多的世界友人看到清华人的力量、中国人的力量，将清华梦、中国梦融入世界和平这个终极梦想。

校庆时回了趟学校，从心底泛起了温暖。想起了两年前那个面对选择的我，感谢她坚定地走了想走的路，更感谢师长、朋友、家人一路以来的支持。时常想起院子里的九年带给我的改变，大抵是思想上更有担当，以及做事带了清华人那种不服输的韧劲儿。

不忘初心，砥砺前行。送给自己，也送给每一位清华学子。

希望有更多的师弟师妹，加入国际组织这条道路，让我们携手向前，走出不一样的精彩。

写于 2019 年 5 月

李姝莹，清华大学工物系 2017 届博士毕业生。毕业后于 2017 年 12 月赴国际原子能机构（IAEA）实习一年，2018 年 12 月实习结束回国。2019 年 6 月以职员身份回到 IAEA 工作。

# 林三春：不忘航天强国之初心，踏上星辰大海之征途

小时候，一个人坐在屋顶上抬头仰望星空，看到繁星点点，总会遐想神话里夸父逐日、嫦娥奔月以及牛郎织女是否存在，梦想有一天我也能乘上星际飞船，看琼楼玉宇、浩瀚星海，那是我对星空的“初识”。进入初高中，恰逢中国载人航天快速发展时期，从2003年“神舟五号”飞天，中国人第一次踏上太空，到“神舟六号”“神舟七号”陆续成功，每次发射都举国沸腾，那时候我深深地感受到了航天的魅力，内心受到了极大的触动。高考填报志愿的时候，当我知道有机会报考清华航天航空学院（以下简称“航院”）的时候，我毫不犹豫地选择了它，它成为我唯一填报的志愿。来到清华航院后开始学习航天相关课程，有机会聆听火箭总设计师的教诲，见到电视中的宇航员，深入参与航天课题，让我对航天有了深入的了解，更加坚定了我从事航天的初心。毕业的时候，响应“到祖国最需要的地方去，上大舞台、做大事业”的号召，我选择加入了中国运载火箭技术研究院总体设计部，成为一名火箭设计师。今天，当我站在那巍峨的白色火箭之下，我知道星辰大海不再遥远，梦想近在眼前。

2017年4月入职至今，在三年多的职业生涯中，我先后参与了多个火箭型号的研制，从一名航天新兵成长为不那么新的“新兵”。总体设计部负责航天型号的总体设计，一个航天型号从论证到定型往往需数十年以上，从接受客户需求到论证和确定技术指标，再到分解和落实指标给分系统，整个研制过程总体方案设计、技术协调、进度协调，都离不开总体设计部的参与，我有幸参与其中，体会颇多。今天我把我的亲身经历、工作体会分享给大家，希望对大家有所裨益。

## ■ 面对压力，自信从容应对

自信、从容应对压力的背后是日积月累的理论知识储备和台下的“十年

功”。在航天大系统中，只有0和1，即使0.99也算失败。任何人所负责的每个环节都不是独立存在的，稍有不慎都可能造成严重后果。这会给设计人员带来巨大压力，尤其是初入航天领域的新手。

**第一次独立负责大型地面试验。**几十人、多家单位几个月的付出，几百上千万的试验经费就取决于几毫秒内，一旦失败拖累型号研制进度，发射窗口可能就错过了，因此，这是一锤子买卖，没有试错的机会。这就要求试验前要做好充足的准备，把控好每个细节，做好预案，确保万无一失。但当你每个步骤都做好了，成功自然水到渠成，这种压力自然可以从容应对。

**第一次承担飞行试验仿真计算任务。**型号总设计师直言：“你的计算结果直接影响到我们的决策，一定要确保准确性。”由于临近发射，时间紧，任务急，需通过仿真迅速剥离问题。在短短一两周内，我先后完成了数十个工况、上百G计算结果的仿真，并据此给出可行的结论。从容应对这种压力，依靠的正是平时理论知识的储备，摸透技术原理，反复计算，互相验证，才可以自信地给出结论。

火箭升空

## ■ 面对难题，主动寻找挑战

**主动寻找难题，主动亮剑挑战，在解决问题的过程中不断学习、加深认**

**识，逐渐获得信任。**航天领域还存在许多悬而未决的难题，犹如摸着石头过河，可能短短一毫秒或一毫米的试验数据异常，背后就藏着巨大的隐患。我们在总结过去发射失败的原因时，发现每次严重事故的背后，基本都有多次未遂先兆或轻微事故。如果能早一点发现问题并解决，就可以挽回几十亿、上百亿元的损失。因此，在型号研制工作主线之外，对于一个困扰了多年的难题，成立了临时研究团队，我有幸作为课题负责人，在各方的大力支持下，和团队一起历时一年多，先后开展大大小小几十次地面试验、近百个工况仿真分析，终于在最后一次试验中，一个小小的异常抖动现象让我们找到了背后的机理。在解决问题过程中，我们对此类设计解剖至每个零件、每个尺寸、每个公差，有了非常深入的研究和认识，据此总结出了十几条设计准则，为后续设计提供参考，提高了火箭飞行的可靠性。

我国首次海上发射

## ■ 面对重担，敢于担当和磨炼

把重担都看作宝贵的锻炼机会，勇于担当、磨炼自己，才能快速成长。期间，由于组织机构调整，刚带我不到一年的导师换岗离开了。我犹如一只羽翼未丰满的雏鹰被提前推下山崖独自飞翔，独立负责分离系统设计，这对我来说极具挑战，可以预见有许多困难。我没有退缩，勇敢承担起应该承担的责任。在这一年里，我和团队一起完成了多种新方案的设计与改进，同时奔赴全国各地，战酷暑、忍严寒、过沙漠、越戈壁，先后完成了多项地面试验，多项关键技术得到了突破，创造了奇迹。

为什么说这是奇迹？新技术的风险往往比较大，如果在平时，一项大型地面试验算上前期筹备及试验实施周期至少需要半年以上，这样才有充足的时间去化解风险。但是要求短短一年内同时开展多项大型地面试验、同时验证多项新技术，由于准备不充分、考虑不周全、操作不到位、新技术机理不清等原因，使得风险大大增加。在最后的专家审查会议上，我向专家们做了总结报告，然而在开始写这份总结报告的时候，我们同时还有两个试验在两地才刚要进场，任何一个环节出问题，都影响到全系统的计划。幸运的是，所有结果都取得了圆满结果。担起这个重担，是一个“揠苗助长”的过程，但坚持下来后我得到了充分的锻炼，收获了宝贵的经验和知识，具备了独当一面的能力。

## ■ 结束语



临近毕业的时候，相信每个人会面临着诸多选择，面对多份 offer 会犹豫不决，这里面有很多因素的考量，不仅有个人的因素，也有家庭的因素。但情怀与现实往往是互相矛盾的，很难找到一份十全十美、各方面都符合预期的工作。有些人可能为了高薪职业而放弃了理想行业，也有一些人可能为了梦想而舍弃了灯红酒绿的生活。我一直觉得，最为理想的职业选择是找到一份可以同时实现个人价值与社会价值的工作，引用陈薇院士一段话：“一个人的职业选择如果能与国家重大需求相结合，结合得越紧密，得到的支持越大，发展的空间越大，个人才华就能充分得以展示，个人价值才能被高倍放大。”为什么要从事航天事业？加入航天队伍后，我深刻体会到了航天人身上的责任与使命，正如钱老所说：“让中国人民过上幸福而有尊严的生活。”有国才有家，有大集体才有小集体。从事航天事业你可能无法大富大贵，但可以衣食无忧，而当老去的时候，回顾一生你可以自豪地说：“人类走向星辰大海有我的一点贡献。”当利箭驾焰腾空起、化作鲲鹏翔九天时，把酒欢歌尽相诉，归来笑看云卷舒，这就是航天人的快乐所在。

探索浩瀚宇宙，发展航天事业，建设航天强国，是我们不懈追求的航天梦。昨天，我们实现了航天大国梦想，而今天，我们有更高的目标，我们要建设成为世界航天强国，实现从有到优、从落后到领先的跨越，期待有更多的清华人加入，注入新鲜的血液，共同逐梦于星辰大海。

写于2020年9月

林三春，中共党员，硕士学历，2010年进入清华大学航天航空学院学习，2017年入职中国运载火箭技术研究院总体设计部，担任某型号结构总体设计师及分离总体设计师，先后参与多个火箭型号研制。

# 马积良：走出自己的路

## 1

“我是谁？我从哪里来？要到哪里去？”

大概 6 年级的时候，我有一次问爸爸：“人活着到底有什么意义呢？”

爸爸牵我的手出门，在马路边散步，然后坐下来，说：“你看这来来往往的车，它们去哪呢？其实车是无所谓去哪的，关键是看人想去哪。你想往东就往东，你想往西就往西。意义嘛，都是自己给自己定的。”

爸爸的思想我当时还不能特别理解，随着时间推移，这些年来慢慢咀嚼，越发体会其中深意。我总想跟他攀谈一番，可惜再没有机会，初中毕业前，他就去世了。

人生的意义在哪里呢？

## 2

对于学习，我似乎有特别的方法，但是从小到大亲朋好友让我总结，我却不得门路。但是不管如何，我对于学习总是抱有浓厚兴趣的，这一点可能很关键。我小学三年级就开始超前阅读，尤其是数学类的书，大概到五年级时，已经把初中的数学教材都通读过了。我挺喜欢，不觉得是负担。这样的方法被我延续下来，高中时候发的整学期的练习册，大概一两个月我就可以全部做完，之后每天都不用再做这些作业，可以很轻松地喝喝茶、写点小随笔。

写东西的过程其实也是思考的过程，对于人生的思考，像幽灵一样，从未离去。我写了很多小散文、小诗词，试图去解释我观察到的世界，但是越思考越迷惑。

## 3

高中的时候，除了学习，似乎我没有其他优点。而这唯一的优点在我来到清华以后，也马上没了优势。我本科就读于计算机系，这里大神林立，我就像刚从火星来的，似乎一切都不合拍、不适应。计算机系明明是非常吃香的一个专业，为什么我就觉得左右为难呢？

世上本没有路，走的人多了也便成了路。但是这种大家都走的路，未必适合我。

## 4

"人生的航向真的是由自己掌舵的么？还是其实不过随风逐浪？"

我本可以屈从于命运，毕竟也保了研，混个毕业找个网络公司做程序员，还是衣食无忧的。但是我不甘心。我总觉得这条路不适合我，哪怕路面再平坦。我喜欢的是什么呢？我喜欢讲课。本科期间我一直在各大教培机构兼职，最疯狂的时候同时兼了十份工作，但是我不觉得累，乐在其中。但让我坐在屏幕旁绞尽脑汁写代码，我觉得无比疲乏。

还有机会改变么？

## 5

山重水复疑无路，柳暗花明又一村。

当觉得无路可走的时候，恰恰是应该走出自己的路的时候。

我对于自己六年的本科和硕士生涯感到绝望，甚至跟导师提出退学，准备去教培机构当老师。导师的一句话突然点醒了我，"那你有没有考虑过转系？"

转系？我本科期间其实想过转系，但一是不了解其他专业，也不清楚自己究竟喜欢的是什么；二则是转系有成绩要求，我感觉自己达不到。所以，当时的转系想法很快被我扼杀，并从此没再考虑过。导师这句话让我突然似乎有了一线希望。但是研究生能转系吗，我好像没听说过。更何况我已经研二，马上毕业了，这个节骨眼转系似乎是天方夜谭。

"清华有教育研究院，如果你特别喜欢教育领域，可以去试试。很多事要自己争取。"

## 6

我上网查了教育研究院老师们的邮件地址，一封一封寄出邮件，我知道这很唐突，但是我没有别的办法。很多老师回复了我，其中史静寰老师还约我见个面。当我敲门的时候，抬头看门牌，才知道史老师是教育研究院副院长。

那个下午的谈话很漫长，我把自己的心路历程毫无保留地讲述给了史老师，那是我第一次敞开心扉谈论自己的这六年园子里的光阴。

史老师在听完我的讲述之后，问我，研究生转系目前没有先例可循，更何况我是研二，而且是工科，这时转系到教育研究院，我应该如何适应新的环境、适应新的知识呢？如果转系不成功，不被允许的话，我该怎么办呢？

我想了想说，我没有退路，我已经跟过去的人生决裂了，我想重新开始新的人生，我想让我能够掌控自己。知识可以重新学起，我相信自己的学习能力，如果转系不成立的话，我就去机构当一个竞赛辅导老师，以后再慢慢找机会。



之后在研二下学期，我就直接把教育研究院的课按照选修课选上了，并且跟着听课。越听课我越觉得我适合这里。教育研究院的老师们也在帮助我完成转系的流程。最终在 2015 年 12 月底，一纸通知告诉我，转系成功。

## 7

之后我又用了两年的时间完成毕业论文，顺利毕业。我 2009 年考入清华计算机系，2013 年在计算机系保研，2015 年底转系完成，2017 年 7 月毕业，比正常的轨迹晚了一年，研究生相当于读了四年。

在清华生活的八年间，前六年都是在茫然中混日子，像极了随风逐浪的小船，我不知道会去向哪里，也不知道风浪何时停止。只有这最后的两年，我像一个大病初愈重见光明的新生者，感受着园子的呼吸，触摸着园子的脉搏。

这感觉，恍如隔世。

我开始理解人生的意义，开始理解什么才是路。走的人再多，那也是别人的路。只有自己走出来的，才是自己的路。

## 8

毕业前，我开始思考：我是谁？我从哪里来？要到哪里去？

我把自己的优势、劣势清楚地分析出来，把自己的兴趣、爱好清楚地梳理出来，其实这么错综复杂的人生方程中，总有一个解，是利用了所有的已知条件推导而得的。

学而优则教。我一直觉得自己的长处是学习，老师这个职业则能最大化地发挥这个长处，把更多的学习方法和思路教给学生。

所以我选择了老师这个职业，当然职业的发展也不可能一帆风顺。我很清楚，披荆斩棘只是开始，更大的风浪还在后面。



## 9

最初我投递简历，报的是数学老师岗位，十一学校最先安排我面试，我兴冲冲地赶到，却发现莫名其妙给我安排了技术老师的面试。大概他们是看我本科的专业背景吧，但这与我最初的设想还是差距蛮大。然后面试了其他学校，我发现在基础教育阶段，学校更看重的是专业背景，比如数学系毕业的教数学，物理系毕业的教物理，我这个计算机系本科、教育管理硕士的专业背景，除了技术老师，是挺难得到其他岗位的。

不过我始终相信，只要你敢走，路总是能走出来的。

最终我选择了十一学校龙樾实验中学的技术老师岗位。

## 10

这是一所初中学校，学生正处于叛逆期，我执教的“物联网”和“电子技术”两门技术课作为选修课，学生是不太重视的，上课的纪律问题成了我入职以后必须面对的第一个问题。

“我需要让我的课堂有趣起来，才能吸引学生的注意力。”

教师形象照



我是一个电脑游戏爱好者，涉猎过非常多的不同种类的游戏，于是我从游戏的角度出发，设计了一套基于课堂流程的卡牌游戏。我把学生分为5个人数不同的阵营，各自的胜利条件都不同，互相牵制，做了一个不对称对抗的游戏设计，成功获取了学生们的注意力。我只需要把自己需要讲解的知识拆分成一个一个回合铺讲开来，然后利用抢答或者纸面作答的形式让学生积分，再根据规则实现阵营对抗并最终评出获胜方。学生无论是对于知识的敏感度和专注度，还是课堂的参与度，都有了极大的提高。

教育游戏化，已经开始在我心中发芽。

## 11

由于这是一所新学校，老师会有一些缺口，偶尔会出现人手不够的情况。在我入职第一年的后半学期，数学老师出现了空缺，我作为替补选手临时顶上，在上技术课的同时带了半年的数学课。

这半年是非常累的，因为课时的压力很大，技术课和数学课的学科跨度也让我很难应对。但是我都坚持住了，没有放弃，因为我觉得这是我的一个机会。

十一学校实行的管理模式很先进，每年都会对老师进行重新聘任，安排合适的岗位。在我有了这段数学教学经历以后，我申请调整为数学老师，终于获得了批准。

路，是靠自己走出来的。

## 12

数学课不同于技术课，对于知识的要求是很高的，我之前设计的课堂流程游戏化不再适应数学课堂的需要，于是我把目光转而放在了学习生态的游戏化上。

网络游戏为什么会成瘾？因为你进入网游世界以后，就会有一个明确的Level，随着在游戏探索中内容的Level不断提高，这种及时的获得感让你能够看得到自己的成长。



学习为什么总是让人感觉枯燥？因为你学了一个月，可能成绩上不会有太大的变化，学生感受不到付出以后的获得感，无意识中就开始排斥这种“无谓的付出”。

我们都知道学习的重要性，但是学生不知道。当付出鲜有收获，便不再付出，也就会厌学。

那何不增设一个学习过程中的Level概念，让一切付出都看得到？

一套积分体系已经在我心中酝酿。但是积分毕竟很普遍，其实我刚上学的时候，幼儿园有那种小红花，就是最朴素的积分制。单纯的积分似乎并不能很好地调动学生参与，于是我考虑让积分流动起来，也就是把积分转变成货币，让学生通过自己的努力赚取，自由交易，投资，对社会经济生活进行模拟。

“龙币”这个想法，应运而生。配套的税收、银行、投资，甚至是股市，都在我的设计之中。让学校变成一个小社会，学生的学变成这个社会的劳动，学生通过参与学校生活获取货币，实现价值流动，并且让自己的付出和收获清晰可见。

殊途同归，我希望通过一条不太一样的路，让学生更有效地完成学习。

马积良家庭照

## 13

世上本没有路。

“你看这来来往往的车，它们去哪呢？其实车是无所谓去哪的，关键是看人想去哪。你想往东就往东，你想往西就往西。意义嘛，都是自己给自己定的。”

写于 2020 年 10 月



马积良，清华大学教育研究院 2017 届硕士毕业生。毕业后就职于北京市十一学校龙樾实验中学，第一年执教技术课程，之后转任数学教师，兼任学生导师，现任学校项目孵化中心主管，主要研究方向为游戏化教育。

# 舒洁：从以色列到意大利，因何与教科文组织结缘?

我的故事，是一个多线交织的故事，乍一看让人看不到脉络，抓不住重点，作为自己人生的导演，我的初衷很早便只是一心一意发展一个剧情。但现实在暗示我，人生计划不来。

我本科在北大主修医学英语，辅修心理学，最后两年参与了一个学习中国传统文化的课程，研究生转专业到清华新闻学院，学习国际新闻。本硕四个教育背景，四个不同方向，当然整个过程中，还有许多其他的经历。我之前遇到一个面试官，迷惑地看着我的简历问：What are the red line and green line in your past experieces?

这个问题若是放到本科毕业时，老实说我回答不了，我只能告诉他，我规划的那条线是国际新闻，出于对中国文化的深切认同和喜爱，对社会现实的关注和忧虑，想做一个立足中国社会，传播中国文化的国际新闻记者。我相信我的眼神是坚定的，带着热情和憧憬。

也是这个规划，开启了我在清华园的生活。三年全新的探索和挣扎后，再来回答这个问题，我会说，那条始终没有断过的线是文化，它在逐渐变得清晰，引导我走向未来更适合自己的位置。

与同事们的合影

于我而言，文化最大的吸引力是其解构和安慰的双重力量。研一的暑假，我参加了特拉维夫大学的暑期学校，在以色列待了一个月。那是一个宗教文化浓厚的国度，宗教的力量和影响，实实在在地渗透在人们具体的生活里。走在耶路撒冷的街道上，我看到一群穆斯林在路边跪拜，穿着一身黑衣的犹太人在哭墙边祈祷，基督教教堂里，虔诚的基督徒趴在耶稣躺过的石板上低语。每一个角落都是沉甸甸的历史，保留着过去，也启示着现在，告诉人们该如何生活。

后来，我又去了墨西哥实习，在工作中，通过国际新闻了解拉美的政治经济，在生活中，全方位感知墨西哥人现代生活中的文化讯息。最为震撼的，还是这个民族将前西班牙时代的文化基因整合进当代生活中，所以我们会看到印第安土著的舞蹈在宪法广场上上演，一个用以纪念死亡的节日被过得温暖又狂欢。

在墨西哥做国际新闻实习

这样的体验，带给我的冲击是巨大的：一方面是生活更多的可能被展开，另一方面是文化的传承和实践成为萦绕在我心头的问题。我有些疑惑，作为中国人，我们有同样深厚而灿烂的文化积淀，为什么在今天却觉得如此遥远和陌生？而当我认真学习，真正进入其中体悟它的思想和智慧时，为什么又觉得如此亲切和愉悦？我们可以做什么，让今天的文化扎根于过去，又能走向未来，让灵魂有枝可栖，不会无根飘荡？我们需要怎样做，才能从过去汲取精华，更好地构建自我，融入现代世界？

没错，这是一个宏大的命题，我没有解答它的野心，但我有疑惑，有好奇，还很在乎，我必须面对和回应它，最根本的是要面对和回应自己。回国后，我继续跟着导师做文化品牌传播的项目，也想深入田野，去了解在这广袤的土地上正在发生的各种文化现实，于是又参加了山野协会的科考队，组织了有关甘孜藏区文化保护和传承情况的课题调研。

在整个过程中，无论是做项目研究，还是亲身参与实践，在国内文化的场域里，我感受更多的是混乱、迷茫和焦躁。我们搞不清自己的过去和文化，却又越来越意识到它的价值，急切地想要将其商业变现，却对横亘在中间的鸿沟，在理论上和实践上都束手无策。虽然从学科专业的角度，我也参与提交过不同的研究报告和方案，但都更多停留在实用层面，解决具体的一时之需，而背后的认知深度和框架体系，都不足以解答我的疑惑。

走访都灵和米兰，参加工作坊

我想，面对一个难题，认知总是第一位的。在不清楚的情况下胡乱做，还不如不做。于是我收回了自己蠢蠢欲动的小爪子，想要回归。同时，诚实地面对自己的真心后，我发现自己更适合做一个纯粹的文化工作者和研究者，毕业的最后一年，自己就在为人类学的学习而准备和努力。

而最终毕业后去教科文组织实习，是这一路走来，偶然和必然共同促成的一个结果。偶然在于项目通知是4月份发下来的，而在此之前，我从未将教科文组织列入自己的职业规划。必然在于从本科时代开始，自己循着内心的渴望在文化领域的学习、实践和研究，都不自觉地将我引向了那里。

现在回头再看，我更加确认，自己过去的很多经历跟教科文组织的理念和工作不谋而合，比如对传统物质文化的保护、非物质文化的传承、文化多样性的表达，以及更为重要的，将文化整合进我们的现代生活，助力可持续发展，提高人们的生活质量。实习期间，我也有幸遇到人品好又优秀的老板，在他的指导下，参与了威尼斯办公室几乎所有的文化项目，包括历史城市景观的实践、文化发展指标的制定、可持续发展旅游的推广、创意城市网络平台的搭建，以及自然文化跨学科的协作管理，等等；接触到更为广阔的文化主题和实践项目，积累了宝贵的实地素材和工作经验，也为更深入地理解和反思现代社会中的传统文化，找到更清晰的视角。当最后一次执行任务，在意大利图灵和米兰走访当地文化生态和创意产业时，我看到本土文化绽放的巨大生机，想到中国传统文化和现代生活的脱节，心里的渴望变得愈加滚烫，逼着我回到问题本身，去思考，去认知，然后去寻找可能的解答。而这段工作经历，也成为我追问路途中一个难忘的驿站，带给我许多美好和能量，让我更好前行。

我想，人生很难的一件事情，是认识自己并诚实地面对自己。而为自己寻一份事业去投入、去热爱，本质上就是在帮助自己解决这个难题。职业探索的本质是自我认知，一份工作无论薪酬高低、平台大小，最重要的是符合自己的气质、特长和价值观念，在其中，我们感受到自我独特的存在，见到更为广阔的天地。

探索的过程会很曲折，但内心会越来越顺畅，而我相信，那些始终坚守的东西，最终会把我们带到最适合的地方。

写于2019年5月

舒洁，清华大学新闻学院2017届硕士毕业生。毕业后通过选拔到联合国教科文组织威尼斯办公室实习一年。

# 苏宏伟：在南非做了一年实验后，我要与结核病“硬磕”下去

2012 年，吉林大学动物医学系本科毕业后，我被保送到清华大学 PTN 联合培养项目进行硕博连读。经过本科毕业论文设计以及博士第一年的三轮实验室轮转之后，我最终选择加入到医学院 Babak Javid 教授实验室开启我为期五年的研究生生涯。

苏宏伟在威尔医学院实验室工作

在刚加入到实验室的时候，我的英语口语并不好，只能多跟 Babak 老师交流。那时候，我只是一个学术小白，大到实验课题的主要目的，小到实验的方法，在我的脑海里都不是很清晰。一开始我对 Babak 老师还是有些畏惧，慢慢接触后发现，他是一个非常好的老师，注重对学生逻辑思考以及批判性思维的训练，教我们勇于提出质疑，并且总是很耐心地跟我们讲解课题的背景意义与实验方法。

经过一段时间的接触，我大概了解了实验室具体研究的方向——结核病防治。加入到实验室之前我并不了解这个疾病，通常所说的结核病也就是

肺结核，即我们常说的“肺痨”，在我的印象中可能已经很少有人得了，但是事实并非如此。结核病主要在非洲、印度等发展较为落后、公共卫生条件较差的地区流行。世界卫生组织最新的研究报告显示，每年全球大概有超过150万人死于结核病，该疾病是除了艾滋病之外引起死亡人数最多的传染病，而且相当一部分艾滋病患者也最终死于结核分枝杆菌共感染。并且，随着抗生素在治疗过程中的广泛应用，结核分枝杆菌在临床上的耐药性也越来越强，逐渐出现了耐多药菌株和广泛耐药菌株。另外潜伏感染也是结核分枝杆菌的重要难题，根据世界卫生组织的报告，全球有1/3的人口被潜伏感染，不过，考虑到检测手段的假阳性率，潜伏感染的人群可能在全球总人口的1/5左右，但即便如此，结核病也是全球公共卫生的重要隐患。

我的博士课题是研究结核分枝杆菌耐药性产生的机制。开题之后，我们很快取得了进展，在非致病的模式细菌中筛选出获得了具有耐药性的突变体菌株，并且对其耐药性的机制有了初步的研究，但是要是让课题研究变得更加有意义，还需要在真正的致病菌中进行研究。然而结核分枝杆菌是通过呼吸道传播的，需要在生物安全三级实验室中进行操作，可清华大学目前还没有符合该条件的实验室。一次偶然的机会，我们有幸邀请到南非金山大学的Bavesh Kana教授来到清华大学做学术报告，在交流中他对我的课题产生了很大的兴趣，并且说我可以来他们实验室进行下一步致病菌的研究。

在经过慎重考虑之后，我觉得这是一个可以提升我科研水平的绝佳机会，于是2014年年初，在清华大学短期访学基金的资助下，我来到南非约翰内斯堡开始了为期一年的访学研究之旅。约翰内斯堡是世界上犯罪率最高的城市之一，新闻上经常报道国内旅行团在南非被抢劫的消息。就这样，我带着几分担忧来到这个陌生的城市。

在南非的一年是我人生非常神奇的一年，在刚到南非的时候面临着饮食、交通、语言等生活方面诸多的不适应，蛮艰苦的。首先在约翰内斯堡，没有车是很难出行的，特别是一个中国人，我们实验室的位置在犯罪率极高的城区边上，遇到过几次看着不像乞丐的黑人伸手管我要钱。有一次印象特别深刻：一个人因为战乱从苏丹逃荒到南非，在逃荒的途中跟母亲、妻子孩子都走散了，看着及其可怜，于是我把身上的零钱都给了他。这也让我非常感慨和平是多么幸福的一件事。在这一年时间里，实验室里有两个人遭遇过抢劫，想想自己还蛮幸运的，没有遇到过什么危险情况。除了社会环境的威胁，我们还会面临各种传染病的威胁，所以来南非之前也是接种了多种疫苗。然而在南非期间，西非暴发了非常严重的埃博拉病毒传染疫情，这是一种致死率极高的传染病，还好疫情获得了全球公共卫生系统的广泛关注，及时得到了控制，没有蔓延到南非。

另外工作上，在开展实验课题之前，我首先需要经过非常严格的生物安全三级实验操作规范的训练。因为结核分枝杆菌是空气传播疾病，而我需要直接操作致病菌，并且进行基因改造，所以必须确保不能发生事故，不能让自己以及实验室其他人处于危险的环境中。要改掉很多之前不好的实验习惯的确有些困难，不过在实验室博士后的耐心指导和训练下，我还是获得了独立操作致病菌的资格。



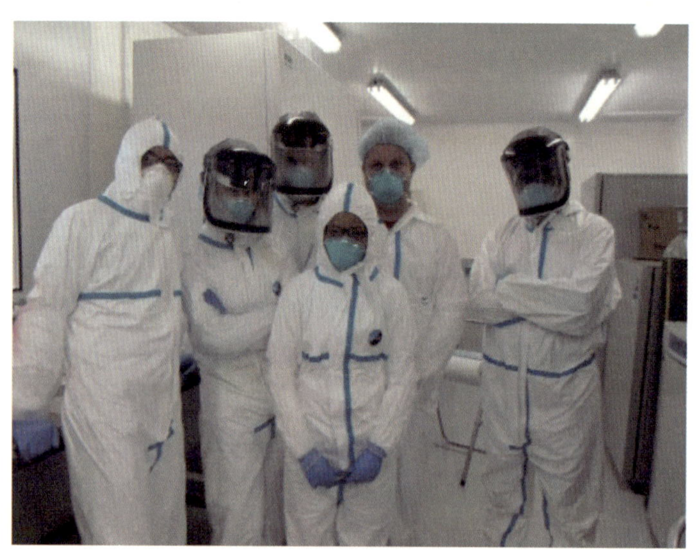

苏宏伟（左一）与同事在生物安全三级实验室合影留念

虽然经历了许多困难，但是我一点也没有后悔来南非访学。读万卷书，行万里路，南非之行可以说是一段非常特殊的路程了。在实验室同事的帮助下，实验课题迅速开展起来，课题的有序进行让我对生活上的不如意有了些许慰藉。经过一年的努力，我顺利地完成了预期的实验进程，并且收获了一批有用的实验数据。得益于在致病菌中的研究，我的研究成果最终在微生物领域的顶级期刊 *Nature Microbiology* 上面发表。

苏宏伟在国际会议获奖并与导师 Babak Javid 教授合影

南非的岁月不光对我的科研有了很大的帮助，对我个人的成长也是一个历练。在南非见到了经受艾滋病和结核病困扰的病人，感受到在贫困地区消除传染病是多么刻不容缓的一件事情。包括我们国家在内，虽然随着经济的发展、公共卫生水平的提高以及国家对结核病的有效防控，我国的结核病流行情况有所缓解，但是耐药性问题高于全球平均水平，而且在逐渐加重。近年也频有新闻报出学校里面某一学生或者老师感染结核病之后传染给班里其他学生的情况。说明在对抗结核病上，我们还不能松懈。

在临近毕业，面临职业选择的时候，我也是有很多困惑，不知道该去企业工作还是出国做博士后深造。经过深思熟虑之后，我觉得我是喜欢科研的，让我犹豫是不是要做博士后的原因是，我对自己是否具有成为优秀科学家的潜质感到怀疑和担忧。在导师的鼓励下，我还是决定出国，并且继续跟结核病“死磕”。在毕业前半年的时间里，我联系感兴趣的导师，出国开会展示自己的研究成果，并且在国际会议上跟同领域的优秀科学家交流，也可以借此机会跟感兴趣的导师取得联系。

最终我选择了来到康奈尔大学威尔康奈尔医学院 Sabine Ehrt 实验室进行博士后研究。目前我的研究课题主要是新型结核病疫苗的研制和结核病潜伏感染以及复发模型的研究。

医学的进步离不开基础科研的支撑，对抗一种疾病可能需要几代科学家的共同努力。我没有宏大的志向去消除结核病，因为这非常非常难，但是我希望自己的科学研究能为消除结核病之路铺一块有用的砖。

写于2019年6月

苏宏伟，清华大学生物系2017届博士毕业生。毕业后赴康奈尔大学威尔医学院进行博士后深造。

# 袁晓辉：放弃教职去创业

## ■ 做博士论文带来的新认知

2009 年 9 月，我获得推荐免试读研资格，进入清华建筑学院城市规划专业开始研究生阶段的学习。我的博士论文选题是科技城规划，这决定我踏入了创新创业理论研究的领域。要研究科技城，就势必要理论溯源，去研究到底什么是创新，什么是创业，为什么硅谷能吸引和集聚创新企业和创新人才，为什么有些科技城发展了那么多年都发展不起来，到底什么是决定一个地区能够持续产生创新成果的关键动力。

在查阅了大量的文献后，我渐渐意识到，真正决定一个地区创新能力的，是这个地方有没有一批具备冒险精神，或者说具备企业家精神的人。

因为创新不是继承，不是按部就班，本就是在“破坏中创造”，势必要在早期承担一定的风险，才能在试错中试出一条新的路。无论是新的技术应用，新的产品推广，新的商业模式，新的市场建立，都会有一个从零到一的过程，都会伴随着大量失败的痛苦与痛苦之后的涅槃。创新不是说说那么简单，每一个重大创新背后都有企业家付出了大量艰辛的努力。

所以研究的过程中，我总会被一个个创新故事，特别是一个个闪着光的个体所打动。在他们身上，我看到了作为创造者和冒险者强大的生命力，看到了一种根植于个体又超越个体的力量。虽然很多案例都是英雄式的事后描述，创新者的光芒肯定盖过了他们日常面临的艰辛与平淡，但就是这样的一些故事在我心里埋下了日后行动的种子。

所以，直博三年级的时候，当得知经管学院开设了清华-伯克利全球技术创业项目，我第一时间报了名。当时没有任何创业的想法，只是觉得既然博士论文研究创新创业，总应该从不同侧面增加对这一主题的了解，于是把自己变成了一个“创业学徒”。一年时间内陆续上完的这些课程让我将创业这一概念具体化了：创业不再是一些遥远的新闻和故事，而是变成了只要你愿意便可操作、可执行的一个方向。

## ■ 放弃教职的决定

2014年年底，我完成了博士论文答辩。在焦虑的毕业季中，面对未来的不确定性，我感觉没有时间静下心来去思考自己未来究竟想要做什么。强大的主流思维惯性，让我也跟其他同学一样，开始关注高校的就业市场。面试的两所985高校是我自己选的，综合实力和专业方面都挺不错，导师帮我做了引荐。我递交了简历，过去进行了试讲，也完成了院领导的面谈，凭借这些年自己的学术积累和综合实力，两所高校都发放了教职offer。

然而这个过程中，我也在努力设想工作后的状态，不断问自己：这个真的是我想要的生活吗？有时间钻研学术命题我很喜欢，有时间自主开展实践课题我也乐在其中，那这个方向哪里有问题？在不断的提问中，我想清楚了：选择了这个方向，便意味着进到了一个别人设立好标准的评价体系中，作为年轻老师，你需要去发表论文，需要提升论文的影响因子，需要申请课题，需要满足这个体系要求你做到的一切。我们需要拿着符合标准的材料评职称、评副教授、评教授，仿佛现在就能看到自己十年后、二十年后的样子。其实这本身没什么问题，做学术就应该在一个相对稳定的工作环境和心态下，做些理论创新的探索与尝试，但我感到也许这条路并不适合自己。

既然有犹豫，还是果断放弃这两个offer吧。于是，我表达了对两所高校系领导的感激与歉意，他们也表示了理解。但我眼看着就要毕业，下一步我该去哪儿？

我静下心开始回顾这些年做过的事，回顾那些让我心动的时刻，开始认真考虑创新创业研究这个方向的机会。既然我对企业家精神和创新创业这么有热情，为什么不想办法让自己有机会更多地接触这一事业呢？

当时参加清华-伯克利的创业培训课程让我知道清华经管学院下设创新创业与战略系，当时负责那个创业项目的老师高建教授就曾担任该系的系主任，于是我约高老师见面，说明了我的想法。基于交叉领域的创新性，高老师愿意接收我作为博士后到他那里开展研究工作。于是，到经管做博士后的决定在几天之内就定了下来。

2015年1月，我博士毕业。在全校研究生毕业典礼上，我作为毕业生代表发言，主题是《我们这个时代的变与不变》，其中有一句：

> 我想，不变的会是我们的初心。最开始时心中坚信的方向，对这个世界的好奇心……或者，还有心底中珍藏多年的奇奇怪怪的梦想，它们都不会变。那是我们之所以成为我们的最最宝贵的东西，会是未来在迷茫时帮助我们做出选择的锦囊。

2015 年 1 月的研究生毕业典礼上作为毕业生代表发言

## ■ 梁林故居办起的果说沙龙

留在清华做博士后，让我有机会继续挖掘自己的兴趣。因为这一阶段来到一个全新的交叉领域，研究的空间巨大，我顺利申请到了北京市的两个研究课题。同时，由于 2014 年开始我和几个志同道合的朋友出于兴趣，一直在运营“果说”微信公众号和“果说”电台，这时期也继续在果说平台的基础上，开展一些线下的学术讨论和文章写作。

在另一个开咖啡厅的博士后的启发下，我琢磨着在清华找个地儿，作为果说沙龙线下的空间。发现照澜院真有一个合适的地点，叫“新林院 8 号”，这里居然是梁思成和林徽因先生的故居，后来被改造成了一个咖啡厅。但因为位置偏僻，经营不善，少有人知，偶尔才会开门。几经周折，我联系到咖啡馆的负责人，是几位清华的校友，我从他们手下接过了咖啡厅。几个月的时光，我们简单装修、招募运营团队、举办沙龙。结合果说线上的宣传，“果说沙龙 • 新林院 8 号”迅速成为当时清华里一个网红打卡地。几十场沙龙在这里陆续举办，每周都会吸引校内外的同学、老师和社会人士前来参加讨论。咖啡馆的经营也逐渐扭亏为盈，虽然四个月后咖啡馆因为房东涨租太高不得不再次转手，但这一次的经历，因为有了现金流，让我算是真正与创业关联起来，并且开始对财务成本和收益有了概念，体会到究竟什么是“运营”，思考如何让自己的产品和服务与市场上其他同类竞品形成差异等。当然，对日后影响更大的是，这个过程中的合伙人，也就是当时共同创办“果说”电台的 D 同学，时至今日，仍旧是与我一同创业的合伙人。

果说沙龙 • 新林院 8 号举办的第一次沙龙活动——与梁鹤年先生对谈

## ■ 硅谷访学

全世界创新创业的圣地，莫过于硅谷，既然希望在这个方向上有更多探索，自然希望能有机会去硅谷看看，于是我跟合作导师商量这个想法，导师也愿意支持。就这样，我很顺利地开启了硅谷访学的旅程。

我所访问的 Berkeley SCET 技术创业中心是伯克利面向技术创业的工程中心，也是当时清华 - 伯克利创业课程的联合发起单位，对全校有意愿创业的同学专门开设创业方法的培训类课程。SCET 倡导的技术创业方法，是鼓励将大数据、区块链、人工智能、生物医药等前沿的技术作为创业的基础，尝试解决现实世界中的问题，可见，企业家的思维模式和技能是整个教学的重点。

不同点是这里的创业文化和创业氛围比清华更为浓郁，很多同学在上课期间就成立了公司，因为有很多接触风投的机会，他们在毕业之前就已经开始了创业之路，甚至有一些同学辍学创业。校园文化中，创业虽不是主流，但因为多元开放的氛围，创业者会得到更多的鼓励和支持。

硅谷访学的一年，我的博士论文《科技城规划：创新驱动新发展》得以出版。我也再次从创业课程学习和大量企业家访谈中，看到了人生的多元与无限的可能，汲取到了来自创新者的勇气，也坚定了回国后创业的想法。

## ■ 开启创业旅程



2017 年，我博士后出站，从美国回来后，抛开了之前的犹豫，正式踏上了创业的旅程，与合伙人成立了 QuantUrban 量城科技，开始全职创业。创业的初衷是希望与志同道合的朋友们一起营造自己理想的工作状态与工作环境，做些有价值的事。我们选择的创业方向是用数据和工具为个体和小团队赋能。刚开始没有资金、没有客户，我们依靠接一些外包和咨询项目来养活自己、养活团队，同时也在不断积累和提炼市场中的共性需求，开发成团队自主研发的产品。

到今天历时 3 年，我们的团队已开发出一系列自主研发的产品，包括：

年鉴汪——城市统计数据检索平台；

地图喵——帮助客户快速搭建基于地图的空间数据协作平台；

小区罗盘——基于大数据的居住小区品质评测工具，该项目获得深圳市开放数据创新大赛数据创意赛冠军；

数据市场——支撑科研机构和咨询机构开展基于数据的城市研究；

城市地图——针对地产应用场景的投资决策工具，已服务多家头部地产客户；

产业空间价值地图——基于数据的园区价值评估报告，为企业选址和园区运营提供便利；

城市疫情场所地图——全国首个城市疫情场所地图，在头部互联网企业推出同类服务前，这一产品已经成为关注量达500万的网页应用。

开发产品的同时，我们也在持续提供基于城市数据的咨询服务，应用我们积累的城市研究领域成果，挖掘城市数据的价值，为城市发展和企业发展提供直接的支持。比如支撑各地区的国土空间规划、深圳的数据立法、智慧社区的顶层设计等等。

时至今日，我们还在创业的道路上摸索着前行。关于产品、关于市场、关于团队，还有很多等待完善的地方。创业是在真实的市场中打拼，而市场的空间是无限的。每个创业公司都会犯大量的错误，但只要努力活下来，并用心探寻对的方向，总能为客户创造新的价值。在开放体系中，不设限的市场让我们有了更大的空间去发挥自己的价值，这可能是带领一个团队去创新、去创造的魅力所在吧。



选择少有人走的路，需要勇气。但在这条路上，你会遇到更多有意思的人，让你感受到生活还可以如此丰富和多元。未知与挑战面前，你才会感受到创造的力量。那是一种生命力，那是一种自由。

写于2020年12月

袁晓辉，清华大学建筑学院2015届博士毕业生，毕业后于经管学院从事博士后研究工作。

# 陈超：到华为去——翻过那座山，他们就能听到我们的故事

## ■ 求职：我只想去华为

由于我的硕士只读两年，毕业比较匆忙，也是因为只想去华为工作，所以我的整个求职季过得很简单——只投出一份简历。起初，一位多年的好友和我说："你去试试华为的技术服务吧，这个岗位挺适合你的。"于是我直接去参加了华为八月初的"优招"。

在很多人看来，作为一个求职市场上被打着"贵校京户工科男硕士"标签的毕业生，我可以有很多轻松的选择。但坚定选择华为的原因很多，最开始吸引我的便是华为的口号："勇敢新世界"。是啊，勇敢一点，出去闯闯。当时我阅读了一些华为的纲领，感觉很是精彩，第一次明白原来公司文化有如此的力量，甚至常常兴奋到在实验室大声诵读。

另外一方面，我深深敬佩华为的老板任正非先生，不管是他一向低调务实的风格，或是接地气的让人读起来痛快的讲话方式或是各种正确的战略，让人很想要成为他团队中的一员。最后，我总觉得华为是一家有骨气有情怀的公司，有一种"钢铁理工直男"的韧劲和不服输的精神。华为在做的是一件很有意义的事情，它代表了这个民族较高的水平，并站在整个世界的高度去面对挑战——想到可以加入他们，我很兴奋。

但后来因为一些问题，offer 迟迟没有下来，我一度以为自己要告别华为，最后一直到十一月底终于有幸完成签约，是当时所在近百人签约群中倒数第二个获得 offer 的人。即便如此，中间我也完全不想找其他工作，当时还是很任性地觉得，只想去华为，如果去不了，其他的工作也都差不多。最后有幸获得机会，连工资职级都不知道就直接去签约了。毕业后在能入职的最早时间，我正式加入了华为，那时的我怎么也不会想到会有后来这样的旅程。

## 初入华为，原来这才是奋斗

面试时，一位面试官问我："你身为北京人，好像这一路还挺顺的，能吃苦么？"

我说"可以的，其实我这一路的成长充满了坎坷，挫折不断，还是挺苦的。"

他说："那就行，只要你做好准备。"

新员工在经过很多培训以后，就已初步感受到公司文化，同事们大多是理工"直男"气息较足的"钢铁硬汉"，亲切且有趣。从最初每天一点睡、五点起的 NEO（新员工指引）培训，到一营（主要培训通信知识）的技术培训，我收获了太多。因为我是材料科学出身，基本不懂通信知识，入门很慢，可又不服输，于是干脆把毯子搬到教室，天天睡在那里，甚至发着烧熬到凌晨三点"硬刚"胶片。之后基站硬件安装培训，我们天天站在太阳下，看着已经被汗水糊住的眼镜往下滴汗，干完一天的活，手机甚至认不出我的指纹。后来我有幸到菲律宾参与一线交付实践，实践期间没有特殊情况的话，每晚 11 点前不会下班，当然很多同事会工作到更晚。

在东莞基站进行硬件安装培训

实践后，我有幸如愿留在了菲律宾代表处工作，负责"端到端"站点建设的项目设计团队工作。从挖坑、建混凝土基础，到设计各种各样的塔、天线、接地系统、供电、无线设备、传输设备、辅料，甚至围墙、照明灯、铁门、锁的布置，每一块拆开看都是很大的学问，内容细碎而复杂。凭借在菲律宾站点实践中积累的经验，以及一点一点的探索，我努力走上正轨，创造了价值。

此外，我也在这样为对准目标做交付任务的过程中，了解了公司的运行方式。统筹勘测、站点获取、实施、供应链、财务、图纸和报告的输出，在庞大的系统中我明白了要如何找准自己的位置，更好地懂技术，推进度。

在菲律宾站点实践



## ■ 想成为将军，而不光是武士

工作后我经常和校友们交流，不管是培训期间约饭，或是在论坛上读到校友写下的平静却充满力量的文字，都是很温暖又熟悉的清华风格。努力和拼搏我们是不差的，在一营时，周日晚上教室走得最晚的人都是来自清华的几个小伙伴，在空荡荡的“新天下”大楼互相鼓劲，最后也都取得了一些成绩，走上了重要的岗位。但对于行事风格，可能在我看来很多同学刚刚入职华为时是需要调整和适应的。清华人更加内敛、低调，在人面前往往不会“全盘托出”地展示自己，这与华为一向崇尚的“狼性文化”有很大的差异。

我想在华为最好成为扎实而凌厉的人，要能干事、能有产出。华为的做法是找好一个目标，保证战略和方向大致正确，然后把大部队压上去。而于我们而言，不光想成为“武学大师”，还要立志成为“将军”，那将军自然是有血性、管大事的。经常听到两个人在一起对某一项工作就吵起来了，还记得第一次到一线听到旁边地项目组交流，两个小时甚至言辞激烈听得“瑟瑟发抖”，旁边的大家倒很平静的该做什么就做什么，然后发现下班两个人称兄道弟地就走了，关系铁得不行。大家都是在做事嘛，直接一点，不用顾及那么多想着怎么去更得体地做人。

对我们来说，当前的阶段还是应该把头埋下去，强化自身，然后加强团队协作，一起攻克新的难关。

来菲律宾八个月了，我带着几个“95后”本地员工的小团队，完成站点建设相关图纸的输出。工作的压力还是很大的，他们开始时总会说办不到，我就会经常告诉他们：不行，你们一定要办到，不管是加班、还是把分包商叫来谈，就是要办到，甚至也曾对他们拍桌子大呼小叫。后来，这帮小朋友开始自觉加班，紧要关头甚至工作到12点半，然后乘坐一个小时的交通回家，第二天7点起来，再坐一小时的车去客户那边耗一整天。我反而觉得自己熬不过他们了。



当地分包商总让人哭笑不得，他们态度非常好，和我们签了具有法律效力的文件，上面明确规定了所有的截止时间线，我们满心欢喜地等待他们的回复。可后来发现，到了截止日期，那么多家分包商，一个按时完成工作的都没有。叫来一问情况，便有各种五花八门的理由。我“威胁”道：“你不交我们就把活给别人了啊。”他们就爽快地回答：“好的，Sir。”甚至也不怕罚款。这对于在国内长大的我来说，还是倍感意外。于是我们开始不厌其烦地把分包商叫过来协商，让我们的对口负责人去推进工作，每天打电话去催，挑战他们，电话不接便一层一层往上打，想着“我们难受，那不能光让他们舒服了”，最终实现了产能翻倍。突然发现，我身上好像也有了点华为的味道，自己也长成一只“小狼崽”了。

## 最艰难的时候，我在华为

2018—2019年，从5G的围剿、到孟晚舟被扣押，再到华为被列入“实体名单”、被谷歌等公司终止合作，这是怎样一段悲壮的历史。

最近常有人问我，你们华为现在内部怎么样啊？我就会说：“没有区别，专注本职工作。”甚至在同事之间讨论时，也没有人在担忧，而是一切如故地商讨如何推动手头的事情，这样的冷静与媒体的热度和外界各方的关注之间形成了十分鲜明的对比。

只是大家更加凝聚了。印象很深的一件事是，一位在华为工作 20 年的领导、前辈，一天突然在群里说：“小怪兽终究会战胜奥特曼的，一定会的。”原来，是媒体上出现了一则关于华为的负面新闻。公司内部始终坚信，我们的力量会最终获胜，这是多么真挚的一种热爱呀。带着这样的热爱，大家沉着地投入到工作当中，比平时更加专注、努力和高效：“最重要的还是把自己的事做好。”

我想到 NBA 有一张非常经典的照片：韦德把球抛到了空中，头也不回，因为他知道在他身后，詹姆斯会把球扣入篮筐。我们相信有一批知其不可而为之的战士，正在竭尽所能地帮助公司降低影响，每个人做好手中的事情就是对公司最大的帮助。而同时，我也坚定地相信：Yes，we can。

## 总结



工作这一年，感觉自己进入了一所“有工资的大学”，我非常享受入职之后的每一天，兴奋而快乐。尤其是在历史性的时刻进入华为，做一名朴实而纯粹的战士，我感到骄傲而荣幸。

有时会和同事聊，之前总期待放假，现在一放假就很愁，觉得又耽误工作进度了，恨不得都没有假期的好。前一阵菲律宾地震，大楼摇晃得人头晕，不少本地员工往楼下跑，不时地叫我：“Bro，let’s go down.”最后两个戴着头盔的人说：“Sir，you have to leave.”可当时我还是坚持把手头的邮件发完（当然这样的做法并不值得提倡）。

我想成长是一个不断学习积累的过程，而同时，也是不断调整自己状态的过程。坚持所坚持的，适应所适应的。经常很想念学校，清华的好在于它足够的大，给了我们无限的可能，有足够的尊重和包容。但可能正因为我们习惯了这种优待，心气会更高一些，甚至无法接受刚入职时的平凡，但实际上，我们绝对不能飘着，就应该把身体贴到地上去。

我之前不理解《三国演义》中的忠贞之士，现在懂了一些。想想华为本是这样低调的一个公司，现在各位领导却被迫走到台前，老板游走于世界接受采访。看着身边的所有前辈、同事不断告诫我，越是这时候，越要以客户为中心，这叫人怎么能不爱这个公司。我湿着眼眶写下这些话，想起这些事，也由衷地希望公司能度过这关，希望我也能贡献点力量。社会让人复杂，但来到华为后，我却越来越单纯。

翻过那座山，他们就能听到我们的故事。

写于2019年5月

陈超，清华大学材料学院2018届硕士毕业生。毕业后前往华为公司工作。

# 陈诗慧：高跟鞋印下的是感叹号，泥球鞋印下的是省略号

在毕业的一年之前，我完全没有想到自己会进入政府部门，彼时的我刚结束在伦敦政经学院的交换学习，正在疯狂地准备金融和咨询方面的实习和求职。现在回想，和商务部的缘分可能是在我接下了清华大学学生职业发展协会（以下简称“职协”）会长的那一刻结下的。我一直都知道，自己喜欢多元文化。大学期间在清华学生会的社会工作让我一直有机会和文化交流打交道，本科加上研究生的 7 年间，我陆陆续续背包穷游了 30 多个国家，所以在思考职业选择时，我模模糊糊地希望自己能够在毕业后继续从事国际化的工作。在职协一年能组织 200 多场大大小小的活动，最大的收获就是在看到了无数种职业发展的可能性后，慢慢规划出了自己想要的路径。这一年商务部第一次招考中央选调生，而我正希望能够成为一名商务外交官，其中的缘分真是妙不可言。

毕业后我在商务部电子商务司国际合作处工作，我超级热爱的是每天都能接触国际前沿的技术、业态和规则，也享受着电子商务领域国际合作和磋商的紧张和压力。初来乍到，纷繁复杂，联合国、APEC、G20、WTO 还有数不清的多双边 FTA，原来都离自己这么近，极大地满足了我的新鲜感和求知欲，有时忙起来直到中午吃饭才发现，从早上 8 点到现在，自己一口水都没来得及喝。从基础设施规划到规则制定，从修改文件的措辞表达到坚守谈判的原则底线，亲身参与到国际文件起草和多双边磋商中，让每天的辛劳都格外有意义。

参加多双边磋商

东长安街上车水马龙，日夜不息，商务部的同事们也在全球24个时区忙碌着。我记得第一次参加FTA谈判便是远赴地球另一端的南美，30多个小时的飞机刚一降落，没有来得及倒时差就直接坐在了你来我往、热烈而胶着的谈判桌前。第一次谈判，又是在客场，竟然没有预想的紧张，也不困。也许是初生牛犊不怕虎，也是因为谈判的每一条文本、每一个单词都早已经在处长的指导下反复琢磨、推敲，并且研究过背后的逻辑和法律依据了。对我帮助和影响非常大的陈奕薇处长对电子商务相关的所有国内法律和国际文件都了如指掌，她身上带有温柔而坚定的力量，让我非常渴慕，希望自己也能养成这源自自信和积累的风度。身边有能给予自己前行力量的领导和同事是多么幸运的事情！话说回到南美，为了增强气势，我全程穿着7公分的尖头高跟鞋，西装革履化淡妆，“噔噔噔”走在异国长满仙人掌又略带泥泞的街道上。我突然发现，高跟鞋踩出的是一串的感叹号，就好像我那单枪匹马刚完成的第一场谈判后的心情一样：“这感觉简直太棒了！”

在国际论坛上工作

然而这双高跟鞋已经收进柜子，近一年都没有拿出来过。2019年8月，我来到国家级贫困县四川广安任龙安乡革新村任党支部副书记，开始为期两年的扶贫工作。来村里之前很多人不解：“这和你之前做的国际合作工作有任何关系么？这是没有选择的选择么？”

并不是，参加基层扶贫工作是我在毕业前就已经思考过很久的选择。2018年，我担任学校毕业生“启航出征仪式”的主持人，与扎根基层的四位启航金奖获奖者深入交流，当时我写下了一句话：“每个人的选择不同，但其中的最大公约数是清华学子的视野和担当。”既然对多元文化感兴趣，怎么能忽略掉拥有近6亿农村人口的“乡土中国”，何不趁青春岁月脚踏实地走一回？在工作一年后，我也确确实实体会到了西部贫困村与时代的脱节程度之高，自发性内生性经济发展之难，和扶贫工作对乡村的改变之大。

2014年建档立卡伊始，革新村贫困户人均年收入1400元，村级公路尚未硬化。一名贫困户柚农的一天从凌晨4点开始，他会用背篓背上20个柚子，走2小时山路去乡上赶场集。他在路边坐上一整天，一个柚子1块钱，如果到晚上20个柚子都卖掉了，他便可以开心地买点好吃的回去给孩子做饭。这样的日子是因为脱贫攻坚而彻底改变的。商务部五大扶贫政策中的“产业扶贫”“电商扶贫”“家政扶贫”在革新村落地生根，2019年革新村累计实现农产品在线销售60万元，贫困户人均年收入已经超过了1万元，较往年整整翻了7倍。

这一年里我细数了一下，没想到自己除了村官外还体验了这么多行当：开了家民宿，办了个厂；开了个网店，自己带货；学了把摄影，剪vlog；组织了防疫，也教了个书。我曾经有个梦想，要在退休后开一家民宿，没有想到这么快就在革新村实现了。为了在村里开创民宿旅游，我化身为民宿老板娘，徒手拎着近25公斤的床上用品挨家挨户布置，还要给村民解释为什么不能在晚上九点就要求客人关灯睡觉。为了在村里顺利建成食品加工厂，我又成了加工厂经理，从零开始学习摸索盐皮蛋、剁椒酱的工艺流水线、排污管道设计，还能随手画出化粪池的图纸。为了让更多人看到革新村的优质农产品，我和同事一起开设直播间，与爱心明星、奥运冠军连线，展现革新风采，推介革新好物。前不久我们在当地的肖溪古镇考察文旅结合，竟然有游客把我们认了出来，说：“这不是革新村的网红书记组合么？”可把我们乐坏了！革新村红了！

2020年新冠肺炎疫情突如其来，回家过年的行李还没理出来，我就在正月初又打包飞回了村里，然后7天无休连干了近50天防疫工作。疫情期间农产品大量滞销，我们走了几十公里山路入户调研，打了近千个电话，发了上万条微信，和14个平台的助农资源对接，白天抓防疫，晚上搞电商，终于把销路打通。感恩疫情期间全国人民对农产品滞销的关注，2020年上半年我们的电商销售额逆势上扬，已经接近2018年全年的数字。脚下沾着的泥土和心中沉淀的真情，分量都不轻，泥球鞋印下的脚印仿佛是一串语不尽的省略号，令人遐想革新村乡村振兴的希望和明天。

插上一个小故事吧。疫情期间不开学，我便给孩子们上课，从小学到高中全科目都上，这样还不够，村民们恨不得把幼儿园的小朋友都送过来让我带着唱歌跳舞学画画。我们村里有很多特殊家庭的孩子，比如我很心疼的小宇，一个正在读高二的小姑娘，她的父亲精神失常、母亲离家出走、爷爷是残疾人，她由奶奶带大。小姑娘很要强，很努力学习想要上大学，但她数学和英语不好，于是我每天晚上给她补习。有一天她坐立不安，我问她怎么了，她和我说："阿姐，你可不可以当一下我的家长？老师要拉家长群，可是我很多年没有见到妈妈了，奶奶也不会用微信……"这是我在村里第一次没有忍住眼泪。

高跟鞋是感叹号，是背靠祖国开展国际工作所需要的气势和强劲，泥球鞋是省略号，是面向百姓脱贫攻坚时无穷的热爱和期待。也许多年前的我们想不到未来会在哪里，但是每一个选择都是有迹可循的，每一个脚印都是自己印刻下的。清华给了我们选择的勇气和底气，我们幸运地拥有清华学子的最大公约数。离开清华，我陆陆续续在行囊里装上了异国他乡的晚风、唇枪舌剑的底气、山野田间的果实和乡里乡亲的信任。嗯，行装还有很大的空间，我期待着刻画出下一个脚印。那么继续前进吧！

写于2020年6月

陈诗慧，清华大学经管学院2018届硕士毕业生，毕业后到商务部工作。

# 林声巧：我何苦要读这掉头发的文科博士

## ■ 胡为乎遑遑欲何之

“文科专业没出路，读书救不了中国人。”这是我在决定读博之后常常用来自嘲的话，引自我女朋友。

我的身边有一些“人生方向感”十足的朋友，他们从大一开始就很清楚地知道，自己想做什么，以及每一年都应该如何规划。这种对于人生十足的掌握，背后是个人的努力和优秀、家庭成长环境培养的眼界以及前辈提供的信息和指引。我羡慕着他们，却依然忙碌而荒废地度过了大半个本科。

我和剩下的多数人一样，从大三下开始疯狂焦虑，思考毕业后到底要做什么。可能深受人文学院本科教育的影响，也可能与清华对学生的期待有关，这种焦虑不只限于我要选择什么样的行业和职业，而是存在某种过于纠结的计算：我如何在能力范围内，将个人的优势最大化，同时能够让自己的努力对社会有所贡献。

当时头发还很茂密的我，自然无法规划和实现这种平衡的。在一种“富贵非吾愿，帝乡不可期”的情结里，整个大三下到大四上都陷入了“胡为乎遑遑欲何之”的迷茫里，在模模糊糊的方向感里，我保研到了公管学院读硕士。

## ■ 我绝对不申政治学

读研之后，问题依然没有解决。当时大概有个读博的念头，因为听说博士毕业选调做大官、就业赚大钱，反正都不亏。现在我知道许多打算读博的人也抱着这种想法，希望他们“吃点好的”。

在选定导师后，我试着和老师聊过研究兴趣，也谈到读博的可能，对话大概如下：

导师：我听你讲这些，觉得你还挺适合读博的。

我：嗯，我也在考虑，可能的话会出国申请个经济学或者管理学的博士。

导师：但听你讲的那些，你感兴趣的好像是政治学。

我：我绝对不申政治学，听说难毕业又难就业。还是申经济、管理或者公共政策吧。

现在在政治学系的我，也在每天安慰自己："吃点好的。"

真正决定读博，是在研一下学期，我选修了刘志林老师给博士生开设的研究方法课程。当时的心态是，试试看，才知道自己合不合适。万一不适合就可以转身找实习去工作，万一合适的话，那就"多吃点好的"。

当时我刚刚转到社会科学，研究方法对我的冲击很大。什么是理论，什么是社会科学，如何理解因果关系，如何寻找一个理论的争论，如何通过研究设计实现因果推论来回应这个争论。有许多聪明的大脑共同关注着同一个问题，每个人费尽心思地设计研究，用千辛万苦收集到的材料验证自己的猜想，对理论提出一点点创新，把对于这个问题的理解往前推一小步。



"这种微小而扎实、又可积累的知识，真是太棒了啊。"这是我当时最真实的感受。不是对于职业的憧憬，不是受情怀支配，就只是纯粹地觉得："好棒啊。"更重要的是，我似乎开始掌握理解这个世界的方法了。

当"喜欢"已经确定的时候，此后的努力都是为了让"喜欢"变得"合适"以及"可行"。在和学长、老师交流之后，我开始准备申请读博的大工程。

那时候我已经研一下学期，没有任何研究经历，没有比较系统的方法训练，英语非常差，没有任何海外的联系。这些都是我申请时遇到的很大的困难。我不是谦虚，也不是为了欲扬先抑，以上的描述都非常真实。本科在中文系的学习，给了我很多启发，但我在学术上毫无建树，对政治学的了解也只有一门课；研一的暑假，我才第一次打开 SPSS；大四那年考的托福只有 84，也因为英语太差根本不认识任何非华人的老师。而这些都是对读博申请比较重要的因素。

当然了，决定性因素是运气。

所以除了运气之外的所有事情，我都要尽量做好。

## ■ 如果有人想砸了ETS我一定会捐钱的

我做的第一件事，是放弃其他选项。放弃掉做得风生水起的社工，从此不再是“小五爷园”公众号背后的男人；放弃掉自己鼓捣的公众号，从此连买奶茶的钱都没有；放弃掉暑期一些摆在眼前的机会，也放弃掉找实习、求职、校内转博或者去考北大的可能。我就是要出国，就是要读博，就是要读政治学，就这么定了。

做完第一件事，我的“好日子”就到头了。

一边是大量地听课上课，包括公管的博士课程，以及社会学系、政治学系、苏世民书院的课程。最后申请时的三封推荐信，都来自于我主动跨系选课、申请旁听、或助教工作时结识的老师之手。现在想来，有些是缘分，有些则真的是努力得到的机会。如果不是研一下选修了方法课，我拿着课程的研究设计，向当时刚刚留校的孟天广老师请教，也不会有幸认识了一个 Rising Star，日后更得到他无数的指导帮助和鼓励，在申请时孟老师成为我最有力的推荐人之一。在苏世民书院做助教的机会，也让我得到其他三位老师的推荐。

另一边，就是考英语。我的天，如果有人想砸了 ETS 我一定会捐钱的。2017 年的 3 月、6 月、9 月和 10 月，我分别考了四次托福、两次 GRE。整个暑假我都在老馆刷 GRE，从早上 10 点到晚上 20 点。现在想起来，申请时最辛苦的其实是这个。我的英语实在太糟糕，只能靠恶补。前两次托福考出来，只得了 94 和 96 分，两次看到成绩的时候，都特别难过。暑假转而准备 GRE，9 月初考 G，315 分，也不能用。我还记得自己坐在从昌平回五道口的地铁地板上，一句话都说不出来。



当时已经是 9 月 3 号了，距离 12 月 15 号申请截止，就剩下 3 个月了。我还没有能用的语言成绩，没有正式答应过我的推荐人，没有写任何文书材料。我记得我颓废了两天，也告诉自己，就颓废两天，然后要继续。9 月 30 号，我第三次考托福，为求稳妥，我又报名了 10 月 15 号的托福，还有 22 号的 GRE，小一个月里考三次，报名费哗哗地刷，家里人还以为我谈恋爱了。

9 月底的那次考试前两天我开始发烧，再加上距离上次考试已经过去 4 个月，只临时抱了两周佛脚，想着就练练手，好好准备下一次。10 月 14 号，第四次考托福前一天，9 月底的托福出分，107，应该够用了。这大概是我准备英语考试大半年来，最最开心的时候，虽然隔天的考试并没有比这个分数高。10 月 22 日考 GRE，325，也够用了。我还记得我在北大的考场门口，开心得晕头转向，甚至找不到自己的自行车。

在结束英语考试之后阳光灿烂的日子里，我前往芝加哥参加了一次公共政策的会议。报告的内容，就是当年研一下方法课的研究成果，在老师的指导下深化出来的一个作品。在芝加哥做的另一件事是，给我另一位重要的推荐人发出推荐的请求。中午信件发出后，我陷入了时差带来的昏睡，醒来就收到了她肯定的答复，还和我强调会是“strong recommendation”。

第一次到芝加哥参加会议



## ■ 我在清华附中门口的天桥上站了半个小时连宿舍都不敢回

后来一边上课、做助教，一边准备申请的文书。感谢苏世民书院的图书馆和网络，我在那边度过了整个 11 月。12 月 1 号，我提交了自己第一份申请材料，也就是我现在所在的学校。

在拿到这个 offer 之前的所有日子，都是煎熬的。每天从美国的工作时间，也就是北京时间晚上 22 点开始，心神不宁，定时在凌晨两三点醒来查邮件，看 gradcafe 网站上各种真真假假的 offer 的消息。

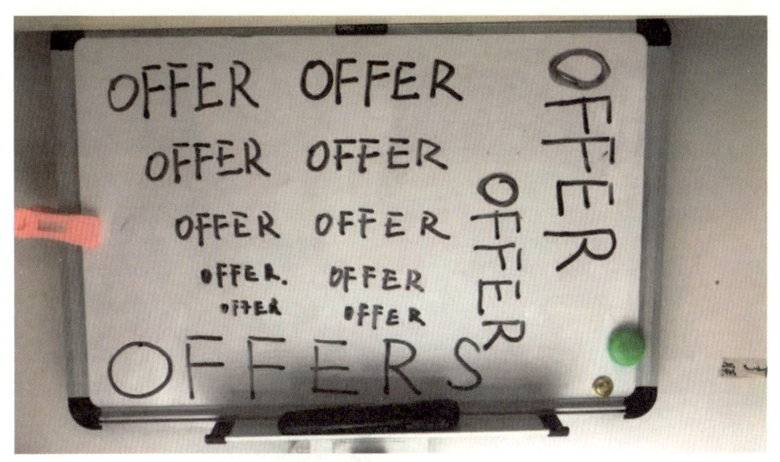


等 offer 时候的祈福小白板

终于在一月初，我等到了第一个拒信。

我保持着乐观和坚持，然后收到了第二、第三、第四、第五封拒信。

还记得当时我滞留在北京学车，没有 offer，无颜见闽南父老。在从驾校回学校的大巴上，刷邮件查到了来自 dream school 的拒信。我在车上捂着嘴开始无声地大哭，眼泪真是哗哗哗地落在我笨重的羽绒服上。

该怎么办呢，要是没有 offer，该怎么办呢。我在清华附中门口的天桥上站了半个小时，连宿舍都不敢回。

一个星期之后我回家，靠着褪黑素入睡之后，醒过来看到了邮件——是我的第一个 offer，也是我现在的学校，得州大学奥斯汀分校发来的。后来我在申请的心得里写，我越来越理解课本上的那句，“世间奇伟瑰怪非常之观，常在于险远，非有志者不能至也”是为何意了。

## ■ 我当然依然焦虑，只是这种焦虑再也没有让我停下脚步

最后从清华走的时候，我在人文学院门口的石头和公管学院门前的牛旁边拍了照。在清华的 7 年是我最好的时光，我在这里学习、成长、否定然后再否定，走上了现在的路。毕业时我把我的男神梅赐琪老师留在网页上的话，改成了自己微博的签名，也希望自己能够成为这样的人：始终好奇，对简单逻辑有警惕，跟拯救世界保持距离。

从清华毕业



我自嘲现在读博的生活，就是陶渊明《归园田居》的前四句改个顺序："晨兴理荒秽，戴月荷锄归。种豆南山下，草盛豆苗稀。"虽然"道狭草木长，夕露沾我衣"，但依然"衣沾不足惜，但使愿无违"。我当然依然焦虑，因为焦虑前程而脱发，或者因为焦虑脱发而脱发。只是这种焦虑再也没有让我停下脚步，也不会对自己脚下的路有所动摇。这是我在清华成长 7 年后，终于养成的对人生的一点点掌握感。

写于 2019 年 5 月

林声巧，清华大学公共管理学院 2018 届硕士毕业生，毕业后前往得州大学奥斯汀分校攻读博士学位。

# 沈晓东：做“小三毛”们的校长——只要是自己的选择，我就能坚定地走下去

## ■ 三毛与童年

嘴里是苦，心里是辣。
眼中的泪水谁给擦，
霓虹灯陪着高楼大厦，
黄包车拉一朵花，
小巷真小大街真大，
无数的弄堂哪是家，
三根毛迎着风吹雨打，
上海滩印一双小脚丫。
太阳是爸月亮是妈，
天大地大哪是家，
床铺是砖枕头是瓦，
身上盖的是晚霞。

——《天大地大我没家》（动画片《三毛流浪记》片尾曲）

2018 年从教育研究院硕士毕业以后，在光爱学校师生们的信任和支持下，我来到了安徽省六安市的金寨县光爱学校担任校长，继续致力于困境儿童的救助和教育。身边的亲友问过最多的一个问题便是：“你为什么会做出这样的选择？”很多亲友都为我担心，怕我在偏远贫困山村的工作会浪费自己好不容易取得的名校学历，耽误自己的年华，误了自己的前程。

初到金寨光爱时的校园



我从来都不相信运气，因为我认为当一个人把希望寄托于飘忽不定的概率时，他早已一败涂地。我只相信选择，相信自己的选择，因为只要是自己的选择，我就能贯彻自己的信念，坚定地走下去。

说起自己毕业的选择，与“三”有千丝万缕的联系，而这最初的“三”便是儿时最喜欢的作品：张乐平爷爷笔下的《三毛流浪记》。

这是一本很独特的作品，除了画中的部分招牌、标语，全篇没有其他文字，但不少孩子看着看着，有的哭了，有的笑了，有的笑了又哭，有的哭了又笑。同样的内容，小时候看和长大了以后再看，感受也会颇有不同。很多读者观看《三毛流浪记》后都能感受到三毛的不幸和无奈，对三毛的苦难表示同情，反思幸福生活的来之不易，将学会珍惜铭记于心。

但我眼中的三毛从来都是一个顶天立地的小英雄，他知道人和人有不同的出生和境遇，也知道这是无可选择的，即使孤苦伶仃、无依无靠，他还是乐观、坚强地活着，即使历经了世间的诸多假恶丑，他心里依旧相信真善美，他认真、努力地生活着，成长着，像一颗稚嫩的小太阳，凭借微弱的光芒，温暖着身边的人与事。

我想像三毛一样，做一个乐观、坚强、永不言弃的人，为自己而活，但不只为自己而活。

在动画版的《三毛流浪记》中，有这样一段剧情始终印刻在我的脑海中：一个偶然的机会，常年失学的流浪儿三毛曾短暂回到了自己朝思暮想的学校，重拾学业，课堂上老师提问班里的孩子，问到三毛时让三毛到黑板上书写“关怀”“平等”“幸福”三个词汇，并分别用这三个词语造句。

小三毛在黑板上工整地默写了生词，挠了挠后脑勺认真地思考，有些害羞地读出了自己的造句：“有人给我饭吃就是关怀；不叫我小光头，叫我三毛就是平等；有爸爸、有妈妈、有饭吃、有书念，就是幸福。可是，还有许多孩子没有幸福……”

如果将来有机会，我想要办学校，办一所专门帮助运气不好但有志于学的孩子们的学校！

## ■ 三毛与光爱

因着儿时起办学的目标，为了向教育公益一线的前辈们学习，借鉴办学经验，同时也希望能通过自己的努力，为困境儿童的救助和教育尽一份力，2013 年 7 月，我第一次来到了位于北京顺义区的光爱学校。这是一所为“小三毛”们提供无偿救助和教育的民间慈善学校，在校就读的孩子均是来自全国各地的流浪儿、孤儿、事实孤儿、特困儿、残障儿，社会各界的爱心和汇聚的善举，为孩子们孕育了这样一所学校，这样一个温暖的家。

初到光爱支教时，我担任孩子们的作文老师，除了课堂教学外，课外和孩子们同吃同住同劳动，一起聊天，一起看书，一起谈心。一个偶然的机会，我和孩子们聊到了张乐平爷爷的《三毛流浪记》。

老师，我们好多人都看过《三毛流浪记》，大家都说看书的时候就好像看到了过去的自己。

《三毛流浪记》也是我非常喜欢的一本书，三毛虽然运气不好，时常遭人冷眼，被人欺负，但他没有忘记善良，还是会向有困难的人伸出援手，他也没有放弃希望，风雨过后依旧能笑着迎接明天。

光爱的孩子和三毛一样，都是善良、坚强的好孩子，咱们现在有家了，大家一起努力，一定能让这个家越来越好！

多年后的今天，我始终没有忘记张乐平爷爷笔下这位给我带来光芒的小小少年，而我发现自己身边的孩子们也在三毛的成长和故事中感受到了力量。

2013 年暑假以来，大部分的假期和空余时间里我都会去光爱学校，思索和实践自己能为困境儿童的救助和教育做些什么。在这期间，我曾陪伴流浪儿童返乡寻亲，曾与光爱学校的创始人石先生一同为失学困境儿童补学籍，为没有户口的孩子补上户口……

三年的时间，转瞬即逝。

2016年，正值研二的我除了跟随导师和同门研学与践行混合教学改革，课余的时间里依旧和光爱学校的师生们保持联系，多年的彼此陪伴也使我融入了这个大家庭，每次回到光爱学校，看到远远便来迎接的孩子们，温暖的回到家的感觉便会涌上心间。

然而，生活中某些突如其来的变故难免会让人感到无奈与无力。

那天，我正在实验室中翻阅专业资料，无意间发现手机上发来的信息：石先生积劳成疾，病重入院，正在进行手术。在我的印象中，石先生总是慈爱而威严的，他对光爱学校的孩子们视若己出、不辞辛苦，他曾和我分享过很多自己公益办学的经验和感悟，也给予了我很多亲人般的关怀和帮助，我一直认为石先生这样的好人定会一直健康、平安。我感到害怕，脑海中一片空白，只知道这个时刻我想在石先生的身边陪伴他，尽自己所能去做些什么。在得到导师的理解和许可后，我立即赶往石先生做手术的那家医院。在我抵达医院时，手术刚结束不久，看着病榻上昏迷的石先生，他平日里慈爱温暖的脸庞此刻显得苍白而无力。他这样拼，为的是让没有家的孩子们能有一个温暖的家，可他却因为平日的操劳没有顾及自己的健康，如果有更多人能分担这份肩头的担子，他应该就不会劳累至此吧。记不得过了多久，石先生苏醒了，他用微弱的声音问我："孩子，你怎么来了？今天不是还在学校学习吗？"我不知道该说什么好，只是看到石先生醒来，心里松了一口气，眼角不禁变得湿润，朦胧的视线中，我用两只手握住了石先生宽厚的手掌："等我毕业了，我来帮您一起分担吧！"

## ■ 三生有幸

我相信的，从始至终，都只有我自己。

对我来说，什么是正确的，是由我自己来决定的。我愿意相信的事，我会全力去相信。这跟其他因素没有一点关系。

如果被欺骗了，那就是我有眼无珠，仅此而已。欺骗背叛什么的，都不重要。

能不能相信一个人，说到底，就是你能不能相信自己，就这么简单。

——《大逆转裁判》第四章

从不相信运气的我，却相信缘分。

谁能想到，中学时被同学起外号叫“校长”的我，如今真的成了一名校长。

谁能想到，被誉为“宇宙中心”的五道口早年间曾是北京流浪人口尤其是流浪儿童的聚集地，也曾是光爱学校的源起之地，从这里走出的不仅有最高学府的精英学子，也有曾在社会最底层为了生存拼尽全力的困境儿童。

时过境迁，不变的是，人们始终都在做出选择。

虽然，光爱学校没有优越的环境和待遇，没有四通八达的便捷交通，没有大城市里的繁华热闹，却也有着乡村地区的独有特色：四周青翠的山峦、清澈的溪水、悦耳的虫鸣鸟叫、悠然飘过的白云、夜里明亮璀璨的繁星和明月……

光爱孩子们送我的生日礼物

在孩子们的身上，我看到了光芒，看到了希望！

也许人世中有很多无可选择的苦难必须要去面对，但生不由己身由己，道在心中，路在脚下。这就是我们大家的选择！

写于 2019 年 5 月

沈晓东，清华大学教育研究院 2018 届硕士毕业生，毕业后任教于安徽省金寨县光爱学校。

# 石添硕：从对冲基金到哈佛读博，疫情之下坚寻学术初心

我至今仍非常清楚地记得在清华的第一堂课，是在午后二教的阶梯教室，社会学系晋军老师讲授“社会学概论”。老师用数据搭建了一个“泰坦尼克号”的结构空间，解析了个体生与死背后结构性的必然。回想起来，这堂课像是帮我打开了社会科学研究的一扇窗，透过这扇窗我看到了群体结构中“无形的力量”对每个个体的行为轨迹都有着无比深刻的影响，而探究其中结构性的因素，正是社会科学研究令人着迷的魅力所在。同时深深埋在我心里的，还有那堂课快结束时出现在 PPT 上的一句话，如今我将其视为一种理想化的追求：

I have tried to be objective.

I do not claim to be detached.

（力求客观，绝不冷漠）

当然，我不是在那堂课结束后就下定决心要去做学术，也和大多数同学一样，开始去了解投行咨询，为自己的第一份实习发愁；也充分体验了园子里多姿多彩的生活，作为艺术团话剧队成员参加了近十场演出。但种子一旦进入土壤，总会有些机缘巧合让它萌芽。回想起来，可能就是几个偶然的瞬间，让我下定决心选择了研究作为职业方向。

话剧队四字班毕业专场《第十二夜》剧照

## ■ 享受纯粹的学术旅程

大一暑假的时候，我和同学到以传统剪纸闻名的河南三门峡市南沟村开展社会实践。当了解到由于年轻人无法靠剪纸为生，传统技艺与图样濒临失传，我们直觉上认为只有将剪纸产业化、商业化才能保护这项传统技艺。但随着求证的逐渐深入，我们意识到产业化意味着要迎合市场，但市场喜欢的剪纸图案大多是卡通人物，并不是真正需要保护传承的技艺与图样。而一旦失去了人工的艺术传承与创造能力，剪纸技艺便很容易被机器取代，所以也无法改善村民的生活。

虽然文化保护和我目前的研究方向并不相关，但我很喜欢这段经历带给我的启发。社会科学研究中显而易见的答案并没有价值，深入地思考探究往往会带给我们一些反直觉的发现，这是研究创造价值的过程。后来，我们得到了几位清华美院学长创立的民艺保护组织的帮助，将南沟村的传统剪纸带到了北京的几个大型展览会，并拍摄了一段纪录片。这段实践经历呼应了我心中理想的研究状态：理性辩证探索、着眼现实意义、让研究客观而不失温度。

我开始更积极地在我的学科领域进行研究的尝试。记得我第一次申请做助研，花了将近两周的时间才读完了经管学院高峰老师布置的一篇理论文章，很忐忑地去办公室找老师。伟伦楼的办公室空间很狭小，里面塞满了各种金融书籍论文，伴着 CPU 运行代码的嗡嗡声，老师非常耐心地帮我理解了复杂的数学公式背后清晰的金融逻辑。在那个下午我觉得学术研究没有那么高不可攀，也觉得狭小但充满书卷气息的办公室非常温馨，我开始期待将来也会有属于自己的一方小天地。

后来大三秋季学期我到伯克利交换，选修了博士课程和论文研讨。每天家、图书馆、教室三点一线，一个学期下来去过的最远的地方是 20 公里外的奥特莱斯。我非常享受这种小镇里简单纯粹的学术生活，也在论文研讨课程上找到了自己感兴趣的研究方向。

## ■ 在波折中坚持前行

不长的旅程中，最大的波折来自大四时的第一次申请。结束了大三的暑研后，我得到了三位推荐老师的鼓励，于是决定放弃五道口金融学院的保研机会，直接尝试申请海外商学院的博士项目。但终究由于我在商学院博士申请者中资历尚浅，结果并不十分如意。结束最后一个学校的面试已经是大四下学期的 3 月，一时间我感到自己没有退路，陷入了深深的自我怀疑与纠结，想不好到底该不该再坚持。那段时间，我强打起精神参加了很多次大大小小的招聘会，但简历上职业发展部分空空如也，又怎么可能在毕业前夕挤得进投行咨询的大门。

在非常困难的时候，经管学院薛健老师给了我很多鼓励和帮助。学术研究是一场很长的旅行，目光放远，一些挫折与弯路不该让我就此转向。在老师的指引下，我发现我积累的学术经历也并非在业界毫无用处，量化投资领域直接应用了很多前沿金融、会计学术研究的成果，我也可以在工作中进一步锻炼提升我的研究能力。后来，我幸运地加入了上海一家优秀的量化基金团队。工作的两年间，我仍坚持在下班后继续和清华以及海外的导师钻研学术项目，终于在去年的申请季中如愿以偿，回到了预想的学术道路之上。



申请结束后，我本已做好重新开始校园生活的准备，没想到被这场疫情彻底打乱了计划。最初等待大使馆开门的日子很是煎熬，后来确认无法前往海外后反而感到很轻松，特别是在得到了学院、系里各个方面无微不至的支持后。如今博士的第一个学期已经接近尾声，实际上线上课程的效果出乎意料的好。教授们花了非常多的精力将课程迁移至线上，线下课堂中的所有互动几乎都可以实现，还多了录制版的课程方便随时复习，大大提高了我在统计、经济理论课程的学习效率。学术会议也普遍迁移到了线上，足不出户便能交流前沿问题。更重要的是，我多了整整一年的时间能够安心陪伴家人，和毕业后就一直在我身边的猫咪“小棉袄”，以及今年 5 月中旬出生的“她”的猫宝宝们，这绝对是意外之喜了。

对于我不长的人生来说，2020 年的确是风云变幻、充满惊雷的一年。但如果把视野扩展至我们父辈祖辈的人生历程，2020 年也并没有那么特别。宏观的波折无法预料也远远超出了掌控，但我们可以尽可能不让它过多左右我们的抉择，在充满变化的时代中坚持自己的方向，可能是稳定全局的最优解。

## ■ 对未来学术之路的期许

博士项目的好坏和学校的名气并不直接相关，最终选择哈佛商学院的博士项目，最重要的原因还是研究兴趣的契合程度。我希望自己在学科领域也能做出有温度的研究，如通过研究信息的披露与传播减少信息不对称，保护市场参与者的权益；或是能够回答业界最关心的有争议的问题，比如目前监管层关心的代理投票制度的优劣。一个能为大众创造价值的市场与金融体系，需要有效的信息披露、传播，需要有效的公司治理，这是我希望能在未来不断追寻的研究方向。

担任经管 CTMR 课程助教



翻开金融、会计领域的期刊，可以看到从 40 年前到现在，学界对一些核心问题的争论一直没有停止。虽然我们有统计、数据分析作为工具，数据的维度和广度也在不断扩展，但社会科学问题本质的复杂性与不确定性，还是让我们永远在追寻更接近真理的路上。

其实即使到现在，我也不知道我是否在职业选择中做出了最优的决定，或许最优的选择本也并不存在或并不重要，选择的岔路口往往有很多机缘巧合，重要的是在前进的方向上全力以赴，并时刻记得踏上这条路时的初心。对于我来说，享受思考的乐趣，享受探索的自由，专注客观而不失温度的研究，并期待着未来的某个时刻，收获回馈时的无限惊奇，这便是我的初心。

写于 2020 年 12 月

石添硕，清华大学经济管理学院 2018 届本科毕业生。毕业后加入上海某对冲基金公司工作，目前就读于哈佛大学商学院商业管理博士项目。

# 孙昊德：枣刺和苹果

枣刺和苹果，这个题目来源于我成长的片段，也贯串在清华大学的求学和生活经历的一些体验之中，它更是一种成长的隐喻。

## ■ 离开和留驻

2018年的盛夏，我从清华大学毕业，取得了博士学位，离开了我所熟悉的建筑馆透出树影的窗、凌晨5点的主干道、马杯比赛后挥泪的紫操。这个从2008年秋天开始的十年生涯终于落幕，博士毕业后，我有幸得到学校“紫荆学者”计划的支持，在海外开展了更为精进的研究工作，之后来到上海交通大学设计学院从事一线的教学和科研工作。回想过去的2年，虽说身在剑桥或上海，然而时时刻刻总有种不曾离开清华园的错觉，当拿到这个题目时，我开始回溯过往，并试图组织起文字来描述自己“离开清华的110种方式”，才发觉我其实不曾离开过，因为清华早已留驻于我的成长之中。

## ■ 枣刺和苹果

枣刺在我的老家陕西白水，是一种非常常见的植物，果实并不甘甜，形态粗犷，生长在贫瘠的土地和沟壑之中。除非需要拿这种植物烧火取暖，或者在清理一片场地新建房屋时，自然需要小心翼翼地收集枝干而不被刺痛，否则人们很难留意到它的存在——这也是我的父亲对它的印象。然而不知为何，对于这种植物的印象充斥着我的童年记忆，即便我的父亲很早就离开农村，来到城市求学，并为我提供了城市的生活，枣刺成为我与农村老家之间一种具象化的纽带。它谈不上优美的形态，相较于城市中常见的植物来说，枣刺佐着些许黄土的悲怆和锋利，呈现出一种生长于贫瘠中的生命所能呈现的真实且厚重的姿态。于是当我可以书写的时候，它从模糊的记忆中显现，成为一种更加具体和深刻的形象——将生命化为对抗贫瘠的刺，向着天空肆意伸展。

苹果，也是白水的一大特色。2017 年，我从海外访学回国，正值国庆假期，便再次回到老家。过去颠簸的道路被通畅的高速公路取代，从前零星的果园也随着机械化和智能化设备的普及，成为硕果累累的千亩生态果园。当我品尝到老家苹果的那一刻，甘甜之余能够清晰地感受到，生活的冷暖交替留在心里的甜意——通过奋斗而得到的满足，以及真实的幸福感。我还能依稀看到零星的枣刺。随着生活环境的改善，人们不再需要枣刺的枝干取暖，我也离开了旧时的家乡。

我的家乡也同很多人的一样，在一代代人的奋斗和耕耘中，发生了翻天覆地的变化。在我心中，枣刺和苹果，是这片土地祖祖辈辈，不断对抗命运，不断奋斗追求幸福的一则寓言。从这里走出了很多投身祖国建设、科研一线的人，包括我的父亲；也有许多人从城市走入农村，为农民提供智慧，帮助他们改善生计。当我们的生活变得富足，苹果甘甜的背后，是困难和贫瘠中，将生命化作刺，执着地从土地中汲取营养，坚毅地成长和奋斗的枣刺。枣刺和苹果的寓言，伴随着我的成长，于是这则寓言也成为我离开清华时，分享给建筑学院 2018 届毕业生的一些感想。



## ■ 成长与理想

在此刻回想清华的十年，于我个人而言，影响最深的，也是在我离开后不断推动我前进的，来自清华的充足的养分，是清华让我更有底气从容地对抗种种科研的难题，与人生的焦虑。在清华的收获不仅是学到一技傍身，更是建立了一种服务更多人的理想信念，而这种信念会不断推动我前进。

从 2008 年准备自主招生考试时起，我便开始接触建筑学，自此就走入了这神秘且宏伟的殿堂，其中纪念着科学和人文的灯塔，指引着我们向前的方向。这一待就是十年。本科四年匆匆而过，建筑让我更敏感地探知世界。在清华，有着梁思成、林徽因先生在此教学研修的厚重历史，有着身边优秀的同学和知识渊博的师长，有着充盈着智慧的图书档案资料。清华给予了我们足够的养分，让我们足够成长为他人眼中的“行业精英”。

而除了知识和技能的培养，清华给予我更多的，是让我体会到建筑所承载的国家建设的使命以及科学和人文的意义。于是我也在本科期间萌生了投身科研的想法，产生了探求真知的志向，以及希望能够站在教学一线，引导和帮助更多的人。在2012年，我取得了直博资格，展开了博士阶段的学习。而当你选择了去探索更多未知，承担更多责任，就如同选择了人生的“困难”模式。有幸得到朱文一老师的言传身教，以及学院众多老师的悉心教导，我得以自信地展开研究。朱老师对我学术志趣的支持，让我获益匪浅。还记得拉斐尔·维诺里曾经在学院的一次演讲中提到，一个人应该在人生中有一个“严肃”的兴趣。我喜欢通过摄影去观察建筑、理解世界、表达自我。于是在朱老师的指导下，我确定了中国建筑摄影历史理论的研究方向，以建筑视觉性的历史视角，研究建筑学更广的人文外延。将兴趣发展为志趣，需要的不仅仅是热忱，也要有批判性的思考和不断的学术坚持。我也将这一点带入了现在的工作之中。

学术之余，“双肩挑”辅导员经历，如同一门双学位，也成为我成长的动力。从校学生会到建筑学院研工组的工作，从对同学们切实的学习实践到生活权益的服务，我同大家一起成长，并承担起集体的责任。此外在辅导员工作中，我有机会前往祖国各地，了解国情，实现知行合一，在工作中更加明确到青年的社会担当任重而道远。当理想从个人的故事，成为一个集体的叙事，这对我来说更加充满魅力。

在博士论文写作和研究中的攻坚阶段，在申请剑桥大学研究岗位和国内教职之时，我同大多数人一样，自然也会经历学业的焦虑，困惑于学术的艰深，迷茫于未来的路途。成长路上充满了种种未知的挑战，总会产生一些放弃的念头。而此时在清华建立起的理想，化成记忆中枣刺的模样，让我更为自信和从容地拥抱焦虑，执着地奋斗并探寻方向，哪怕在贫瘠中也要不断汲取养分，绽放生命的姿态。同时，清华精神也时刻鞭策我去服务更多人，为更多有需要的人带来如苹果一般的甘甜，投身于祖国的建设，将设计作品和科学研究写在祖国大地上。今天，我也加入了教书育人的第一线，将努力在科学研究上有所贡献，也希望以身作则，帮助更多的学子茁壮成长，寻找到自己的理想，并为之奋斗。更重要的，是要通过所学所知，将个人理想与更广之集体理想紧密联系起来。

写于2020年12月

孙昊德，清华大学建筑学院建筑系2018届博士毕业生。毕业后赴英国剑桥大学建筑系担任访问学者。现任上海交通大学设计学院建筑学系助理教授。

# 张楚：我已不在清华，而清华在“我”

离开清华后，我很少在别人面前提起清华。毕业即清零，无论学生时代多么精彩，踏入社会的那一刻都已成为过往，要从零开始、努力奋斗。对于刚刚工作的我而言，更是如此。接到写稿邀请后，我其实有些惶恐，初入职场的自己还没取得什么成绩，总担心无法给母校交上答卷。

但我想，我所经历的迷茫与震荡，或许每位初入职场的同学都正在经历。谨将自己心路历程记录下来，供前辈与同学们指正，也供学弟学妹们参考。愿每位走出园子的清华人都能被职场温柔以待。

毕业一年多，习惯了职场和工作的节奏后，感觉学生时代仿佛已经很远。但其实，一年前的那个春天，我还在纠结职业选择，再之前的那个秋天，便是我兵荒马乱的求职季。

## ■ Top2非京籍165+文科女硕士的“佛系秋招”

对于我而言，由于选择了硕士两年毕业，从入学到毕业，从实习到求职，未免显得稍有仓促。需要赶在一年里修完所有学分，于是在研一结束的那个夏天，刚刚提交课程论文的我，就要边开始暑期实习，边思考开题内容，闲暇时间再填几个网申、练练行测申论。

求职这档子事，就好像毕业一样，无论之前做了多少次心理建设和身体准备，在它来临的那一刻，总会觉得还没准备好，就被匆匆推上求职的战场。

在简历市场中，我被标签化为“Top2 非京籍 165+ 文科女硕士”——每一项标签都代表着资源禀赋，它们在人才市场竞争中是客观存在的。后来，当我真正踏入职场和社会中，则更深刻地体会到，还有很多资源是我们难以企及的，自己曾经标榜的学历、能力，其实只是其中更容易获得的那些而已。

七八月份，互联网拉开了秋招的帷幕。我生怕错过什么，关注了一堆求职类公众号，加入各种各样的求职群，忙不迭地对照着时间表认认真真填网申、投简历。市场、公关、品牌、产品、管培，凡是能沾得上边的，我都要试试看。

当年投过的简历笔试时都要还的。在将近一个月的时间里，我每周都有两三个笔试。傍晚下班后，挤2号线、13号线匆匆回到五道口，水都顾不上喝一口，就赶忙找了个咖啡厅开始做练习题。到了周末，有比较充裕的时间做笔试题时，我还会紧张兮兮地拉小伙伴一起练习。

在同批求职的小伙伴中，我算是比较快进入状态的那一个，熟悉了各种招聘的套路，渐渐地也不再紧张，能够在同场竞技时尽量突出特色，展现自我。随之而来的是房地产、快消、银行、国企、公考、媒体等各领域的挑战。因为心情早就大起大落过，清楚了网申和笔面试的套路，也了解了“京党硕男”在求职过程中碾压般的优势，我倒也没有分外焦躁。

那场秋招里，我拿到过offer，也拒绝过；我做过leader，也放弃过；我患得患失过，也看淡过。我能凭借简历通过大部分网申，凭借技巧通过大部分无领导小组讨论，也能把行测申论刷到尽可能快和好，但我只能选择一份工作。



每年求职季，都会有些贩卖焦虑、求职寒冬的文章风行一时，身在其中时，我们会焦虑、会迷茫，只是经历过才明白，作为Top2的我们从不担心没有工作，我们担心的只是如何选择“最好的”那个。

求职不难，选择才最难。

## ■ 择业是一场的缘分与匹配度的双向选择

在求职的过程中，我从起初迷茫地“广撒网”，逐渐聚焦到几个核心要素：北京、行业前景、公司平台、个人成长，以及其他在北京生活的基础条件，这些要素帮我在offer中做了一轮轮筛选。在秋招临近尾声的时候，我拿到了第一个准备签约的offer——一家国有银行总行的委培生。说来也是有缘，我网申了各大银行、各种国企，兜兜转转，最先发offer、也最符合我求职意向的，正是现在我所从事的这一份工作。

当时的我以为只是机缘巧合，其实求职更是双向选择。很多时候我们能拿到offer，正说明我们彼此合适，而拿不到的offer，往往都是不适合自己的那些。

这个道理，也是在我入职后参与公司校园招聘工作时才真正感悟到的。

在面试中，学生们总说要规划职业发展，却面对面试官抛出的岗位问题一头雾水。我作为面试助理再看下一届的“小朋友”们，觉得他们青涩又可爱，也想起了一年前的自己。那时的我们，也许都没有准备好展现自己、没有明确好求职意向，却纠结于眼前的薪酬、户口、福利待遇、教育住房等其他内容。

经历过这一切的我想对一年前的自己说：“莫为浮云遮望眼”“风物长宜放眼量”。

拨开笔面试的各种形式去看招聘的本质，它其实是一场双向选择：用人单位通过招聘选择适合自己的人才，学生则可以在招聘中了解单位、了解自身的能力，最终做出合适的选择。

战略总比战术更重要。明白这个道理后，我们才可以有效进行求职进度管理，提前锁定意向行业，有针对性地刷笔试题，提高面试技巧，在面试中找到适合自己的角色，进而在职场中找到适合自己的岗位。

参与过组织面试的工作后，我越发觉得面试一定要“展现真我”，而求职一定要“定位清晰”。职业没有好坏，只有适不适合，对自己的能力及理想有正确的定位，对企业及社会的需求有正确的认知，才能真正选择适合自己的工作。



## ■ 基层初体验：学生以上，社会人未满

说了这么多大道理，在职场中，我其实是个彻彻底底的新手，也正在经历由校园到职场的适应过程。

委培生的第一年工作是在银行基层。初入职场，我工作的地方与我们在C楼，或照澜院办过业务的营业厅并无两样。我公司轮岗的“基层”下沉得十分彻底，我们需要全身心参与到基层的各项工作中，例如帮大爷大妈存个钱，也要顺带听听他们家长里短的唠叨。

二环里的那个基层营业厅像是社会的小缩影，让我见识了从未见过的社会百态：儿女出国留守在家的老奶奶特地来学习如何使用微信，只为和孙子打个越洋电话；来京打工的乡村女性想要来开个账户，还要神态局促地让“男人”来设置密码；供孩子留学的中年夫妇纠结着省下几十块手续费，却给孩子大方汇去几万生活费；行动不便的老爷爷被几个儿子急匆匆地推来，趁他还能签字时赶快落实财产判决；年过古稀的老人努力适应着智能机具，对着刚刚教她操作方法的我说了声“谢谢老师”；当然也有更多的老人们固执地

拒绝时代的变化……

世间冷暖，尽现于此。

刚从清华毕业就来到基层工作，对我来说是一次“冲击”。基层让我迅速褪去学生气，向“社会人”转化；而委培生的身份又能让我保持观察的距离，保有理解和反思社会的能力。

不久后，我会到下一个岗位轮岗，以后也会回到总部工作。我相信，此时在基层的积淀将成为彼时宝贵的财富。基层一年带给我身体和心理上的双重挑战，但它也是我认识集团、理解社会的触角，让我学会欣然接受社会与生活的真相，并从中汲取源源不断的力量。

## ■ 治愈焦虑的办法是“只管去做”

抛开那些长远目光和自我合理化，我在基层这一年的工作无疑是辛苦的。总有些时刻，当与毕业后的同学们聊起工作，当面对金融市场的不景气，当看到新一届的学弟学妹拿到各种各样的 offer，当看到毕业十年的师兄师姐奋斗出自己的一方小天地的时候，我也会迷茫、也会焦虑、也会怀疑：毕业十年后我会是怎样的？清华会不会成为人生中唯一的高光时刻？自己是不是已经开始泯然众人？

从园子中走出去的人都或多或少带着“理想主义”，这种理想我们从不轻易谈起，但会默默记在心里。可离开园子后，我似乎开始没有保持“理想主义”的底气，常常被生活琐事缠身，又急匆匆地想向前跑，生怕自己被同辈抛下。

毕业时在学院的留影

迷茫的那段时间里，我总爱回学校听听讲座、看看书，但又近乡情怯，怕辱没了清华的名望。后来，在与一位师姐的交流中，我才猛然明白“毕业即清零”的道理，放低姿态、放平心态，才能走得长远。

人生是马拉松，而不是冲刺跑，放眼全局，会发现此时的焦虑微不足道。

当局者迷，焦虑时，只管做就对了。我重新恢复了在校时写字和读书的习惯，和同在金融行业的男朋友一块补习金融知识，紧跟社会变化，充实自己、提高自己。和金融市场一样，人生也有起伏，貌似停滞之时，也正是积淀之时。

当我努力放平心态后，园子开始成为我的灯塔，只需远远望着，就能汲取方向与力量。平凡生活中，她总在提醒着我的英雄梦想，让我不忘初心，不负韶华。

## “找到热爱，追求卓越”

清华六年的时光带给我充足的时间和机会探索各种可能性。接受了六年的新闻传播学教育，尝试了各式各样的社工岗位，组织过各种各样的活动，从本科时懵懂地修了管双，到硕士毕业从事金融行业，我好像开始走上了与新闻无关的道路，与专业渐行渐远。

可事实是，在园子里所经历的一切让我成长为今天的自己，每当我能与陌生人交流自如，每当我能在谈话中迅速把握重点，每当我能与团队融洽协作、策划一场活动、配上几篇文章，每当我能批判性看待社会问题、保持独立自主的思考，我都会感谢清华，感谢清新，感谢师门。

毕业时的师门合照

我是师门第一个毕业工作的学生。离开园子前，导师胡钰老师总会教导我们“找到热爱，追求卓越”。工作后，我愈发深以为然。

或许清华六年里，我还未能完全“找到热爱”，但这会是我职业道路上一直追寻的目标；而“追求卓越”则是清华赋予我的责任和使命，每当我想要松懈，或是遇到困难时，它会激励我再坚持一会儿，再努力一点儿。

未来，我会奔赴一个又一个新的工作岗位，但园子永远是精神家园。

毕业后，我已不在清华，但清华永远在“我”。

写于2019年9月

张楚：清华大学新闻与传播学院2018届硕士毕业生，毕业后就职于某国有银行总行。

# 蔡达理：而见过了这一切之后，我还是想当一名工程师

2019年8月2日，我前往中石化工程建设公司报到。虽然前一年底就签了三方协议，但我总觉得直到这一刻我的求职季才真正结束。对于一个化工的博士来说，这个选择称得上中规中矩，但可能对我自己而言，也算是经历了一些思考和尝试。

我一直想当一名工程师。本科选专业就只想选名字里带“工程”二字的，到了读博阶段，我们课题组从事碳纳米管等碳材料的前沿学术研究，也从事分子筛、催化、流态化等偏向应用的研究，我在两者之间也还是选择了面向工程需要的课题。

但是，择业的过程中，作为一名博士，有一个问题是不可回避的，那就是要不要留在学术界。无论是在周围人的心中，还是在学校的导向里，博士做学术再正常不过了。在读博期间，我也经历了一套正常的学术培养：发过文章、参加过国际会议、参与项目，对我来说做学术似乎也可以。但是思来想去，最终还是觉得自己不够擅长，也不够喜欢。

课题组里的牛人太多。有点吹嘘地说，我在的这几间办公室可能是清华特奖获得者密度最高的地方，而我俨然成为“影响因子洼地”。见过了组里大家热烈讨论问题时放光的眼神之后，我想我可能并不一定有竞争力。深夜反思时，回顾自己的博士生涯，高光时刻似乎并不是发文章，而是出现在亲手设计搭建装置，解决实验问题的时候。所以，是否做学术这个问题就这样渐渐了结了。

在读博期间，我一直在化工系做辅导员，后来还做了学生组长，这就带来了另一个不能回避的问题，就是要不要去从事公共部门工作。同样，在周围人的心中，在学校的导向里，辅导员去公共部门再正常不过了。但是在思考了解体验之后，我觉得这条路也不适合我。平心而论，我不是一个最传统意义上的辅导员，而更重要的是，我始终相信技术的力量，还是更愿意从技术类的工作开始做起。

逐渐的，我把我的这种择业思路归纳成了“在不讨厌的行业中选自己擅长的”。周围人的目光并不那么重要，工资收入也不那么重要（毕竟在北京大部分人的工资收入面对房价都是杯水车薪）。能够找到自己的核心竞争力，有一个安身立命的本事，做一点有意义的事，工作期间也能相对愉快，我觉得就够了。发过一些文章、做过一些课题、干过一些社工、得过一些奖，但还是觉得科研和公共部门就业我都不太擅长，从事技术和应用的工作似乎更加稳妥。

择业的时间点很快就到了，我的目标集中在了北京、上海的化工企业研发和设计类岗位上。挂掉了中化的第一轮面试，推掉了一些太晚的招聘，最终手头的 offer 有某世界化工巨头的 Associate Scientist、中石化工程建设有限公司（SEI）的工艺设计岗位和某著名显示和传感器件生产商的总部管培。这三个有的收入高，有的工作环境好，偏偏 SEI 的 offer 看起来没什么特色。

知道 SEI 应该还是在本科时候。当时只知道这里是国内顶尖的设计院之一。我也算是一直喜欢工程设计，总感觉设计行业会是一个节点：技术转化为实际的生产装置需要经过工程设计，资本想要进入石化行业需要经过工程设计，行业的脉搏，工程公司应该能够首先感知得到。但是当然，大家也吐槽说工作枯燥：“你一个博士去这干啥，没什么意思。”

在这方面，我的导师对我影响很大。读博期间，导师给我们讲过很多故事，既有行业的也有他们这一代人自己的。这些故事往往包含了国家意志的交锋、时代的起承转合，还有个人的理想和坚守，我很受触动。所以最后，思来想去我还是想在行业里做点事情。石化行业挺大的，应该有我的位置吧。

蔡达理在项目现场

总的来说我的求职故事十分平淡。兜兜转转之后，我还是回到了原点。距离入职过去一年了。在这风云变幻的一年里，新冠肺炎疫情改变了很多事情。年初时口罩用熔喷布和医用氧气急缺，我见证了国有企业如何在国家面临困境之时挺身而出：中国石化本来只做聚丙烯，但是紧急投产了16条熔喷布生产线转而生产熔喷布；中石化还开始利用一些炼厂现有的空分装置转产医用氧气供给医院使用。这一年的工作中，我去了几趟工地现场，发现那些经验丰富、功成名就的杰出工程师们仍然亲自在现场、在装置一线解决问题。2020年5月，国内的口罩供给充裕，疫情渐渐缓和。在90米高的料仓顶，辽宁的风从我耳边刮过，脚下的框架似乎也有些颤抖。我想，这也许会是一份值得做的工作。

只要人类的生存和发展还需要物质，那化学工业就还有存在和发展的必要。对普通人来说这个行业很难暴富，但也算是有意义、有价值。做一点普通的有意义的事，做一个普通的还算有趣的化学工程师，也还不错。

体会过实验和模型计算中的困难和突破，经历过国际学术会议时的交锋，实践过基层公务员的困难和坚守，见识过民营经济的快速发展，也了解过金融行业的逻辑和力量。这些领域各有各的好处，但是见过这一切之后，我还是想当一名工程师。



写于2020年12月

蔡达理，清华大学化工系2019届博士毕业生。毕业后就职于中国石化工程建设有限公司。

# 陈一麟：我在一线报道中成长

## ■ 我的撞色年味：在一线报道中认知我的职业

2020 年 1 月 24 日除夕夜，广东省医疗队决定连夜驰援武汉。

接到消息后，我和同事顾不上吃晚饭，抓起口罩赶往医院。上车前，同事递来消毒液、手套和本可能用于香港报道的护目镜：“保险一点都带上。护目镜就剩一个了，你们看谁用。”

彼时，广州已经出现了新冠肺炎确诊病例。我们所前往的南方医院是定点收治医院之一。2003 年，这里的医护人员英勇抗击非典，做到医护人员零感染。17 年后，湖北有难，曾经战胜“非典”的老兵和一群新兵按下鲜红的手印请战出征。报告批准后，广东省第一批支援武汉医疗队于除夕夜出发，队员们仅有 3 小时收拾行李和告别家人。

现场来了许多支援队员的家人和同事，我听到最多的一句话是“等你回来”。曾抗击“非典”有功的郭亚兵教授再次挂帅，掷地有声地说：“队伍带出去，我会平安把他们带回来。”

除夕夜，陈一麟摄于广东省医疗队出征仪式

采访完回到办公室，大家没有去各自的工位，而是围坐在一起埋头编写稿件，一位同事打开了春晚。就这样，我的年味里交织了两种颜色，电视机上那抹明亮的红，和电脑屏幕前这场让我内心翻腾的出征之夜。

当晚我取消了回家的行程。没过几天，广东省成为全国除湖北外疫情排名第二的高发地，我开始全身心地投入到疫情的报道工作中。

城市在寂静中喘息。空荡荡的街道上，我们成为少数仍然坚持奔跑的人，或是前往卫健委、新闻办第一时间发布疫情动态，或是穿梭于医院急诊大楼、交通枢纽、社区、防护用品生产厂等地采访和拍摄，讲述普通人的抗疫故事。及时的信息通报、尽可能广泛的科普和寻找新闻当事人是新闻记者的重要责任。

疫情防控会上，陈一麟向钟南山院士提问

## 三进隔离区拍摄：“还是别用我的采访了”

疫情期间，我做了一篇报道，名为《坚守一线的抗疫“小人物”》，拍摄的是医院病区的保安、保洁人员。不同于接受专业训练的医护工作者，他们大都是第一次穿上防护服。当众多聚光灯落在医生与护士身上时，我相信这些人同样值得被关注和铭记。

为了不打扰他们工作，我们决定深入发热病区，实拍他们的工作环境。护士长要求我换上白色连体防护服，外加口罩、帽子、眼镜、手套、鞋套的全副武装。我们的摄像机也被要求全机包裹，只露出镜头。进入病区，需要过两道门。护士长为我打开了第一道门，说："准备好，要放你进去了。"听到这个"放"字，我忍不住哆嗦了一下。第二道门需要我自己打开，并且通过后要快速合门。所以，就在短暂的1秒里，我仿佛来到了另一个世界：眼前的所有人都"裹"着一样的防护服，不露一寸皮肤。我通过身高和走路姿势去识别每一个人，这也是最省力的方法，因为说话都要好大声。当时的我只有一个强烈的愿望，想看清他们每一个人的脸，记住他们。

为了节省衣服，保安小哥都是憋着12小时不上厕所，满头大汗的他们告诉我"秘诀"就是少喝水。在医院工作11年的保洁阿姨姚梅，因为缺人手而从大年三十开始连续上班。她特别大声地对我说："有什么好怕的！"采访完我跟她说："您一定要保重自己。"她却在那一刻流下了眼泪。

临近拍摄结束，一位保安偷偷对我说："陈记者，要不还是别用我的采访了。"我才知道他一直骗父母说自己在一家物业公司上班，他害怕"谎言"被拆穿。



何止是他呢？这里的工作人员有比我年龄还小的，也有接近退休年龄的，他们都承受着家人的反对，可他们也有自己的理由留在这里。

最后，我答应了那位不愿意露面的保安。我用镜头偷偷记录了那个被防护服裹得严严实实的他，因为在这场轰轰烈烈的"战疫"中，他同样值得被记得。

## 清华教会我什么？

疫情期间，我制作处理了200余条稿件，采访了医疗专家、医护人员、外卖小哥、健身教练、海外留学生、野生动物养殖户等各类群体。虽然总是起早贪黑，但是每一天我都会深深感激这份职业，让我能够记录下一个又一个不平凡的生命故事。

曾有人问，是什么让你勇敢？

我说是热爱。

清华给予了我充分的空间和自由去探寻这份热爱，我在这里一寸一寸地成长，直到连点成线、画出轨迹。踏上新闻工作岗位后，我则更深切地体会到，在学校所习得的意志力、价值观和人文品格，帮助了我在这份奔波忙碌的职业中学会守护好这份热爱，并努力践行"铁肩担道义，妙手著文章"。

作为新闻工作者，深处一线就是记录历史。未来我也将在一个又一个新闻现场，向世界讲好中国的故事。

写于 2020 年 11 月

陈一麟，清华大学新闻与传播学院 2019 届硕士毕业生，毕业后就职于 CGTN（中国国际电视台）。研究生期间，曾赴中央广播电视总台等主流媒体、联合国机构实习。

# 方耀鹏：期待有一天，我也可以“带着地球去流浪”

## ■ 少年心事当拏云

我来自海峡西岸的一个闽南渔村，九年前的高考，我幸运地以所在地市理科第一名的成绩来到梦寐以求的清华园。“选择清华便是选择国家”，九年前招生组老师的殷切之言，依旧令已近而立之年的我热血澎湃，意气奋发。九年的求学光阴，赋予了我清华人共有的价值取向与理想追求。

童年的事，大多记忆已经模糊。然而即使到现在，我仍会常常回想起这样的儿时场景：炎热的夏夜里，躺在露天庭院的凉席上，拿着玩具望远镜，寻找银河，寻找织女与牛郎，寻找月球上的环形山，每每将飞机闪烁的信号灯臆想成前来劫持地球人的外星飞碟……浩瀚的宇宙总是能激发起我强烈的好奇心与求知欲。小学二年级的科技课上，我用心爱的彩色橡皮泥小心翼翼地捏了一个卖相极差的航天火箭，大功告成后沾沾自喜地放在自家客厅的橱窗里展示多年。当时的我不会想到，这个昔日嬉戏于乡野之间的赤脚孩童，有朝一日会幸运地接受中国最好的高等教育，并因此与中国航天事业结缘。

2011 年百年校庆军乐队仪仗

## ■ 会当凌绝顶

面临选择，人往往左顾右盼，害怕失去。九年前，我的专业志愿只有一个，便是心仪已久的钱学森、钱伟长、郭永怀等老一辈科学家创立的工程力学系；九年后，我的目标单位也只有一个，便是肩负着民族航天梦的中国空间技术研究院。人生的这两次重要选择，我没有犹豫，也不曾后悔。

九年的清华园求学经历，让我的梦想逐渐成长，变得越来越具体。清华的教育给予了我自信与勇气去挑战本领域一流的学术难题。“……非常有勇气去挑战难题，极有可能头破血流……”，在博士学位论文答辩现场，评审专家对我给予了这样的评价。基础理论的创新很难，我博士前四年以一作发表的文章数为零，第一次博士开题又被评审老师淘汰。在那段人生的低谷，女友的陪伴与鼓励给了我最温暖的支持：即便一事无成，她也在我身边不离不弃。导师也给了我最大的宽容，欣赏并不断升华着我的研究，鼓舞着我的斗志。

与女友的毕业合影

幸运的我在博士期间取得了多个创新的理论突破：首次给出了合理普适的性质张量各向异性度量，并迅速为物理学顶级期刊 PRL 所接受；提出了简洁的一般性材料级失稳准则，并解决了复合材料与软材料中悬而未决的失稳难题，被力学顶级期刊 JMPS 特刊约稿。在 2019 年 4 月大连理工大学主办的“四校航空航天及力学学术论坛”上，我有幸获得了杨卫院士亲自颁发的优秀学术报告证书，为五年博士生涯画上了圆满的句号。

2019 年与杨卫院士合影

## ■ 相期邈云汉

四年本科，五年博士，吾有锋刃初磨成，清华九年的教育给予我最大的底气与勇气去面对未来的困难。博士毕业后，我选择前往中国空间技术研究院从事国家亟需的新一代柔性空间机械臂的科研攻关。习总书记说过，探索太空永无止境。仰望星空，浩渺宇宙的未知深处总是撩动着人类最原初的好奇与冲动，“虽世殊事异，所以兴怀，其致一也”。我坚信人类终将告别地球，前往新的未知世界。然而如同电影《流浪地球》描绘的那样，探索浩瀚宇宙需要我们几十代甚至上百代人的努力，很荣幸我也能够成为这场接力跑的一分子。

中国空间站的建设引弦待发，然而涉及空间站在轨维护、建设、交会对接的空间机械臂关键技术仍与国外先进水平有一定差距。柔性机械臂突破了传统刚性机械臂的诸多局限，正成为各国竞相争逐的战略技术高地。而软材料在柔性空间机械臂中的应用使得非线性大变形失稳分析变得尤为关键——这正是我博士研究关注的方向。我期盼着发挥所学，将理论付诸实践，为实现中华民族航天梦贡献自己的绵薄之力。期待有一天，我也可以“带着地球去流浪”。

写于 2019 年 7 月

方耀鹏，清华大学航天航空学院 2019 届博士毕业生，毕业选择前往中国空间技术研究院从事相关预研工作。

# 高昕宇：宁在南极盖草棚

## ■ 打基础：合抱之木，生于毫末；九层之台，起于累土

说起自己的博士生涯，让我记忆最深刻的，还是博一、博二那两年“累并快乐着”的生活。这两年对于我来说像是一种苦行僧式的修行，也像是凤凰涅槃之前的磨炼。

在这两年间，我延续了高三冲刺高考时的生活，每天的生活安排得十分紧凑。早上 8 点起床后就去实验室，一直工作到下午 6 点。吃了晚饭后，7 点到 8 点去健身房做一会儿力量训练和有氧训练。之后再继续蹲在实验室直到 11 点，最后 12 点上床睡觉。周一至周日，全周无休。然而，一周 60 多个小时的科研工作，一开始并没有给我带来丰硕的科研成果。记得在博一上半学期的时候，我尝试写过一篇论文，结果却被导师改得面目全非，导师的红笔批注一度比我文章的字数还多。后来导师告诉我，之所以给我修改这么多内容，并不是因为我能力不足，而是我的文章写得太过随意，有很多逻辑不通顺或是理解不透彻的地方。这样的文章投出去，哪怕你的工作再有价值，别人看不懂，也是会被拒的。

导师的一席话，让我明白了基础的重要性。对于科研，好高骛远，急于求成是大忌。即便侥幸能够发出一两篇论文，也绝不是长久之计。只有拥有深厚的积累，才能做出漂亮的工作，写出精彩的文章。于是，在之后一年多的日子里，我开始要求自己每天必须精读三篇文章，归纳总结文章的要点，并记录下我觉得写得精彩的段落。从模仿他人开始，一步一个脚印，开启了自己科研之路。慢慢地，我从对研究方向一无所知到逐渐掌握了 5G 毫米波领域的所有知识，仿真复现了大量的相关工作，并总结出了自己的一套写作要领。现在回头想想，这两年虽然没有什么科研成果，但却是我博士生涯最重要的两年。“合抱之木，生于毫末，九层之台，起于累土。”我想，如果没有这两年地积累与修行，也绝不会有我日后学术上的诸多成果。

## ■ 选方向：宁在南极盖草棚，不在北京建高楼

直到博二快结束的时候，我才终于感觉自己“上道”了，从那时候起，我开始尝试确定具体的科研方向。本以为自己已经相当熟悉5G毫米波这一研究领域了，找个具体的研究点肯定是信手拈来。但是，理想很丰满，现实却很骨感。一开始，我选了好几个看着还不错的方向去找导师讨论。结果和导师交流后，全部被他否定了。最后，百思不得其解的我特意找到导师，颇为不服气地问他这些方向为什么不合适。结果导师和我说，你找的这些方向都已经是老方向了，目前相关的文献一抓一大把。如果你继续在别人已经研究过的领域里吃剩饭，就算能发出几篇文章，这样的工作也很难有影响力。你要记住这么一句话：“宁在南极盖草棚，不在北京建高楼。”北京精致的高楼千千万，哪天多出来一座，你也不会注意到。但是在南极，哪怕粗糙得像茅草棚一样的房子，也会引人注目。



导师的这席话，对我的科研产生了莫大的影响。这之后，我开始苦苦寻找科研上的处女地。我翻阅了数十篇最新文献，在十几个前沿技术中，我发现毫米波大规模MIMO是未来5G通信系统中最为关键的一项技术，但是它成本高、功耗大。举一个例子，如果我们在未来5G的数百万基站中，直接使用现有毫米波大规模MIMO技术，其功耗将相当于半座三峡水电站的年发电量。这个问题不克服，5G的商用就遥遥无期。要解决它，我们就必须要对收发机的硬件结构进行革命性的改变。当时，国外相关研究刚刚起步，国内还处于空白期。在和导师讨论后，他也认为这个是很好的切入点。自此以后，我的研究方向也就确定为了毫米波大规模MIMO下的收发机结构设计。

## ■ 做科研：the right way or the easy way?

然而，选对研究方向也不等同于一帆风顺。要做出真正有影响力的成果，往往还要经历科研上的“九九八十一难”。

我至今还记得，我博三下曾写过的一篇命运多舛的Trans论文。这篇论文一审的时候，有一位审稿人给我提了39条修改意见；二审的时候，这位审稿人又给我提了19条意见；论文无奈拖到三审，结果他仍然提出了8条意见，还声称复现了我的结果。面对审稿人的质疑，我曾一度想要放弃这篇文章。

但在犹豫了半个月之久后，我却想起了这么一句话，大致意思是说：人世当中我们面对的大部分并不是在 the right way and the wrong way 中选择，而是选择 the right way or the easy way。面对质疑和批评，逃避自然是最简单的方式。我可以改投，换一个不那么苛刻的审稿人，文章也许就顺利录用了，但这样真的对么？其中的问题依然在，未来还是会有人质疑你发表的文章。想要做出真正漂亮的工作，就只能迎难而上，和所有问题死磕到底。怀着这样的信念，我前前后后总共写了 64 页的 response letter 来解释自己工作的价值。功夫不负有心人，这篇论文历经三审，最终还是被录用了，而这篇论文的会议版，后来也获得了通信顶会的最佳论文奖。

如今，我已经在 5G 毫米波大规模 MIMO 领域发表了 8 篇 SCI 论文，10 篇 EI 论文，相关成果被谷歌学术引用 1000 次，其中单篇最高被引 318 次，并荣获了清华大学研究生特等奖学金等荣誉。回想起这五年的博士生涯，其实也没有什么特别的地方。所谓的成绩，只不过是把自己认为对的事情，始终如一地做下去，最后一切自然都会水到渠成。

高昕宇（左）获通信旗舰会议 IEEE ICC 最佳论文奖

## ■ 找工作：入主流，上大舞台，成大事业

不知不觉间，在园子里的五年博士生涯即将结束。毕业后，我将加入华为，继续从事 5G 方面的研究工作。

说起找工作，其实，我的经历还算比较顺利。通信方向可选择的大企业不多，华为、三星、高通、爱立信，我都尝试了一下，并都顺利拿到了offer。但最终促使我选择华为的，主要还是那句“入主流，上大舞台，成大事业”。作为世界上最大的通信设备商，华为给通信研究者提供了最好的平台。而且，与那些国外的大企业不同，华为是中国的本土企业，在这里我能真正地参与核心的研究工作，成就自己的事业，而不是在边缘部门过那种平稳却缺乏成就的生活。而如今，中美之间的贸易摩擦急剧升级。继 2018 年中兴事件之后，华为又成为美国全力打压的对象。在这个时间点，加入华为，又有了更深一层的意义。作为清华年轻一代的通信人，我们本就应该为祖国通信事业贡献自己的一分力量。而现在，正是国家最需要我们的时候，我们理应担起自己肩上的责任，去做中国通信的脊梁。

写于 2019 年 6 月



高昕宇，清华大学电子工程系 2019 届博士毕业生，清华大学研究生特等奖学金获得者，研究方向为面向 5G 的毫米波大规模 MIMO 技术。毕业后，选择加入华为公司继续从事 5G 方面的研究工作。

# 贺少红：从一人、一家的幸福，到更多人、更多家庭的幸福

我想说一个关于选择和初心的故事，这也是我的故事。

我出生于一个农民家庭，父母为了让我获得更好的教育，在我三岁时从农村搬到了城区。父母从事批发生意，每天凌晨三点起床，不论时节、不论天气，二十年如一日，其中不易，不忍细说。人皆爱美，但我从未见父母穿白色或艳色衣服，一开始我很困惑，觉得父母没有审美。后来母亲说："我们要干活，白色衣服容易弄脏，不方便。"恍然大悟的同时我又很是心酸，我觉得父母不该承受如此辛苦，我们的生活也不应如此艰辛。如何通过我的努力让我家变得更好呢？也许去公共部门就业是一个很好的选择，如我当时所想象的，工作安稳又体面。

这种想法一直持续到研究生阶段，直到我加入了学校一个叫"基层研究会"的学生社团。在这个学生社团内，都是想要去公共部门就业的同学。他们想的不仅仅是一人的幸福，一家的幸福，他们把自己幸福的标准和人生的价值定位在为更多的人谋求幸福。基层是最好的舞台，因而他们离开了大城市，放弃了高薪工作，拒绝了唾手可得的优渥生活，选择了去基层工作。贵州的吕志强师兄，毕业季只提交了一份简历，坚定要去贵州基层；福建的林娜美师姐，驻村期间"与猪作战"三个月，搞好了畜禽污染整治工作，赢得了村民信任，村民还想让她当儿媳妇；江西的谢淘师兄，半年走遍110个村小组，因地制宜发展杨梅电商，成了远近闻名的"杨梅博士"；四川的赵云龙师兄从东北家乡选择到西南边陲工作，自己到基层，爱人去四川……这一个个鲜活的基层人物，一桩桩生动的基层故事，让我在深受触动的同时，也开始转变自己的想法，觉得这种人生选择是更有意义的。

于是，我开始积极关注、了解、参加学校关于公共部门的活动，各省的选调宣讲会、校友的回校交流等，不愿意错过任何一个可以认识基层的机会。非常令人庆幸的是，学校在这方面对我们的引导和支持有很多。我们利用寒暑假去各地实习、实践，曾去到宁夏贺兰县金贵镇，跟着基层公务员在雨夜

排查危房，顶着酷暑下村走访，也了解到有基层公务员在自己办公室的折叠床上一睡就是 2 年，体会到基层公务员的坚守、奉献。我们还曾去到四川阿坝州松潘县，跟着基层领导进行“影子见习”，听闻由于当地地震频发，基层领导 6 年期间经历了 5 次生死瞬间，地质灾害发生时，永远都是人们往外跑，他带头往里冲，我由此见识到一个基层领导的担当、勇气。我们去到河北雄安新区容城，认识了一位 70 多岁的老党员，当村长 20 多年，却从未拿过公家一针一线，更从中感受到基层退休党员的干净、清白。这些故事让我感受到基层工作的艰辛和不易，但我同时也看到了异地扶贫搬迁老百姓拿到新房钥匙时脸上发自内心的笑容，听到了村民感谢政府解决她女儿上大学学费问题时的愉快和真诚，瞧见了村里老人说我们现在不担心看病没钱时的轻松和底气。每每这些时刻，我才深切认识到基层工作更多收获的是成就感和获得感，是平凡中的伟大，这也让我感受到了强烈的召唤和使命感：也许我也可以选择成为这些基层工作者中的一员！

四川阿坝州松潘县实践

从那时起，我就已经明白：去基层工作是我唯一的选择！

我们说，教育是一棵树摇动另一棵树，一朵云推动另一朵云，一个灵魂唤醒另一个灵魂，我想去基层公共部门工作也是如此。我们这一代人有 70% 都是家里的第一代大学生，我们在各自的学校里接受了良好的教育，享受着丰富的资源，毕业后，我们应该用自己的方式去回馈社会。我的选择是去基层公共部门，去尽自己的一点力量，去到更需要我们的地方，为更多的人做一些事情。这是我的初心，这也是我最终的选择，是我当作一生的事业来追求和奋斗的选择。

这是我的故事，我相信这也是更多人的故事；这是我的选择，也是更多人的选择。学校历来鼓励我们要“立大志，入主流，上大舞台，干大事业”，每年都有数以百计的毕业生选择去到基层公共部门就业。我想。回馈社会，贡献力量，将自己的个人理想融入国家、民族的大发展中去，也是我们每一位去基层工作的毕业生的初心，也是我们无悔的选择。希望我们能够坚守初心，在祖国基层书写无愧于新时代的青春答卷！

写于 2019 年 7 月

贺少红，清华大学教育研究院 2019 届硕士毕业生，毕业后赴四川省做定向选调生。

# 胡凯：当人生真的有了“如果”，我作出了和当年一样的选择

## ■ 启程：清华国防生！

“男儿何不带吴钩，收取关山五十州。请君暂上凌烟阁，若个书生万户侯？”每每读起这些军旅诗词，我胸中总有一股豪气在激荡。尤其是少年时期，配着电视上播放的军旅片，我经常能在晚上梦见自己戎装在身、驰骋沙场的场景，快意之至。后来随着学业压力的增大，遇到古诗文鉴赏题，往往是直接根据作者生平，依据“套路”答题，脑海中则多是数理化的解题思路，少有对自己今后人生的思考。

清华国防生胡凯

高考结束不久，我便匆匆迎来了人生第一次大的抉择。一般人是纠结于选学校、选专业，而我则抱着尝试的心态选择了国防生。在那时的政策背景下，选择国防生便注定了毕业时必须要进入军队。当时作出这个选择的考量并没有多么复杂，就觉得成为一名清华国防生很光荣，毕业后进入军队也很好。现在回想起来，其实当初的我并不了解清华国防生这个群体，对军队的概念也是懵懵懂懂。我想，也许是曾经做过的那些军旅梦并没有消失，而是潜藏在心底，转变成了对军队的好感和向往，无形之中影响着我的选择。若从理性的角度出发，我在高考后成为一名国防生的选择也许不能算不理性，但至少不够慎重。因为当时的我并不能预见到每个选择背后所代表的人生道路，更无法进行权衡和比较，我甚至无法分辨当时是对清华的好感更多，还是对军队的好感更多。

不得不承认，从普通学生变为国防生，高考后作出这一足以影响人生轨迹的选择是仓促而懵懂的。就好比一个稚童在树林中面对看不到尽头的两条路，选择了其中的一条，仅仅是因为这条路看起来阳光更足，但其实并不知道途中和尽头的光景。



## ■ 探路，每日跑步三公里

人生如流水，一旦出发，便只能奔涌向前。清华国防生的身份已成为既定事实，那便在这条路上义无反顾地走下去。为了看见道路上更远的风景，除了日常军政训练和假期集训，我努力抓住每一次机会去了解军队，了解未来。

拉练中

2016年10月，我代表清华国防生前往南京参加“精武杯”军事项目对抗赛，最终取得总分第二名的成绩，并在返校后参与组建清华大学军事特训队。“精武杯”期间遇上大雨，我仍记得野外露营时雨水从防潮垫里渗上来打湿军被、再打湿全身的感受，那晚整个人如同在水中辗转反侧。我曾一度想过放弃，但一想起和平年代仍有无数中国军人在更脏的泥土里摸爬滚打，便又有了咬牙坚持的动力。在那次军事比武中，国防生与军校生同台竞技，从过程到结果，都让我认识到自身与现役军人的差距所在，这直接激励我在回校后增加了每日三公里的跑步训练。2018年11月，我有幸以清华国防生的身份前往西点军校进行国际交流。显然，美国是中国在实现伟大复兴、民族崛起过程中无法绕开的国家。对手不一定是最好的老师，但一定是最好的镜子。交流过程中，我深切感受到两国在军事训练、军事教育等方面的差异，烙在西点学员骨子里的“荣誉、责任、国家”着实令人震撼。正是在比较之中，我更深切地理解了中国军人的集体意识和服从精神，它们来自中国军队的优良传统，也来自于那些复杂而严格的队列标准和内务要求等。



## ■ 站在分叉口，我决定沿着原来的路继续走下去

2018年，国防生毕业政策发生重大变动，在校国防生可以自愿选择面向社会就业或者坚持进入部队。分流政策的出现，给了国防生再次选择的机会，预期中应该一路走到尽头的我再一次站在了人生的分叉口。

普通生还是国防生？与高考那次相比，类似的是选项，不同的是我对选项的理解和认识。可以说，我在进入大学后，便一直在努力去看清前方的道路，去理解国防生这个选项的含义。

在分流政策出台后，每个人都有自身的考量，都有权利作出适合自己的选择，并获得他人的尊重。正如国防办熊剑平老师所说的“分流不分心”，选择分流的国防生只不过是换了一种形式在为这个国家做贡献。

听闻分流政策后，我翻出了当初清华国防生的录取通知书，望着上面“国防”二字，回忆起大学期间国防生训练的点点滴滴，回忆起我参加过的那些军事活动，我终于确定我的内心是向往军队的。花了四年的时间，我深刻感受到军队里纪律严明、令行禁止的氛围，我觉得这就是一支保家卫国的军队应该有的氛围；我从中国近代史中明白强大的军队和国防对于国家发展的重

要性，坚信强军建设应该成为部分青年义不容辞的时代重任，我有义务也有能力成为勇担时代重任的一分子。

自进入大学，我按时参加每一次国防生的军政训练，明白了国防生是校园里雷打不动的一抹绿色；我了解到楚科纬、李高杰等优秀前辈的先进事迹，接触到国防生群体的辉煌过往。大学四年，国防生的属性不知不觉烙刻进了我的身体里。再次面临抉择时，我理所当然地觉得，继承了无数前人荣光的国防生群体，需要某些人在某些时刻站出来，一步不退、一动不动。

人生真的有了“如果”，站在这个分叉口，我作出了和当年一样的选择，我决定沿着原来的路继续走下去。

“戎装执笔书峥嵘岁月，携笔从军保家国荣光”，这是我为自己确定的座右铭。我不后悔曾经的选择，也对前方的路途充满信心。我将尽我所学，为新时代下强军梦、中国梦的实现奋斗终生！

写于 2019 年 6 月



胡凯，清华大学法学院 2019 届本科毕业生，毕业后选择继续赴部队工作。

# 胡维逊：从坦桑尼亚支教到联合国YPP，我将一直勇敢发声

## ■ 缘起：结缘公共事业心向国际组织

之前不曾想象，自己第一次踏出国门，不是新马泰自由行，也不是欧洲浪漫游，而是要前往一个远在东非维多利亚湖畔的古人类文明发源地。那年20岁的我，抱着期待又忐忑的心情，来到了坦桑尼亚姆万扎市郊外贫困乡村的一所民办小学，开始了为期两个月的志愿支教。

初来乍到，很难不被眼前的种种贫困和不平等现象所震惊：村口堆积如山的生活垃圾，没有下水系统的乡村沟渠中四处横流的生活污水，街边抱儿乞讨的妇女头巾上已经爬满了苍蝇……抱着尽自己最大努力去帮助这个贫困社区的决心，我全身心地投入到了小学五年级英语和数学课程的教学中。我没有想到的是，在我短暂的支教生活中，会遭遇到更为触目惊心的景象：父母未缴清学费的贫困家庭子女在全班同学面前被赶出教室，村口小卖部的老板冲进班级指控有学生偷了店里的零食和文具。最为不能接受的是，本地教职工对学生们普遍存在的体罚现象：任何课堂上开小差或交头接耳的学生，都可能遭遇教职工教鞭的抽打。我与其他志愿教师带头向校领导提出交涉，不料对方倒显得理直气壮："非洲小孩儿天生就好动聒噪，必须用特别的方法教会他们遵守规则，你们不理解是因为文化差异。"

犹记得当时年仅20岁的我遭受了跨国交流中的第一次重大挑战：在自己所认知的道德原则已经被突破的情况下，如何绕过当地人的"文化差异"这一理由向他们提出自己的立场，与此同时又不会留下"咄咄逼人的外乡人将他们的意识形态强加于我们"这一不良形象？经过与同行挪威志愿伙伴的一夜长谈，我们一致认为"the shortest answer is doing"。第二天踏入校门时，我们各自拎着从村庄小卖部采购的大袋零食和文具，并在班级中宣布，在课堂上踊跃发言、积极维护课堂秩序的好孩子每节课都可以获得零食和文具奖

励，希望借此激发同学们积极向上的好胜心。抱着忐忑的心情，我们在一个半月后的期末考试中收到了令人欣慰的结果：由我们志愿教师负责教学的班级，英语和数学的平均分均远高于由本地教职工负责的班级。带着十足的底气，我和其他志愿者同伴再一次走进了校长办公室，用实际行动告诉他：成功的课堂教学不需要体罚，也不应该允许体罚的存在。这一次校长微笑着点了点头，向我承诺他们一定会尽力改进。我仍记得我临行前在校长办公室留言簿写下的赠言——Discipline can be maintained by fear，but it is better sustained with love。

离别时，全班小朋友都依依不舍地与我合影。20 岁那年的我还是一个对世界充满好奇却懵懂无知的青少年，却深切体验了一番通过自身努力为社区带来积极改变的成就感与愉悦感。工作之余在东非游历时遇见的许多联合国蓝色旗帜，也让我默默下定决心，将来要好好努力得到在联合国工作的机会，能在联合国这个更大的舞台上为更多人、更多社区带去积极的转变。

志愿支教最后一堂课，与全班小朋友合影

## ■ 国际组织工作：缺的不是好心，难在好心不办坏事

进入大学阶段的学习后，我过去的海外志愿支教经历，让我对如何促进国际发展、消除贫困、保持地区平等议题产生了浓厚的研究兴趣，也开始积极地申请各种国际组织的实习。

经过自己的不懈努力，我先后得到了前往联合国纽约总部和联合国粮农组织总部实习工作的机会，并在 2018 年有幸通过了欧盟议会舒曼培训生（Robert Schuman Trainee）的遴选，成为当年欧盟培训生中唯一的亚洲成员。

然而在国际组织的实际工作中，我却遭遇了许多新的挑战。“纸上得来终觉浅，绝知此事要躬行”，此前的我仅仅是通过阅读各路媒体和各种政策研究论文报告来了解相关政策和信息，却对政策的实际执行难度以及各方面的利益纠葛欠缺了解。

胡维逊在欧盟



我印象比较深刻的是与一位联合国高级官员的一次私下对话。记得当时曾任联合国中非维和行动（MINUSCA）特别代表的联合国副秘书长到访苏世民书院，在陪同他参观之后，我在电梯间里鼓起勇气提出“质疑”：联合国当初为什么没有针对中非共和国旷日持久的武装冲突做出更多行动，例如为当地许多希望放下武器回归平民生活的武装分子提供再就业培训和资金支持？出乎意料的是，这位联合国高级官员微笑着停下了脚步，和我在书院大厅进行了半个小时的深入交流。他耐心地将当地部族利益、历史冲突和国际社会各方政府的政治立场对我一一进行了讲解。针对我提出的问题，他微笑地表示联合国曾在当地推行过类似的“资金支持换取解除武装”的项目动员，没想到这些资金反而成为武装组织购置更多武器、制造更多袭击，以获取更多“和平资金”的动力，产生了巨大的道德风险。令我印象最深的是，临别时他语重心长地对我说：“拥有同情心并不难，难的是如何让好心不办坏事。”

这句话我至今铭记在心。此前的我对国际组织工作满腔热血，总是想着如何“为万世开太平”做出自己的贡献，殊不知我对国际政治中的许多利益纠葛和政策执行有着太多的无知。那一刻的我突然意识到自己“想得太多，懂得太少”，不过在认识到自己才疏意广的同时，也感激在清华大学苏世民书院学习的经历为我提供了一个深入学习、实践，辩证地检验自身许多观点与看法的机会。在一次次的思辨与讨论中，我对国际时政以及各国社会民生都有了更深层次的了解，也逐渐养成了辩证看待、理性讨论的学习习惯。这对即将成为国际组织职员，即将需要在各国政府代表之间斡旋协调的我来说无疑是一笔宝贵的财富。

## ■ 中国青年在国际舞台：敢于让世界听到中国的声音

中国青年独自一人在外求学、工作的过程中，难免会经历东西方不同文化和意识形态的碰撞。我个人认为，东西文化，和而不同，中国青年在与不同国家的朋友、同事甚至政客交流的过程中，应该努力做到理性讨论，辩证交流。在面对人类文明的共同挑战时（例如目前仍在海外肆虐的新冠肺炎疫情），应做到团结一致，风雨同舟，发扬人类命运共同体的价值观，不应以国籍为界产生隔岸观火的心态。与此同时，在国际社会中难免会充斥着对中国深怀偏见的声音，在国际组织工作中也会遇到某些代表团的“国际驰名双标”行为。面对这些戴着有色眼镜对中国横加指责的论调，我认为中国青年应该更勇敢地站出来，在世界舞台上讲好中国故事，发出中国声音，把握住国际社会上阐述中国故事的话语权。

我记忆尤为深刻的是一次由欧盟负责反垄断的委员长 Margrethe Vestager 主持的会议，会中她多次提到中国玩具制造商在欧盟市场存在倾销行为，建议欧盟对中国采取相应的关税措施。闻此言论，我毫不犹豫地在高朋满座的欧盟总部 Plenary Hall 中举起了手，向她提问：为何欧盟在缺乏任何正当理由的情况下对中国的太阳能光伏产业实施了制裁性关税措施，欧盟在执行反倾销调查时是否存在着双重标准？在我发言时，偌大会议室中的欧洲白人参会者不约而同地转头望向了我，眼神中充满惊讶和疑惑。他们或许在好奇为什么一个中国面孔会出现在这次欧盟会议中，或许诧异于在欧盟议程中会听到有别于“传统西方价值体系”的发言。会场参会者的表现，再一次让我深深意识到了在世界舞台上身体力行地发出中国声音、讲好中国故事的重要性。我也暗自下定决心，今后在国际组织的工作中，一定要为打破国际社会对中国存在的许多偏见和刻板印象作出自己的努力。

## ■ 东西文化，荟萃一堂，大同爰跻，祖国以光

过去五年先后在五个国家求学和工作的经历，让我有幸结识了来自五湖四海的朋友；在东西荟萃的清华苏世民书院学习的经历，也让我获得了与世界各地青年领袖们自由且深入地交流的机会，让我在此前阅历见闻的基础上对国际时事和经济议题逐渐形成了个人的看法和见解。依托清华大学和苏世民书院优秀的平台资源，我得以不断地和其他学者及老师分享、辩论及探讨我的许多个人观点，发现其中的偏颇与纰漏，从而得到了让自己思想的深度与广度进一步升华的机会。



在与来自世界各地的朋友的交流过程中，我逐渐意识到，一次次“和而不同，通而不杂”的辩论和意识形态的碰撞背后，是全人类对一个更为和平、包容、平等的世界的共同向往。清华校歌中的“大同爰跻，祖国以光”，道出了清华人“大道之行，天下为公”的精神与信仰。如今的我，有幸通过了联合国青年专业人员计划（YPP）的遴选，即将正式成为一名国际公务员。在今后的国际组织工作中，我将牢记初心，戮力前行，努力为消除贫困和社会不平等实现“大同爰跻”做出自己力所能及的贡献。我也将牢记中国青年的使命和责任，身体力行地在国际舞台上讲好中国故事，努力向国际社会展现一个更开放、更有担当、也更为真实的中国，希望有朝一日也能自豪地做到“祖国以光”。犹记得周总理的谆谆教诲：“为中华之崛起而读书”，希望今后的我在国际组织中也能继续砥砺前行，愿为中华崛起，永远读世界这本书！

写于 2020 年 9 月

胡维逊，苏世民书院 2020 届毕业生，于 2019 年通过联合国青年专业人员计划（YPP）考试，毕业后入职联合国亚太经社理事会。

# 仁增顿珠：走出青藏高原是为了更好地回去

## ■ 艰难的求学之路

在西藏林芝市米林县偏远的普龙沟，有一个半农半牧的小山村，那里就是我的家乡——普龙村。对于家乡最深的印象可能就是它的“原始”和“闭塞”，那里至今还未通电，村里的几户牧民至今仍延续着传统的放牧方式，物资靠牦牛驮运，交通靠骑马，而我是从这里走出来的第一位大学生。

仁增顿珠（右一）在毕业生启航出征仪式上

2015 年 6 月 25 日，高考成绩马上就要出来了，因为牧场没有通电、通网、通公路，所以我只能徒步 3 小时左右到村子里查成绩。一路上滑过草地、穿过森林、蹚过小河，听着清脆的鸟叫和潺潺的流水声，我的思绪一下回到了第一次去上学的时候。那时我骑着马，父亲牵着马走在前面，沿着这条路走了整整一天后才到达有公路的地方，第二天又在公路边苦苦等待了三四个小时才等来了一辆车，然后乘车最终到达乡里的小学。因为路途遥远，很多学生都是从小学就开始住校，一年只有寒暑假时才能够回家。牧区的孩子更要翻雪山、过河流，上学路途异常艰辛、危险。

孩子们的上学路

正因为如此，很多孩子早早地放弃了学业，选择回到家里帮父母干活。当时我们上小学一年级时，全班有 60 多名学生，然而到六年级时只剩下了不到 20 名学生，失学辍学现象非常严重。到初中毕业时，村里大部分和我同龄的人都已经成家，有的甚至已经有了孩子。当时我们家并不富裕，但是父亲一直支持、鼓励我继续念书，希望我能凭借自己的努力出人头地，改变自己的命运。



初三毕业时，家里发生变故，父亲永远地离开了我们，而我成为家里唯一的男人。高一一年休学在家，我知道自己已经在辍学的边缘了。那一年，我跟着母亲到山上挖虫草，虫草季结束后去采松茸，接着又去山上放牧，每天都在为了生活而努力。回想起来，那一年是非常辛苦的一年，却也是我成长最快、收获最多的一年。五六月份的牧区，雨雪天气仍十分频繁，我们就匍匐在地上，一寸一寸地寻找虫草。

采挖虫草的队伍当中，有 60 多岁的老人，有背着婴儿的母亲，也有刚刚辍学的学生。在与他们相处、交流中，我开始真正理解何为人生百态、何为生活的艰辛。在接下来的时间里，我开始调整自我，一边放牧，一边学习。休学一年之后，我又重新回到了校园，得以继续完成我的学业。

## ■ 走出来是为了更好地回去

考上清华以后，很多人会跟我说："你真幸运！可以离开这个偏僻的地方到大城市生活，再也不需要在烈日和暴雨下干农活了。"但是我深知，自己走出来并不是为了逃避、远离那个偏僻的故乡，而是为了能够更好地回去，以自己所学的知识和微薄之力去建设它、改变它，使它变得更加美好。在清华大学学习、生活的这四年更加坚定了我的这种想法和决心：不管以后从事何种行业，身居何种职位，我都一定会选择回到西藏，回到故乡，为家乡的建设事业出自己的一份力。

记得大一的时候，在班主任和学院几位老师的帮助下，我们组织了爱心捐衣活动，将老师们不穿的旧衣服收集起来，然后寄往我的家乡。我们前后寄了三批衣服，听我妈妈说每次都是一抢而空，一件都不剩。今年寒假时，我回家过藏历新年，藏历初三是新年期间最热闹、最隆重的一天，人们会穿上节日盛装、佩戴最珍贵的首饰来参加祭神、赛马等活动。那天人群中有一位头发花白的老奶奶，她身着深色藏袍，脖子上围了一条鲜艳的红色围巾，在人群中非常显眼。走近以后发现，奶奶的围巾上有“清韵烛光”四个字。“清韵烛光·我最喜爱的教师”是由清华学子自发提议、由清华大学学生会组织承办的一项评选活动，而那条红色围巾可能就是某位师生收到的纪念品，通过我们的捐衣活动辗转落到了老奶奶的手中，成为她新年的特殊配饰。通过这件小事，我发现自己的微薄力量也能带给人温暖。无论这种温暖是短暂的还是持久的，它都能带给我持久的感动和力量，这让我更加坚定了自己回到西藏、服务基层的决心和信念。



## ■ 在对比中坚定信念

每次从北京回家，尤其是乘飞机回家时，就有一种穿越时空的感觉。一端是现代化的繁华都市，另一端是落后闭塞的小山村；一端的人们出门只需携带一部智能手机就能轻松解决许多问题，而生活在另一端的人们可能还在山上寻找手机信号。这种对比、落差时常围绕在我的周围。

去年暑假时，我从村子回到牧场，发现那里还停留在我记忆中的十几年前的样子。泥泞崎岖的小路、简易破旧的房屋、靠天吃饭的牧民。如果一定要说看到了什么变化，可能就是夜晚时，牧民家里多了一盏昏暗的、可有可无的太阳能照明灯以及一台播放几分钟就没电的山寨光盘放映机。因为没有网络信号，牧民们想要打一通电话可能都需要爬到一座很高的山顶，然后一手拿着手机，边走边寻找信号。当然，这是发生在偏远牧区的故事。近几年来，我也目睹了家乡发生的一些可喜的变化。大一回家时，村庄路口安装了太阳能路灯；大二回家时，村子里多了一个篮球场；去年回家时，家家户户新建了浴室、厕所；而今年听村干部说，有望在年内实现通电。这些变化可能是微小的，但它终究也在发生。

在经历过这些落差以后，我发现了家乡的落后与贫穷，但也让我更加留恋那片土地，以及生活在那片土地上的人们。我不想逃离那片土地，只是希望能把它建得更加美好。

## ■ 选择西藏，选择基层

有人说，决定你一生的并不是你的实力，而是你所做的选择。在选择到基层就业之前，我收到了一家大型国企的offer，丰厚的薪资、舒适的工作环境、良好的发展前景……我也曾犹豫过，毕竟我还需要挣钱养家，需要挣钱供弟弟妹妹读书，需要考虑的现实因素还是非常多的。但最终，我做了一个在大家看来并不“明智”的选择：我放弃了国企的工作机会，选择到藏北草原当一名基层工作者。当然，这并不能说是一种牺牲，而只是一种选择，我选择了自己喜欢的事情，选择了能让我发挥作用的地方。



作为一名从西藏走出来的学生，我深爱着我的故乡，我希望自己的理想、自己的未来能够永远跟家乡的命运紧密联系在一起。我也希望自己能够亲身投入到它的建设当中，通过自己微薄的力量，为建设美好家乡添砖加瓦。其次，作为一个从牧区走出来的孩子，我希望自己的脚上永远沾着泥土，永不停下行走的脚步。我害怕太过安逸舒适的生活会困住我，让我忘记苦难的滋味，让我看不到那些需要帮助的人们。因此，我选择了西藏，选择了基层，选择了自己的家乡，选择了自己喜欢的事业。

写于2019年6月

仁增顿珠，清华大学新闻学院2019届本科毕业生，毕业后选择回到西藏做一名大学生村官。

# 王文超：清华园里的“王牌飞行员”

## ■ 从军报国，矢志空天

少年时期，我最喜欢看电视上热播的《鹰隼大队》，羡慕飞行员飒爽的英姿，羡慕他们能够驾驶飞机在蓝天上自由飞翔。我的姑父和哥哥都曾参军入伍，每逢相聚，总能听他们讲起自己军旅生涯的故事，心中十分向往。当时我就下定决心，高中毕业后一定要去报考军校，实现自己的军旅梦。高中时，空军招飞局来校宣传，勾起了我年少时飞上蓝天的渴望。我也了解到保卫祖国领空责任的重大和飞行员职业的光荣与神圣。我渴望翱翔蓝天、成为他们之中的一员，去守卫祖国的蓝天，热血报国，青春无悔。于是我马上报名参加了招飞体检，幸运的是，我顺利通过严格的体检，成为一名空军飞行学员，拿到了飞上蓝天的入场券。在空军航空大学，历经层层选拔，我成为一名联合培养的飞行学员，最终能够来到清华大学进行学习训练。

清华大学飞行学员班是清华园里一道美丽的风景线，我以自己是其中的一员而自豪。我深知飞行员要求综合能力素质过硬，于是在多方面磨砺自己，在日常生活中始终按照军人的标准严格要求自己。大一时，我有幸得到大家的认可被推举为班长，此后一直担任飞行学员班骨干。作为一名骨干，我认为如果不能够站在集体的角度思考问题或能力素质不过硬，是无法让其他战友信服的。要想更好地开展工作，就必须要以身作则，统筹兼顾，学会换位思考，用自身言行带动和感染身边的战友。我秉承清华大学“行胜于言”的校风，积极主动参加学习训练，较好地发挥了模范带头作用。作为飞行学员班政治指导员兼团支部书记，我协助队长、教导员积极开展工作，组织飞行学员班日常党团活动和思想政治教育，主持“飞行学员班 2018 年年终总结暨表彰大会”“春季学期初收假收心教育”等各类活动，较好地发挥了政治工作辅助作用。我本人也曾在《解放军报》发表文章，撰写的多篇文稿被推送发布在“清华国防”公众号平台，个人能力素质在担任骨干期间有了较大提升。

强健的体魄是飞行员的必备条件。高强度的体能训练是日常生活中必不可缺的一部分。在清华，我每周要完成三次航空体育课以及周末的强化训练，但我从未退缩，为了飞行的梦想始终努力着。令我印象深刻的是，辅导员李苗带着本班同学进行长距离耐力跑训练，我们大家一起绕着清华园跑步，用双脚丈量这片土地，欣赏园中的曼妙风光，这成为我难忘的回忆。每当训练达到身体极限、令我想要放弃时，看到身边的兄弟们咬牙坚持、相互鼓励，也就没有了退缩的念头。

参加飞行训练



值得一提的是，2018 年暑期我们回到空军航空大学进行强化训练，有两项重大训练任务——“双野”训练和跳伞训练。在进行野外综合训练和野外生存训练前，就被教员告知了任务之艰难，但我在心中暗暗告诉自己：我一定要走完全程 260 多公里。可等到真正进入训练，才发现一切都比想象中更艰难。环境闷热而压抑，我的双脚磨出了血泡，其他同志身上或多或少都产生了些伤病，不少人有了畏难情绪。我在行军时，一直在问自己这样一句话：“长征路上的红军战士，难道会因为脚上有泡，身上有伤就放弃行军吗？”当然不会，所以我也不会放弃。此次训练的目的不正是为了磨炼我们血性，增强我们的意志，培养我们的战斗作风吗？仍然记得强行军训练中，出发时天还蒙蒙亮，50 公里的路程，走到最后每一步都是煎熬。伴着夕阳我们回到了营地，一首《团结就是力量》唱得所有人都热泪盈眶，我们坚持下来了，我们见证了彼此的成长，最后集体获得了“砺鹰学员队”的荣誉称号。

现在回想起来，当初的我并不了解飞行学员这个群体，对军队的概念也是懵懵懂懂的，然而对飞行员的好感和向往，使我做出了足以影响我人生轨迹的选择。大学生活中，每当我和同学聊天时，都不免有对未来的规划和期许，大多数人都曾经对未来充满了迷惘与不安，而我深知，我已经确定了我的梦想，那就是飞上蓝天，成为保卫国土的空中卫士。我在大学所学习、经历的，都是为了锻炼自己、提高自己，为实现理想而努力奋斗。每当想起这样的目标，心中就涌起了继续坚持下去的动力，多坚持一下，距离梦想的实现就又近了一分。这是一条直指云霄的阶梯，这条道路是那样笔直而又明朗，坚持努力，似乎伸手就能触碰云端。感谢空军和清华大学，圆了我的蓝天梦、清华梦。

## ■ 融入清华，全面发展

还记得在入校之初的新生欢迎会上，一位老师曾对我们说：“不要让清华大学成为你们人生之中唯一的一座高峰。”这句话我始终铭记于心，我深知只有不断成长，才能成就更好的自己。在园子里，我完成了由一名高中生向大学生、一名普通青年向合格飞行学员的转变，广泛涉猎不同领域，不断拓宽自己的视野和知识面。在清华大学浓厚的学术氛围下，我也渐渐懂得了自己在清华学习的意义，即不仅要获取知识，而且要培养独立自主的学习能力，逐渐丰满我搏击长空的羽翼。说句玩笑话，清华大学这么多困难的工科课程我都顺利通过了，改装飞机的理论知识又有何惧？我坚守清华“行胜于言”的校风，刻苦努力，最终取得了专业排名第一的优异成绩。

飞行学员班特有的体能训练和园子里浓厚的体育氛围塑造了我强健的体魄，培养了我热爱体育的精神。我积极参与清华大学各类精彩纷呈的体育赛事：连续三年参加校园马拉松比赛，分别取得第 45、37、25 名的成绩；在 2018 年的“国防杯”运动会上取得了男子全能比武第 8 名，团体第 1 名的优异成绩；在“向上吧，中国！”首届全国全民引体向上大赛清华赛区比赛中，获得了第 5 名的好成绩；同时，在清华的 8 门体育课均拿到了满分的成绩，并在 2017—2018 学年度获得了体育优秀奖学金。

我深知空军飞行员不是简单的飞机驾驶员，而必须成为一名善指挥、能打仗、高素质的飞行英才。因此，我积极将自己融入清华园生活之中，利用清华大学广阔的平台、优异的资源，去磨砺、提高自己。我积极参与社会工作，和一群志同道合的朋友，共同为了一个目标去努力奋斗。回忆起做社工的两年，既有五字班的学长学姐悉心给予关怀指导，六字班兄弟姐妹的并肩战斗，也有七字班、八字班的学弟学妹积极配合。我在社工的大家庭里感受到了热情、真诚、温暖和成长，找到了归属感并体现了个人价值。2018 年 12 月，我竞选并担任了航天航空学院第十六届学生会主席，这也是飞行学员班历史上的首位院学生会主席。这份荣光带给我更大的责任，“坚守为同学服务的初心，尽己所能，把学生会大家庭建设得更好”，是我成为航院学生会主席后一直恪守的目标与信念。

## ■ 清华风格，军人风骨

清华大学带给我的不仅仅是学习能力上的培养，而更多的是人格、价值观上的塑造。在三年的清华生活中，我参加了许许多多的活动，听了各式各样的讲座，遇到了太多太多优秀的人。当我在航空概论课上听陈海昕老师讲自己的航空梦时，我体会到了清华人对于梦想的执着；当我在社团招新的百团大战上看到热闹场面时，我感受到了清华人对于文化的包容；当我看到满头白发的李铁成老师依然无比热爱篮球运动、92 岁的黄克智院士依然每天早晨打一场网球时，我认识到了清华人对于体育的热爱和“为祖国健康工作五十年”的决心；当我在清华英烈纪念碑前听英烈故事时，当我在清华征兵手册上看到投身军营的学长学姐时，我领悟到了清华人那份经过一个世纪的传承而始终无比炽热的爱国之情；当我在八一飞行表演队听到歼十战机起飞时的轰鸣声，当我在珠海航展和成飞集团看到歼 20 的飒爽英姿时，我不禁叹服飞行事业的伟大，也无比感谢清华对于我们这个集体的用心付出。三年来的这些经历一直在不断地影响着我，在我的心里深深地刻下了清华的印记。我越来越明白自己要做什么，越来越清楚自己要成为什么样的人。

空军和清华选择了我，不在于那两张光鲜亮丽的录取通知书，而是用无数的机遇和磨炼，逐渐丰满我搏击长空的羽翼。四年的历练使我不再是那个自以为岁月静好的少年，我清楚地认识到了自身的使命和职责，我要守护好脚下的这片土地，头顶的这片蓝天。驾驶战机的梦想深深扎根我心，我要努力认真学习飞行，早日成为一名合格的飞行员，到祖国需要的地方去。一身戎装蓝，满腔报国情！

作为泰豪军工奖学金获奖代表发言

现在，我已经在初级教练机部队进行了近一年的飞行训练，即将毕业，下一步会去部队进行新机型的学习训练。清华人自强不息的精神烙印激励我永不放弃，飞行学员砺志空天的信仰则支撑我奋战到底，人民送我学飞行，我学飞行为人民。我渴望着能早日驾驶战机，向世界展示，清华风格、军人风骨、中国风采！



最后，我想引用清华校友朱凤蓉将军在清华建校 90 周年纪念大会上的一句话：“我们是从清华毕业的极其普通的学生，仅仅是因为我们投身到了一个伟大的事业中，仅仅是因为我们把自己的理想追求同国家民族的命运结合起来，才体现了我们自己的人生价值。”如今，是中国蓬勃发展的时代，是建设世界一流空军的时代，我为自己是中国空军的一员感到骄傲和自豪，我的肩上承载着时代的使命，我会不断努力奋斗，为强军兴军、实现中华民族的伟大复兴贡献自己的力量！

冠以清华之名，青春便与自强结缘。

冠以空军之名，青春便与卓越为伍。

鹰击长空，龙腾万里，怀揣着强军报国的空天梦，

愿自己能早日实现飞行梦想，以蓝天为马，不负青春韶华！

写于 2020 年 6 月

王文超，清华大学航天航空学院 2020 届本科毕业生。

# 王元辰：本科毕业去国际组织，用四年耕耘这遥不可及的梦想

在入学时，我就从专业培养方案中了解到：当前国际组织中的中国籍职员，尤其是高级别的中国籍职员人数非常少，这与我国的国际地位和应当在全球治理中发挥的作用极不相称，增加国际组织中的中国籍职员人数是中国和世界的共同需要。就这样，去国际组织工作成为我内心的一颗种子，虽然一开始信念不是很坚定，虽然离这个目标还非常遥远，但一有机会也会朝这个目标努努力。毕竟梦想总是要有的，万一实现了呢？

于是，我格外留心和积极参加学校和学院举办的各种国际交流活动。我还记得巴基斯坦太阳能议会大楼和“中巴友谊长存”的石碑，记得那里哭诉旱涝无常的农民，以及在售票处因为我是中国人而不收我门票费的小男孩；我记得美国蒙大拿州土著人经营的风景绝美的水坝，印第安人对“冰川消融，家园不在”的感伤与无助，以及夜晚大家围坐在篝火旁，听部落的神话故事。在这些海外实践中，我体会到气候变化并不只是“北极熊站在浮冰上走投无路”那种遥远的问题，而是切实地影响到了每个人的生活，而那些本来就处于弱势的群体受到的负面影响还会更大。除此之外，我也了解了世界许多地方的风俗轶事，体会到不同文化之间的相通与不同之处。

在之后的学习过程中，我不但认识到了气候问题的重要性，更觉得气候问题充满魅力。比如，当我从科学的视角去学习气候变化时，我会理性地认识到地球系统的复杂性；当我以调研者的身份，去听世界各地气候变化的故事时，我会感性地体会到气候问题是大家生活中都需要跨过的一道坎，需要全人类同心协力；当我从经济学的视角去看待气候问题时，我会感到气候问题跟经济、社会等各个方面都有着千丝万缕的关系；当我在学习气候谈判的时候，又从地缘政治、国际关系、国家利益等角度看到了能源气候问题中复杂的一面。总之，气候问题既涉及地球气候系统的复杂性，还牵扯到经济社会的方方面面；既能团结全人类共同奋斗，又涉及一定的国家利益冲突。这种重要性、复杂性与多面性深深吸引着我，让我充满热情地投入到这个领域。

气候变化是一个全球性的问题，需要依靠多边平台来解决。这更坚定了我前往国际组织工作的想法。

在联合国工业发展组织总部实习

在有了初步积累后，我很幸运地获得机会前往联合国工业发展组织总部实习。然而在联合国的实习使我发现，想在国际组织工作远没有我想的那么简单。比如我们团队的一个项目，就因为各国政府关系、公司跨国技术转让、当地民众认可度等问题，已经谈了三年还没有结果。我好奇地询问是什么使同事们愿意长期出差在外，并为一个项目坚持多年。一位同事翻出了自己的项目记录，给我列举每一个项目为当地带来的显性环境与经济效益和隐性的先驱带动作用。我现在还记得他脸上洋溢的那种自豪感。这让我对国际组织工作的意义更加认可，也认识到想在国际组织做好工作，需要具备过硬的专业和语言能力，这样才能在多元文化的语境中，协调好来自不同国家的利益相关方的关系，在复杂的情景与限制条件下，提出更优化的解决方案。此外，我还发现国际组织没有自己原来想象的那么完美，一些地方的办事效率还有提高空间。感谢这次实习经历，让我对国际组织有了感性的认识，开始认同国际组织工作的济民意义，更明确了自己可以努力提升的方向。

在联合国气候大会边会发言

于是，在回到学校后，我一方面再次把握机会提高自己的专业和语言能力以及在跨文化语境中工作的能力，练英语、去哈佛交换研修、参加联合国气候变化会议、在课题组与智库中做多边环境项目……另一方面，我还选修了一些国际关系专业的课程，参加了一些全球胜任力和国际组织主题的沙龙，在课程的学习和与校友的交流中，我对国际组织的机制又有了更深的认识。我觉得我们在国际组织中，不仅要把自己的项目做好，更要有敏锐的观察力和深入思考的能力，在优化国际组织的机制上有所作为，让国际合作更有效、更高效。

到了毕业去向选择的路口，我收到了几所名校的博士与硕士项目录取，于是开始在直接读硕士博士与工作之中纠结。我最终的想法是，既然想要为世界带来积极的改变，就应该先走出象牙塔，真正了解这个世界。于是，我选择先去工作，在积累一定经验后再回到校园，有的放矢地深造；而且国际组织很看重参与实际项目的经验，先去工作对未来发展而言也绝不算浪费时间。于是，在三月末春招的尾巴，我又开始了找工作。学校的万人招聘会、各种招聘网站与微信群里招聘广告、直接给公司发邮件等几乎所有的渠道都有尝试过。在两个月之后，我很幸运地被一家多边开发银行录取。在收到录取信的那天，我非常感慨。我觉得我之所以能获得这个岗位，靠的不仅是个人运气、努力和学校优厚资源的栽培，更是因为大时机好。我未来的工作主要是做“一带一路”上中亚的新能源项目，帮助更多中国企业以绿色的方式走出去。如果没有“一带一路”倡议，如果没有中国企业实力的不断提高，如果没有全球对于绿色发展的认可与推动，就不会有我的工作。我会珍惜这些运气、资源和大机遇，希望能为全球的绿色低碳发展，尽一份绵薄之力。

回首四年的经历，我确实是一个幸运儿，从上面那个长长的故事中提取出一些观点供大家批判地参考：

1. 既要积极谋划自己的未来发展，也要踏踏实实做事。做事的过程其实是帮助自己增加体验，有“料”来作出选择的过程。同时，把事情做好了，很多机会就自然会找到你，你可做的选择也就更多。

2. 找到自己认为有意义且有兴趣的事情很重要，会让自己的行动更有方向感。找寻的过程需要自己勇于尝试，这点试错成本还是要舍得的，况且人生本来就没有哪段认真的经历是浪费的。

3. 机会是靠自己找的，不是等的。机会具有马太效应，一个好的机会能带来后面更多的好机会。

4. 每一个工作都不会让人完全满意，每一次抉择也都带有不确定性。我们只能在尽最大努力，通过沟通、实习获取相关信息后，在不完全信息下作出选择。一旦选择了，就不用后悔，踏踏实实把事情做好就行。

5. 学历也可以不“一读到底”，积累一定工作经验后再返回校园也是一种选择。

写于 2019 年 7 月

王元辰，清华大学环境学院 2019 届本科毕业生，毕业后赴欧洲复兴开发银行工作。

# 吴志轩：如果这是必经的路，要怎么与自己和解

不想毕业，不想离开，但就业是必经的路；有些骄傲，很多遗憾，总得与自己和解。刚刚写完毕业论文，虽然手边还有一堆乱七八糟的事情，但总归忙碌了七年，突然间空余了下来，有很多事想表达，如果能在谁的心中激起一丝涟漪，那真是极好的事情。

## ■ 与成长和解，其实它是一本超级无聊的流水账

我出生在普通家庭，从小衣食无忧，学习成绩不好不坏，不是校园里的风云人物，也不是特奖或者学术大牛，只是一个平凡的人在一所不平凡的大学里做着平凡的事。这一待就是七年，就像一本流水账，里面星星点点地用荧光笔圈出高光时刻，用墨笔划去自己不愿回首的往事细节，剩下的就是安安静静的每一天。某天早上吃了什么，中午吃了什么，晚上吃了什么，昨天被导师表扬了，隔天又被同学责怪。饭吃饱了会撑，心事多了会堵，又要宣泄情绪，真是麻烦。很爱自己的父母，可他们又理解不了自己的无病呻吟。从 2012 年入校到 2019 年即将离开，这 2500 多个日日夜夜，怕是还没有速画弯矩图紧张刺激有意思。总会觉得身边人的进步和变化远超自己，朋友圈的点赞里都蕴含着自己复杂的小心思，但也就是偷偷想想。

刚入校的时候，我满怀自信，然后第一场期中考试就挂科被教“做人”。那时候很想证明自己，不停地攫取资源，什么都想要，最后却什么都做不好，失去了很多人的信任，错过了很多弥足珍贵的友谊。大三的时候亲人离世，学业断崖般退步，社工上被逼到死角，真的有了结此生的念头。研一经历手术，却因为院系党委换届需要辅导员参与组织，分管的某培养计划要送小朋友们去实践，所以只休养了七天就回到了岗位，术后恢复期却被迫熬夜和远行，很难过的日子，但也都咬牙坚持了。年轻气盛，也乱发过脾气，当院系团委志愿副书记的时候，神经串线般训斥了当时最认可的组员；做某协会会长的时候，一味强推自己的主张，毫不考虑曾经战友们的感受。人就是这样，

不懂珍惜，一旦失去，就永远拿不回来了。

## ■ 与执念和解，因为人生像是肉骨头，咬不动舔舔尝尝味道也蛮好

这句话出自我高中的数学老师，他原话是说，做数学题就像狗啃骨头，有肉就吃肉，没肉就咬一咬，实在不行舔一舔，哪怕写个解尝尝味道也不亏。虽然不是很满意他老说我们是小狗，但总觉得好有道理。人生也是这样，自己先天的素质加上后天的培养决定了我们的平台，在平台上努力跳跃的高度决定了我们的人生。我想大家都不会因为无聊和挫折就放弃了蹦一蹦，只是有的人跳得高，有的人跳得低，跳得低的时候也没必要囿于执念，急于一时，很多事认认真真做，自然而然就有了结果。

回想起来，我自己陷入执念的时候，没做成几件事，反而无心插柳地蹦跶过几次，竟也有了些大学生涯的高光时刻。大一的时候，靠一次公益实践奠定了自己未来两年的社工发展；大三的时候社工被逼到死角但在仅存的志愿副书记的岗位上厚积薄发；大四偶然参加了纪念抗日战争胜利 70 周年系列活动，“一墙之隔”听阅兵；研一因为在志愿方面的参与和努力得到了社会工作标兵的称号；研三因为在党建方面的奉献和坚持获评了“一二·九”辅导员，也作为唯一的学生代表在党建工作研讨会上发言。科研上也没怎么落下，发了些 EI 和核心期刊，参加过国际会议，做过纯英文讲座，也完成了硕士研究生的要求。

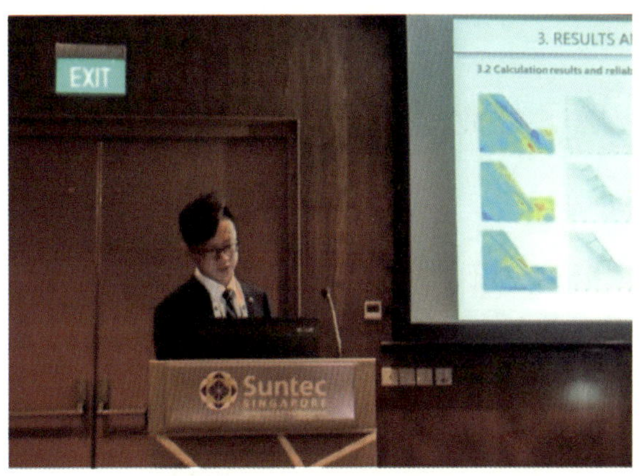


在新加坡参加学术会议

后来渐渐活得越来越简单，我喜欢实践和旅行，喜欢读书和写字，虽然忙，但总要挤出点时间。于是去了一些国家，有了一些回忆，谈吐间能说出一两句喜欢的话。我喜欢传统文化，就自学了一些京韵小段，写了一些文言古文，虽然总被导师说讲话没逻辑，但是真的很感激他容忍我时不时思维的跳跃和自我管理的“放羊”。我也喜欢吃吃喝喝，好在天生瘦子体质。人总是越长大就越孤独，我又喜欢上了制作手帐，是怕有一天真的茫然无措的时候，能朝花夕拾般捡起些人生的记忆，鼓励自己不忘初心。短短七年，也尝到了一些酸甜苦辣，虽然又要被人生经历更丰富的人嘲笑不知深浅，但这也正是这个年纪才有的装成熟和假深沉。

吴志轩在贝加尔湖畔



## ■ 与结局和解，就业是上战场，积累在平时，抉择后就别再徘徊

我的就业之路一点都不壮烈，一句话就能概括：做了一份实习、参加三场面试、在残酷异常的 2019 秋招中落选了某政策性银行和心心念念的选调生，最终被某国有商业银行的总行管培生拯救，作为工科生进入了完全陌生的金融领域，自己的人生也因此而不同了。

回想这一路，真真切切感受到了找工作如同上战场，我们不但要和身边的同窗好友竞争，还要面对来自全国高校同样优秀甚至更加优秀的同学的挑战。心理这道坎远比面试的挑战难过，仿佛当年的鲤鱼跃上龙门才发现门后是菜市场，慌乱不可详述。我有一位关系极好的师妹，人比我优秀，却也在即将开始的2020秋招中惶惶不可终日。这让我意识到，不论怎样优秀的同学，面对残酷的就业时都一样的准备不足。但没办法，人生的挑战总是不期而至，我们不可能做好所有的准备，大胆尝试，大胆闯吧。

很多同学在就业季前就有了清晰的职业规划，但我也相信还有一些同学茫然无措，因为我就曾是后者中的一分子，所以分享些我的感受。简历是就业季大家随时带在身边的东西，清华人不愿意弄虚作假，所以那上面的每一行字都代表了简历的主人曾经投入的一段宝贵时光，有的人简历三天三夜讲不完，有的人三句话就没话聊，这就是积累的力量。像我的一位朋友，她准备了四个版本的简历面向不同行业，每一份都极精彩，一度让我很羡慕，也后悔自己虚度了时光。不过我的简历上也有让我骄傲的内容，比如13份社会工作，9次海外实践经历，4个科研课题等等。这不是炫耀，也不是倡导，只是想说，如果还没有想好自己未来能做些什么，就先积累起来。与积累对应的，就是选择，秋招季说长不长，说短不短，总归没有太多选择的机会和时间，相较于积累的时间跨度，确实可以说是瞬间了。做选择的时候，多想多问总是没错的，但要守住自己的本心，不要在户口、起薪这些物质的待遇上关注太多，多去看看未来，把眼光拉长远一些看问题就好。抉择了就别再徘徊和茫然，那些在犹豫中浪费的时间不如用来提高自己。



## ■ 还有一些照本宣科的废话

7年相较于25岁的年纪，显得很重要，但也没那么重要。我的7年，很长一段时间是在努力与自己和解，承认自己的普通，开始为生活中哪怕只是收到远方寄来的明信片这样的小事开心。清华对于我来说，不单单是学习和生活的场所，也是让我形成独立人格的家。我真的不舍得离开，告别一段生活的时候，总是废话很多，我再多说一点。

要学会珍惜，和家人、朋友、恋人度过的每一秒、说过的每一句话都不会有机会重来，失去了就是失去了，没有彩排。要学会面对失败和否定，这是人一生都要面对的事情，没有失败的低谷，走上人生巅峰的时候也会觉得脚步轻浮。要学会和自己和解，原谅自己，认可自己，才有不断走下去的动力。

预祝即将参加秋招的清华学子就业顺利，我也将开始一段新的人生，希望秩年校友返校时的我，能够堂堂正正地站在二校门前，无愧于党，无愧于国，无愧于清华——我们的家。

写于 2019 年 5 月

吴志轩，清华大学土木系 2019 届硕士毕业生，毕业后在中国工商银行工作。

# 忻隆：从4A方阵队员到家乡公务员，一个上海籍学子的清华十年

这两天“清华小五爷园”的一篇《回忆国庆六十周年：那难忘的八天七夜》霸占了朋友圈。回想起十年前综体馆内的临危受命，大兴基地的八天七夜，与天安门前的昂首阔步，作为亲历者的我依然心潮澎湃。“我与祖国共奋进”，这不仅是当时的一句口号，也是包括我在内的 9 字班同学的集体烙印。我来自上海，今年博士毕业，没有选择成为高档写字楼里的 Andrew，而是签了上海选调生，即将成为阿姨爷叔口中的小忻。

## ■ 缘起：从班级到学生会，在同学中发现自己

担任基科 94 班班长是我进入清华后的第一份社工。对外人来说，数理基科班是个神一般的存在，坊间盛传“黄河入海流，基科出大牛”。但是，在一个由一群智商超群、个性迥异的“科学登山队员”组成的班集体中，要将大家凝聚起来并不容易。一些同学与真理为友，与卓里奇（俄罗斯著名数学家，所著《数学分析》为当时教材）为友，与吉米多维奇（著名数学习题集）为友，但就是不太乐于与集体为友，喜欢沉浸在自己的世界里——这是当时面临的情况。

不过，一次意外的考试失利让情况很快发生了变化。大一第一学期高等代数的第一次期中考试，老师来了个下马威，班里有一半不及格，当时很多同学都崩溃了。我不是学霸，我也崩溃，但是我要想办法。那时，每周五晚上有社工课（基础班），教班长团支书怎么做社工，是我一周下来脱离苦海、最幸福的上课时光，而且还有学分。通过大课讲座和小课培训，我意识到，面对如此“严峻”的学业形势，攀登科学高峰靠个人单打独斗是行不通的，重要的是营造同学之间互帮互助的班级氛围，发挥出集体的力量。

于是，我和班委商量，用班级经费采购了一块白板，又动员了班内学习成绩较好的同学，每周请这些“学霸”“大佬”在紫荆公寓的中厅为同学们

答疑解惑。在微信、微博还没有普及的那些日子里，这种原始的方式简单粗暴，但是直接有效，“大牛”在此，不懂就问，谁问谁受益，谁逃谁吃亏。慢慢地，班级的整体成绩越来越好，大家心态也越来越好。关键在于这种“原始的”方式，让“网友”见面了，让凝聚力增强了。后来，我们班还学有余力积极参加各种活动，在大一就拿到了数学系“甲团”的荣誉称号。

担任班长的这段经历第一次启发我思考“个人与集体”“奉献与获得”的关系，让我明白只有把同学、把班级放在心里，成就他人、成就集体，才能够赢得信任。

随着在不同岗位上的锻炼，我也不断发现自身新的价值。大四这一年我来到了校学生会，这里的工作不同于班级和院系，是一个服务范围更广、服务群体也更多元的平台，如何在照顾多数同学需求的同时发挥引领作用，是个关键问题。



彼时正值能源紧张、环境污染严重等问题成为全社会关注的焦点，“PX词条”保卫战也刚结束不久，于是我和一帮同学在校学生会发起成立了公共事业部，希望能够呼吁同学们树立关注、了解公共事务的意识，提升自己的社会责任感。我们协同学生绿色协会，争取到学校绿色大学办公室的支持，在全校范围内推广包括“双面打印”“熄灯一小时”“光盘行动”等一系列绿色环保活动。“光盘”在当年是个时髦的词，为了鼓励大家养成“吃多少拿多少，拿多少吃多少”的习惯，我们想了一个办法：如果同学们将餐盘里的食物吃光，在餐盘归还处就能免费获得一袋清华酸奶。这个活动一开展就在全校范围内引起很大反响，本来酸奶就紧俏，“光盘”直接干脱销。更令人欣慰的是，五年过去，至今在照澜院三楼餐厅等处仍然能看到当年的公益宣传海报。

除了环保公益，学生会同学们还在“两会”期间拿起镜头，对准校园内的各年级同学，采访他们关于“二孩政策”“反腐倡廉”等问题的看法，剪成视频上传网络，引来室友、同学的围观，引起大家在食堂里、在夜聊中对社会热点的思考。学生会还发起或参与了诸如清明节祭奠清华英烈、雅安地震募捐祈福、公共演讲比赛等活动，虽然和文体类活动相比这些都是小活动，但是参与的人数却比想象中多很多。我记得和研究生会一起举办纪念“九一八”事变活动的那天，清晨6点多下着小雨，就有许多师生站立在大礼堂西侧的清华英烈纪念碑前，“飞行学员班”的全体同学都到场了，这令大家非常感动。

都说“半国英才聚清华”，园子里有这个国家最优秀的一批青年学子，我觉得这个群体不仅要关注自己的成长，更应该家事国事天下事，事事关心。

## ■ 缘续：从京沪到西北，在复杂的国情中认识自己

不到长城非好汉，不去基层易扯淡。学校里第一课堂的知识固然重要，但是校外第二课堂的实践也不可缺少。我在校期间参加过多次基层实践和调研，但印象最深的还是第一次西北之行。作为思源计划的一名成员，2010 年夏天，我跟随带队老师和辅导员前往甘肃开展支教和暑期实践，地点就在甘肃省中部、河西走廊东端——王翰笔下“葡萄美酒夜光杯，欲饮琵琶马上催”所描绘的凉州，也就是今天的武威。

刚到武威第一天，我就被眼前的景象彻底震撼了。在上海和北京，我习惯看到的都是一座座“欲与天公试比高”的高楼大厦，但在这里，时光似乎停滞了，社会快速前进和经济高速发展在这片土地上仿佛停驻了脚步。印象最深的就是缺水。在武威支教的一个月里，我和小伙伴们几乎没有洗过澡，热得实在受不了了，就在洗漱间接盆冷水，在水龙头旁边简单擦洗一下。

有一次，班里有个姓任的同学邀请我和其他几位同学到家里走访，我们发现他务农的父母省吃俭用买了一台电脑给他学习，但是电脑打开什么都没有，和新的一样，没有网，也没有学习资料，更别提 VOA、BBC，更是连听都没听说过。看到此情此景，再想起学校英语老师们的口音，我们都有点着急。巧合的是，我们的团队当中有一位小志愿者叫 Mike，从小在美国读书，英语说得非常地道。我觉得这是个好机会，于是我们合资买了一个 MP3，利用休息的时间请 Mike 把英语课文读一遍，录下来存在 MP3 里，再送给任同学。当时的我们都觉得做了一件很有意义的事。

如果说，北京代表着我国改革开放 40 年来政治、经济、文化、科技等全方位发展的成就，那么坐落在西北地区的大大小小的县城、乡镇和农村则代表着国家不平衡、不充分发展的现状。

还有一次去西部暑期实践的经历也非常难忘。2011 年我随思源骨干计划前往青海。我们到村里调研时，老乡听说我是从北京过来的，非常热情，在我面前放了六小盅酒，我以为是两个人各饮一半，结果他说这都是给我一个人的。后来等我清醒后，我才知道省下上好的酒给客人喝是当地招待贵宾的

传统。其实，我并不是什么尊贵的客人，也不能给乡亲们做些什么，可他们身上这种淳朴让我很受感动。

但是，善良、淳朴的民风与思想观念的落后有时并不矛盾。通过与当地扶贫干部交流，我了解到政府给贫困户发钱、送猪仔，本来是给各家各户饲养，将来可以卖了脱贫的，结果但没过多久，老乡们钱用完了，竟把猪仔杀了把肉吃了，没有达到预先设想的效果。前后对比，使得我对老乡们的感情变得十分复杂，这也是我第一次真切地感受到基层工作的难处。

去往祖国大江南北的这些经历，让我看到了更加真实全面的中国，也让我实实在在体会到了一种“被需要”的感觉，我也更加明白一个人的价值不在于能够索取多少，而在于为需要的人奉献多少。

## ■ 缘定：从中国到美国，在更大的格局下定位自己



有人说，出国是最好的爱国主义教育。

2007年，我还是一名高一的学生，在学校的支持下前往美国交换学习。那是我第一次出国，什么都不懂，在芝加哥转机飞纽约的时候完全懵了，现在想起来，第一印象还是觉得芝加哥机场真大。也许视觉冲击让未成年的我觉得新鲜有趣，但真正触动我内心的还是在国外的所感所闻。我所在的高中以白人为主，外国学生不多，更别提中国学生。我一个亚洲人走在走廊里有点另类，但同学们看到我都很热情，纷纷向我打招呼，好奇地问我是不是日本人，因为在他们的印象里，日本是亚洲最富有最知名的国家。为了维护国际友谊，我只能努力保持不失礼貌的微笑，并向大家普及一些亚洲的地理和历史知识。那是我第一次感受到国力在世界舞台上的体现，虽然只是从一个很小的视角。

好在美国人对中国一无所知的时间没有持续很久，因为我们很快就变得富有且知名了。大二的时候，我再次去美国交流访问，这次遇到的情况就变得截然不同。在纽约著名的第五大道上，我们遇到了几个用中文打招呼的美国黑人，他们知道我们是中国人，很热情，一边说着“你好”，一边就要送给我们一张签名CD，不收好像还不给他面子。结果没想到，我们刚接过手还没等高兴完，他们转脸就问我们要钱，个个穷凶极恶来势汹汹。居然有人敢光天化日在第五大道上勒索我们！可是能怎么办呢？我们只好花钱消灾。

当时给我的感觉就是，中国确实富起来了，但是还不够强大，与仅一墙之隔的高档精品商店里各个售货员紧赶慢赶学习中文的景象对比，实在令人五味杂陈。

本科毕业后，我选择直接攻读博士学位到了汽车系，方向是自动驾驶，第四年经国家公派，我来到加州大学伯克利分校进行联合培养。这段时间让我更加客观地认识了美国。一方面，我了解到伯克利汇集了全世界不同人种、不同肤色、但同样天才努力的学生，校友中仅获得过诺贝尔奖的就超过 100 人，而其所处的硅谷湾区更是全球的创新中心，诞生了无数的科技巨头。另一方面，华人在美国社会的地位，以及华人科研、科技从业人员受到的待遇逐渐令人担心和不安，在美学习生活的归属感和安全感下降到冰点，令我归心似箭。

2018 年 3 月，中美发生了贸易摩擦并不断升级，当时身在美国、时刻关注动态的我感到家国情怀愈发浓烈，并促使自己在职业选择的问题上找到了真正的答案。这年 9 月，我结束访学回到国内，选择了上海市选调生作为自己的第一份职业。从小长于斯，我对上海有特别的感情，上海在许多领域一直走在中国城市的前列，飞机、汽车、航母、集成电路、生物医药等高科技工业也都有着雄厚的基础。未来的竞争是科技的竞争，是人才的竞争，不管是对内产业升级转型，还是对外逐步走向世界舞台中心，都离不开科技和人才，这是创新的源泉和发展的动力。



经常有人问我，为什么不干本行去从事自动驾驶汽车的研发工作，或者既然选择去基层为什么不去偏远地区。的确，这些问题曾经也经常困扰我，使我感到迷茫，但是，当我经历清华十年的培养即将毕业的时候，我已经变得不再彷徨：公共部门在实现中华民族伟大复兴中不可或缺，进入公共部门就是进入重点行业；而上海在中国逐渐走向世界舞台中心中不可或缺，进入上海选调就是进入大国崛起的前线；上海公共部门在全国改革发展大局中不可或缺，进入上海选调就是进入为兄弟省份的发展积累经验和教训的试验田。

职业发展中心常常以“兴趣、能力、价值观”指导我们择业，那么，能够兼顾这三个维度，签约上海市选调生，其实就是一个不纠结、很幸福的选择。

## ■ 结尾

毕业的日子越来越近，我既期待早日踏上工作岗位，同时也难舍在清华园的日子。清华十年，是人生中值得回味的宝贵记忆，相比学到的知识和锻炼的能力，清华的价值观更在我身上留下了深深的烙印，我永远不会忘记母校对我的培养。

十年前，我从上海来到北京，十年后，我又从北京回到上海。和偏远、艰苦地区相比，在大城市的公共部门工作，面临的压力和诱惑某种程度上来说也许更大，这将是一次新的历练和考验。相比光阴十载再出发的憧憬，我想，我更要做好板凳甘坐十年冷的准备。

写于 2019 年 7 月

忻隆，清华大学汽车工程系 2019 届博士毕业生，毕业后作为选调生前往上海市发改委工作。

# 修新羽：文艺青年成长史

## ■ 我最终意识到，自己并不适合成为记者

实话实说，我的毕业季非常狼狈。

甫一入校，学院里的老师就把我们视为未来的“精英”，而课程设置也几乎全都是学术性内容。这使得我们中的很多人都忘记了一件事：“精英”也是需要自己找工作的。

在浓厚的学术氛围影响下，我其实没有严肃考虑过职业规划，求职方向一度十分简单明确：寻找一份能迅速扩大知识面、与人打交道的工作，以填补自己之前文学创作时在阅历方面的不足。马尔克斯、海明威、金庸等许多作家都是记者出身，“记者”就成为我最心向往之的选项。本科阶段，我选修了新闻双学位，并在我心目中最好的非虚构写作团队《人物》杂志进行了三个月的实习；硕士阶段，我在业界顶尖的《GQ》杂志实习了七个月，在《中国青年报》实习了两个月。

时至今日，我依旧相信“记者”是个非常好的职业。它要求你足够敏锐，能从受访者简短的叙述中寻找到最值得挖掘的信息；足够有耐心，能用几个月的时间反复打磨，尝试从各个角度向自己的选题靠近。它督促我广泛地关注和思索着社会性议题：那时我连恋爱都没谈过，却守在生殖中心门口，硬着头皮搭讪那些前去做试管婴儿的夫妻，试图理解“孩子”在一段婚姻中的分量；跟着刚蹿红的演员去参加电影节，看着他在发言时落泪，看着他在KTV里像孩子那样追逐着一只气球。

但我也最终意识到，自己并不适合成为记者。

为了能第一时间得到最真实准确的信息，记者几乎要保持二十四小时待命，有时甚至要在十五分钟内收拾好行李出发去机场。记者的生活要围绕采访对象的行程和时间而定，为了打入做试管婴儿的家庭群体内部，我当时的同事假称自己也要做相关手术，在生殖中心附近的群租房里生活了一个多月。

然而，由于平时经常写作小说，我习惯于保留属于私人的时间，不愿创作状态总被突发情况打乱。

另外，我太容易被采访对象的情绪所影响。2019年春节的时候，我在上海虹桥站参与腾讯《回家的礼物》节目，每天从二十余万乘客中筛选出那些带着有趣礼物回家过年的人，把他们请到直播间。在那里我遇到了一位二十岁的青年，他脚边的袋子里装着七八只奖杯，在上海当职业泰拳手三年了。“会让爸妈看你打比赛吗？”我问他。“不会，”他说，“因为不可能每一场都赢。”这样简单的一句话，让我整个下午都陷入恍惚，想到了许多沉默的思念与沉默的善意。在试管婴儿的选题上，采访对象突如其来的负面情绪也让我感到无法应对，仿佛整个生活都被蒙上了灰色。对于写作者来说这或许是好事，在文学写作中有足够的时间和篇幅，让我消化掉情绪。但对记者来说，这既影响专业度，又影响工作效率。最难受的那次，被编辑老师骂了一顿，坐十六站地铁从大望路回学校，眼泪止不住地流。



## ■ 同时满足这三样的工作基本不存在，必须要做出取舍

排除掉“记者”，我再次思考职业方向，发现自己对其他的行业并不了解。在求职网站上投了几份简历后，我接到了一个求职中介的电话，声称可以帮我进行简单规划。闲着也是闲着，我决定听她讲讲看。对方的第一个问题是：“你有过什么世界五百强企业的实习经历吗？”“没有啊。”“为什么没有？”对方似乎很困惑，“你是清华的学生，世界五百强的实习应该不会很难找吧？”“我没想去五百强企业实习。”电话被挂掉了。

必须承认的是，我的努力确实不足。按部就班地上课是不够的，随心所欲地阅读和创作也是不够的。我能够翻阅几十本中外文献去研究“阐释学的演进”或“文本与意识形态的关系”，却对各行业各公司的风格、待遇、企业文化没做过任何调研，几乎一无所知。彼时已经是研三下学期，在找工作的同时我还面临着修改毕业论文的压力。周围的许多同学早就在大四就考虑好了职业发展，按部就班地找实习、投简历，尝试着不同的方向，并最终做出抉择。而留给我的抉择时间，只有短短一两个月。

2018年寒假，我只在家里待了不到一周。那阵子，北京下了很大的雪。

3月初，我拿到了第一个offer，口头的，来自国企。在我耿直地表示自

己其实没考虑好、无法立即签订三方协议后，他们很快把我淘汰出局；我曾考虑入职一家私企，但在实习考察时发现，下班后没有一个人离开办公室，并且加班时间是要“在领导审批同意后”“以半天（四小时）为单位进行计算”的，也就是说，加班三个半小时不算数的。

从人文学院毕业



经过一番摸索，我明白自己在哪些方面是无法妥协的，最终把标准细化为“足够的个人时间”“有安全感的薪酬”“兴趣相关”，用浅显的话来说，差不多就是“事少，钱多，有成就感”。这其实也是大多数人对工作的要求，但同时满足这三样的工作基本不存在，必须要做出取舍。

接下来的内心斗争，就在这取舍之间。

我失眠了，盯着宿舍光秃秃的天花板，掂量着自己的人生。我找各种朋友聊天，还预约了学校的职业咨询。我对负责咨询的老师说，很担心最后选择的工作让自己不幸福；并且，作为独生子女，我也很怕辜负父母的期待。老师的回复是，其实清华培养了你，最终的目的可能也不仅仅是让你过得幸福或是满足父母的预期，而是让你对国家、对社会有所贡献。现在回想起来，或许会觉得这话非常“不近人情”，但在当时，这样充满“家国情怀”的清华式安慰让我从私人语境中跳脱了出来，更冷静地审视自己的处境。

我想起了在整个求职过程中，听到的这样两句话。

一个是在某教育企业。负责招聘的清华学姐对我的能力比较满意，决定录用我，但对我简历上光秃秃的实习感到困惑。“你是清华的学生，又拿了特奖，我以为你是那种把未来的每一步规划得很清楚的人，但你好像什么都没想过。”

一个是在某报刊。面试时报社领导追问我为什么选择了哲学系。我告诉他，因为我希望能得到更严苛的思想训练，而且我知道自己如果读了哲学系一定也会继续写小说，读了中文系倒不一定会再去看福柯、看康德了；此外，为了能够更扎实深入地理解世界，我还选择了新闻双学位，并在硕士期间修读了很多社会学、人类学课程。他对我的回答很满意，对旁边几位面试官感慨道："她把每一步都想得很清楚了。”

我真的想过吗？从小学到高中，我的语文成绩始终很优异；高中获新概念作文大赛一等奖后开始写小说，很早就出版了短篇集，作品发表得很顺利，还加入了中国作协。我像一个被推进池中的泳者，始终在朝某个认定的方向努力游，压根没考虑过“上岸”的事情。

曾经，我是个很笃定的人。毕业前夕，我需要再次确认的是，是否要顺从自己的喜好，让“文学”成为工作的重心。有利的是，这是我感兴趣并且熟悉的领域；有弊的是；要割舍掉许多同样新鲜有趣、富有挑战的事业，放弃人生的其他可能性。



## ■ 世界上的这部分美好，有我的一份功劳

其实，对大多数人来说，重要的不是你想得到什么，而是你愿意放弃什么。

仔细权衡了文学在我生命中的位置后，我最终放弃了更优渥的薪资，也放弃了在其他领域的尝试，来到中国青年出版总社工作（它的前身是青年出版社与开明书店），担任《青年文学》杂志社编辑。

2019年10月到11月，我的主要工作是“读小说”。那是120部中篇小说，它们被全国各大文学期刊推荐来参加“城市文学排行榜”，总计300多万字。我和编辑部的其他同事在阅读后进行了反复讨论，最终挑选出合适的作品送入初评。在工作中，我不仅对国内作家们的创作风格和创作理念有所了解，也终于走入了文学现场。

今年的杂志上，由我创建并主持了两个新栏目。“灯塔”搭建着青年作家和文学名家的沟通桥梁，约到了毕飞宇、黄锦树、刘亮程、张楚等前辈的稿件；“雅座”采访跨领域文化人士，目前已经完成了微软互联网研究院院长李笛、国家大剧院音乐总监吕嘉的稿件。

我真的很喜欢自己组来的这些文稿，所以想从中摘取几段与大家分享：

我是一个容易热的人，也就是所谓的快热。也正是这个原因，我从来不发表急就章，最起码要处理一遍。为什么呢？太热的文字会让我觉得不舒服，它会让你失去许多更有价值的东西。不要相信眼泪，那东西不值钱，你去看电视剧，每一集都会有眼泪。我想这样说，涉及灵魂的东西时常和泪水无关，你很难用你的眼泪去解决灵魂上的事情。

——毕飞宇

我过了半百人生，逐渐听懂了自小响在耳旁的各样声音，看懂了自己和身边那些事物的“老”：一条老路积攒在尘埃里的累累脚步声，一堵土墙缓慢老去的影子里，一群人不知不觉到了晚年。许多东西早已在时光里变老，等待你也老了，去认出它们的老。认出并呈现，是作家要做的事。

——刘亮程

在我写作初始，我遇到过很多才华横溢的同龄人，他们在写作上流淌出来的光芒让我羞愧。意外的是，他们只走了那一段路，就转向了，当然，我没有权利评判他们的选择，腹诽他人的选择是愚蠢的，我只是为他们没有珍视他们的才华而感到惋惜，甚至比他们自己还要惋惜。所以我想说的是，如果你真的热爱写作，就像个傻子一样一条路走到黑吧。别回头，也不要探起身子张望，带好你的行李干粮，没白日没黑夜地走吧，没准，好运气正在等着你。

——张楚

按照栏目策划，这些作家前辈阅读了我几位同龄人的作品，回答了他们在创作上的问题，并给出了回信。作为编辑，我一字一句地阅读了这些作品、问答与信件，时常为之感动不已。没有我的策划约稿，这些真诚的字句就不会在此时出现在世界上——换句话说，世界上的这部分美好，有我的一份功劳。

这些是属于“文艺青年”的高光时刻。

固然，工作总是辛苦的。巨大的阅读量让人腰酸眼涩；出色的稿件让人沉浸，差劲稿件却也不得不坚持读下去；反复辨析着“截止”与“截至”、“含义”与“涵义”，在三审三校中改掉稿件中的每个病句，仿佛永远都在做高考语文题。但我相信，我已经为自己曾经的纠结找到了答案。

疫情期间参加线上交流活动



小时候，“优秀”的标准似乎更简单，所有人都在同样的赛道上奔跑，拿最高的分数，上最好的初中，考入最好的高中和大学。而在大学，事情早已变得复杂而多元，专业、兴趣、特长、效率……每个维度，都有属于自己的标准来衡量“优秀”。哪怕从小当惯了优等生，哪怕有着再强的求胜欲，也不可能在所有维度战胜所有人。

但我们总有自己的方式来取得胜利。

写于2020年8月

修新羽，清华大学人文学院2019届硕士毕业生，毕业后赴中国青年出版总社工作。

# 张驰：踏一条属于自己的路

2015年的夏天，我穿过车流不息的中关村北大街，从北大东门跨入清华西门。也许是觉得自己四年的燕园生活太过纷繁，那时的我对博士光阴的期许是安安静静地读书，在毕业时做到文章、头发双丰收。现在看来，头发的确是保住了，但这四年半的博士时光却因为一连串的选择与“安安静静读书”擦肩而过。这一个个选择让我离一名博士本该有的确定性渐行渐远，踏上了一条充满未知的路。

## ■ “非典型博士”的苏世民书院之旅

2014年夏天，我参加了苏世民书院的第一届夏令营，与一群“大牛”小伙伴度过了愉快、紧张的五天。当时的许多老师都鼓励我参加2015年秋天书院第一届学生的招生申请，但望着“三高”课本上天书一般的矩阵，“安安静静读书”的期许浮现在脑海，心里便打了退堂鼓。关键时刻，导师一锤定音，要求我一定要申请，而且必须好好准备。于是，我匆匆忙忙地写自述、考雅思、求推荐信，赶在deadline前一天提交了材料，并幸运地通过面试，在2016年（也就是博士二年级）成为苏世民书院的第一届学生。

其实我的判断没错，“低年级博士生 + 苏世民书院”的确不是一个轻松的选择。苏世民的课程与活动本身就很满，加上博士二年级的课程与本科生辅导员的工作，我的日程表几乎没有空白。一年间，我经常是五点钟下了苏世民书院的课便赶去食堂，和所带班级的同学约饭聊天，再匆匆赶到六教上六点四十分的博士生课程，九点半下课回来，再接着读第二天苏世民书院课程的阅读材料。

然而，天性不安分的我要还给自己找事。看到许多外国同学对中国政治感兴趣，没学过一天政治学的我越俎代庖开了一个“中国共产党与中国政治”的讨论班，给大家讲什么是政治局常委、什么是政协、什么是十九大。这个讨论班一共办了四期，全英文讲解，每次都要花一两个星期准备，不单要保证知识准确，还要想办法吸引人，毕竟外国朋友们没有党员的觉悟，抓不住他们的注意力讲了也白讲。好在最终效果还不错，每次都能来二三十个人。对于一共只有110名学生、每天各种活动打架的书院而言，这已经算比较高的上座率了。

苏世民书院毕业典礼上与邱勇校长、苏世民先生的合影



## ■ “职场小白”的IMF奇缘

苏世民书院毕业典礼结束后的两个小时，我坐上了开往宁夏的火车，去进行博士生暑期实践。六个星期的基层生活把我从满是英文的世界拉回现实，博士三年级就此开始。大部分三年级的博士生都会选择去国外交换，而我选择了留下，因为苏世民书院的一年让我萌生了去国际组织工作的想法。而去国际组织工作的第一步是实习，想到在国外人生地不熟，我便决定留在北京找一找各个国际组织驻华代表处的机会。这是一个让许多人无法理解的冒险决定，事情也的确不顺利——半年匆匆而过，却也没有找到实习的影子。

转机出现在2018年1月的一个星期五晚上，我接到了国际货币基金组织

（IMF）驻华代表处 Alfred Schipke 先生的邮件，说想约我聊一聊。我曾经帮 Alfred 对接过他在苏世民书院的演讲活动，之后也旁敲侧击地问过他有没有研究助理的工作机会，可是三个月之中杳无音信。接到邮件后的那个周末，我仔细整理了以往的研究论文，总结了自己擅长的研究领域，准备了各种关于中国宏观经济的问题。然而当我面对 Schipke 先生准备讲自己背好的开场白时，他告诉我他们没有研究助理的空缺，但是因为要和中国央行办一个关于“一带一路”倡议的研讨会，需要一个助理来协助相关筹办和工作，工作周期三个月。

关键时刻又是导师打消了我的犹豫，他说你既然想去国际组织，就先进入人家的圈子，进去了再找机会。于是，在接下来的三个月，我一下子找回了在北大经济学院学生会筹办“新时代中国青年经济论坛”的感觉，住宿、手册、晚宴、背板、短片、嘉宾等工作 N 线作战。我没什么工作经验，只能在干中学、错中学，最开始一封 200 字的英文邮件要写两个小时，还要被领导批评写得不专业。好在勤能补拙，按照合同规定每周只需工作一天的我，那三个月几乎每天都在加班，慢慢也就找到了感觉。在会议开始前的一个星期，Alfred 找到我，说我们现在有一个 part-time economist 的岗位，如果你愿意的话可以留下来接着做。我当时脑子里闪过一句话：“天上掉馅饼了，张嘴吧。”于是，勤杂工小张摇身一变成为兼职经济学家（名号让人受不起，但 IMF 的名片就是这么翻译的），做研究，写文章，一直到 2019 年的 3 月份。



## 魔都异客的NDB篇章

IMF 实习的光阴还未消散，毕业的压力就冲到了面前。对于中国本土的经济学博士生而言，国际组织的工作机会少之又少。在导师的建议下，我选择了“先毕业，等机会”的打法，于 2019 年年初开启了博士论文“打怪”之旅。导师的指导、前期的积累以及没黑夜没白天的奋战共同助力我在 9 月份通过答辩，从学生成为毕业生。然而，此时我手里还一个 offer 都没有。进入 10 月份，金砖国家新开发银行的面试终于开启，包括副行长在内的面试官对我进行了全方位的“轰炸”，让我一度以为通过无望。峰回路转，offer 在 12 月中旬送到，我匆匆告别生活了 8 年半的海淀，赶在新年之前来到上海，加入了这个成立不足 5 年的国际组织。

金砖国家新开发银行总部办公室



新开发银行是由金砖五国发起的多边开发机构，为成员国基础设施项目进行融资。平心而论，这是一个年轻的、名气不大的单位，其研究部也草创不久。来到这里，一方面当然是因为 IMF、世界银行等机构对我而言实在高不可攀，另一方面是觉得也许只有“新”开发银行才能做出点新东西。“新”意味着更少的包袱、更多的机会、更无限的可能，事实上也的确如此。新开行人员不多，我这样一个最低级别的雇员甚至有机会直接向行长讲述自己的研究成果，其他领导也始终强调研究要为现实服务。这与习近平总书记在金砖峰会上建议新开行加强政策能力与研究能力的论述不谋而合，也更符合我的研究兴趣和学习经济学的初心——经济是“经世济民”，在一个发展中国家建立的国际组织中进行经济研究，也算是为这个恢宏的事业做出了自己的贡献吧。

## ■ 披荆斩棘的开拓者之路

4 年半的清华生活，最值得我铭记的就是上述这些不按常理出牌的选择。事后看来，这些选择并非每次都十分明智，但他们让我有勇气离开人潮，去踏出一条属于自己的路。我不知道这条路通向何方，只知道它走起来不容易，但恰恰是这披荆斩棘的旅途才是我心之所系。8 年有余的学生生涯，师长、朋友、课堂、社工，一切经历共同让我增加了见识，增强了能力，定了心智，放手去追寻自己想要的生活，这是我前三分之一的人生最宝贵的财富。

离开清华，以我的方式，继续走前方的路。

写于 2020 年 9 月

张驰，清华大学经济管理学院 2019 届博士毕业生，毕业后供职于金砖国家新开发银行（New Development Bank）经济研究与分析局。

# 范梓腾：在社工与科研的平衡中思索前行

在清华大学就读 9 ～ 10 年是一种什么样的体验？这个曾经在“知乎”上刷屏的提问，如果让我现在回答，我可能会说：这 9 年求学生涯就是一个不断颠覆我的职业生涯规划的过程。

时间回到 2011 年初入清华园时，当时的我很难想象 2020 年的自己会以从事学术研究的方式开启职业生涯。实际上，直到在清华求学的最后两三年，我都以为自己会在毕业时选择去往公共部门。之所以形成这样的一种职业规划认知，可能原因在于，从入学时起，学生工作和社会实践就成为我课外活动的一个主要构成部分。直到 2018 年出国访学前，大多数时候，我每个学期都会兼任 2 份不同的学生工作。我在“四大组织”（团委、学生会、科协、TMS 协会）中也都承担过主要的骨干工作。既借教室，写新闻稿，设计海报，运营公众号，也举办党团活动，组织学生节，承办知识竞赛，组织社会实践和校园讲解。在这样的环境下形成去往公共部门就业的职业规划认知似乎是理所应当的。但是，每当回顾自己为什么会在博士期间最终完成职业规划的转变，我想，或许正是一直以来的学生工作经历驱使着自己在学生时代的最后时刻坚定地做出了从事学术研究这一选择。

其一，参与学生工作让我习惯于在细节中磨炼心性。正因如此，对于“布衣暖，菜根香，诗书滋味长”的学术生活，我是安于其中，乐得其所的。其二，参与学生工作让我习惯于在社会调研中培养公共问题意识。正因如此，对于公共问题的刨根问底总是能让我兴趣盎然。其三，参与学生工作让我得以在实践中亲临公共组织的现实运作。正因如此，我得以身临其境地不断深化对于理论学习的认识。

## ■ 在细节中磨炼心性

学术研究的书斋生活不仅意味着研究者可以自由灵活地把握工作时间，还同样意味着研究者需要能够耐得住寂寞，坐得了“冷板凳”，持续性地创造和输出。不过，没有第一生产力deadline的推动，我们都很可能成为所谓的“拖延症”患者，“明日复明日”地把雄心壮志无限期延后，最后只得在深夜时刻挑灯夜战，试图去抚平因为白天的碌碌无为而带来的不宁心绪。

学术生活实际上是精彩纷呈的，并非如表面上看起来那般平淡如水。它的精彩可能来源于成功地在实证分析中用数据验证了猜想假设，可能来源于在社会调研中找到了自己困扰已久的问题答案，也可能来源于研究成果终于得到匿名评审人的认可。当然，惊心动魄同样存在。也许，当你花费了大量心血收集完数据后，发现实证结果与理论构想南辕北辙。也许，当没日没夜地与团队成员设计好实验方案并付诸实施后，自己突然发现有一个关键性的内生性问题没有提前考虑。也许，当自己投稿顶刊并且已经与匿名评审人鏖战了三四轮时，主编最终还是委婉拒绝。常听前辈们说，精彩纷呈和惊心动魄通常是一个事情的两个方面。比如说，在修改再提交时，只要主编没有拒稿，就意味着还有机会发表。但是，这同样意味着，只要主编没有接收，就依然有被拒稿的可能。我想，这样一种“平静水面下暗流涌动”般的生活，需要学者有足够的耐心。所谓耐心，不仅指持之以恒的坚持，还指能够在起起伏伏中保持乐观的心性。虽说自己距离这种理想状态还差着“十万八千里”，但是学生工作的经历确实在某种程度上弥补了我在这方面的先天不足。



在这方面，大一时的“借教室”经历让我印象最为深刻。无论是举办何种类型的活动，都需要由组织者提前借好场地。然而，那个时候的信息系统应用并不像现在这样普及。因此，每次借教室都要依靠人力跑动。首先，需要拿着纸质申请表找辅导员确认，之后到团委办公室审批，再拿着审批通过的表格去“四教”确定教室号码。最后，再拿着这个确定后的教室号码前往C楼投递。然而，在一次借教室的过程中，我险些导致活动无法如期举办。原因在于，我在填写教室借用时间时，错误地使用了12小时制，把本该晚上7：00举办的活动时间写成了7：00。这使得教室管理员把我们的教室借用时间也相应地分配在了早上7：00—9：00这个时间段。而实际上，如果我能以24小时制的方式来填写，就可以避免不必要的误会。所幸我在活动举办前一天去了趟C楼，并在与老师复查信息时发现了这一问题，而恰好当天晚上19：00该教室也没有被其他活动所占用，因此我得以逃过一劫。时至今日，我依然清晰地记得在现场发现这个问题后，我的头“砰”地一下就大了。这次有惊无险的经历看似琐碎，但是总能时不时地提醒我自己，处事时要多一分着眼细节的耐心。

做学术报告



## ■ 在调研中培养公共意识

我博士阶段的专业是公共管理。之所以在“保研”时选择它并在之后一直坚持在这一领域开展研究，我想这与我在学生工作中的社会调研经历密切相关。开展公共管理研究的一个核心前提就是研究者要对公共问题足够敏感并抱有热情。

参与社会调研

在这方面，每年寒暑假，我都会参与学生组织所开展的聚焦于村镇一级的基层社会调研活动。这让我得以逐步形成对公共问题的基本认知和研究兴趣。实践地不仅包括陕西、贵州、广西、福建、四川、湖南等国内基地，还涉及海外，如印度等发展中国家。仔细想来，作为一名学生，也许我们的实践活动并不能够如预想的那样为当地经济社会发展带来实质性改变和推动，但是至少在这样的一个“接触—思考—再接触—再思考”的过程中，我得以逐渐有意识地思考一些具体的公共问题：它带来了哪些经济社会发展问题？它的成因是什么？我们可以如何去解决它？虽然那时候的种种思考和尝试都还只是处于一个比较表象的层面，关注的领域也相当发散，但是正是在这样一点一滴的积累中，我最终形成了自身对于公共管理研究的志趣，并对此抱有强烈的价值认同。

## ■ 在实践中深化理论认识



相信每一位做社工的同学都或多或少地心存疑问：社工和科研是否二者不可得兼？我们都知道，参加学生工作，举办各种类型的文娱活动，处理纷繁复杂的行政事务都是需要占用一定时间的。挑灯夜战也并不只是说说而已。其实，我也时常受到这个问题的困扰。我依然清晰地记得，在每次举办大型活动的最后一两周时间里，学生组织中的骨干和我几乎每天晚上都会奋斗到很晚。有时结束后还会再去吃点儿宵夜。因此，说组织学生活动不会占用个人时间肯定是不现实的。但是于我而言，这种个人时间的占用可能也并不意味着科研时间的减少。毕竟，即使我不参加这些学生活动的组织，可能也会拿这些时间去干别的闲事了。

于我而言，由于专业的特殊性，参加学生工作的经历反而在某种程度上深化了我对于书本理论的理想。我常常想起一位令人尊敬的老师的话，大意是：“研究公共管理和担任学生辅导员在很多时候是可以相互促进的。”确实，公共管理是一门以公共组织运作为考察对象的学问，具有很强的实践导向性。公共管理的理论发展既来源于一线实践素材，其生命力也在于能够引导未来的一线工作。而担任辅导员则可以帮助我在公共性较强的相关学校组织中去切身体验该类型组织的运作逻辑。实际上，这在我个人的研究体验中尤其明显。比如说，我的具体研究领域聚焦在数字政府建设，本质上考察的就是信息技术在政府组织中的应用。围绕数字政府建设绩效的好坏这一问题，传统观点通常认为这是一个技术和资金问题，它取决于政府有没有足够的财政投入和技术人才来支撑信息基础设施建设。然而，新近的理论观点则认为，数字政府建设本质上是一个组织问题，涉及的是各层级组织人员对于信息技术的认知、工作习惯、安全顾虑以及利益再分配等议题。而不同的理论观点也相应决定了下一阶段数字政府建设的实践路径方向。如果基于传统观点，那么政府就要进一步促进资金投入和技术专业人才引进。如果基于新近观点，那么政府则需要在组织的结构、机制、体制等各方面实现与数字技术的深度互构。

实际上，由于自身政府部门工作经验的缺乏，尽管在理论逻辑上我可以理解新近观点的合理之处，但没有办法结合切身经历去换位思考地感受。直到某一年，我在担任辅导员期间也在实际工作中遇到了建设人员信息数据库的可行性问题。这时，我才有机会在实践中去把握这一理论观点的适用性和边界范围。此时的我是以实际负责人的身份去处理信息技术的应用实践问题的。而通过这次实际工作经历，我也获得了不一样的学习体会。我真切地发现，在做出是否搭建信息数据库的决定以前，是否具备相应的资金支持和技术支撑只是非常前置的基础性条件。而真正影响决策走向的，则是对于数据库建成后所带来的信息安全、法律适用以及工作方便度等配套性维度的综合考量。



虽然这些经历看似与我当前的职业发展“风马牛不相及”，但直到毕业后，每当回想起自己曾经在这些工作经历中所结识的“战友”、所经历的事情，我都十分心满意足。因为它们为我的清华园岁月打上了最厚重的底色。

写于2020年12月

范梓腾，清华大学公共管理学院2020届博士毕业生，毕业后前往复旦大学任教。

# 侯珺森：小小军迷的航空梦

在 2019 年秋招中，我选择与航空工业成都飞机工业（集团）有限责任公司签订就业协议书。成飞公司是我国航空武器装备研制生产和出口的主要基地，也是民机零部件的重要供应商。现在为人熟知的“歼 20”“歼 10”“枭龙”等战机均由成飞公司生产制造，C919 的机头部分也由成飞供应。在求职过程中，我也有过摇摆，但热爱最终为我指引了方向。

## ■ “长情”的航空迷

在学生时代结束时，我想找的不仅是一份工作，更是一个能将自己多年热爱融入其中的起点。

我出生在甘肃省东部的一个小县城。小时候最喜欢的事就是看书。小学五六年级时，我开始在报刊亭买一些军事杂志。虽然那时 10 元一本的定价对我来说很贵，但读过一次之后，我每周路过时都会忍不住去挑一本。很感谢父母，他们一向很支持我买杂志，从没因我买与学习无关的“闲书”而阻止我。

这么多年下来，我的书架上早已堆满了《兵工科技》《兵器知识》和《航空知识》。初高中时，我用电脑上网的时间比较有限。每次开机的第一件事，就是浏览凤凰军事之类的网站。不管在哪儿看到军事相关内容，我都读得津津有味。可以说，我是一个不算资深但也比较长情的军迷了。其中，我最喜欢的就是航空相关的内容。

那个年代的军迷很容易感受到航空工业的落后。2006 年“歼 10”首次公开亮相的时候，美国的下一代 F22 已经形成作战能力，F35 也已完成首飞。我现在还清楚地记得自己第一次看见“歼 20”时的感受。那是高一的一个周末，放假的我打开电脑准备玩游戏时，例行打开了一个军事网站。网站首页的图片中是一架停在停机坪上的黑色涂装飞机，标题写着歼 20 滑行测试之类的内容。我的第一个想法就是：PS 的技术越来越好了。当时的大多数人，应该都和我一样很难相信这事是真的。几天后首飞的照片传出来，那种如在梦中的喜悦让我激动了好几天。

2018 年在柏林航展上体验狂风战斗机



后来高考填报志愿时，由于航院在我们省只有一个名额，而自己成绩也不够好，因此没报航院。招生老师拿着小册子向我推荐了其他院系的几个专业。我看到机械系的介绍中写着可从事国家重点装备制造的内容，想着自己如果去造战斗机也不错。那时也没想到，七年后自己能够成功地去到成飞从事这份工作。上大学后，我对航空的关注依然不减。两年一届的珠海航展，除了 2014 年因为考试未能成行之外，2016 年、2018 年我都去了现场。平时不怎么运动的我，能够在展区里逛一整天，以感受飞行表演带来的震撼、各种飞行器带来的满足。印象最深刻的还是 2018 年在珠海亲眼看到“歼 20”双机编队时的感动。“歼 20”低空通场时，人群欢呼不断。我举着相机，眼睛也变得湿润。那天，在回市区的大巴上，我拿着相机反复地看。那两架飞机像是两只银灰色的精灵，在我的脑海里不断飞舞，久久不愿离去。

十几年来，对航空的这份喜爱已经成了我生活的一部分。现在的我每天睡前也会浏览一番微博上的军事博主的主页内容，逛一逛超大论坛。当然，找工作不仅仅是凭靠喜爱这么简单。

## ■ 秋招中的选择题

第一次认真考虑去成飞工作是在大三。当时，我看到了我们系辅导员刘翘楚（机械工程系2016届硕士毕业生，毕业后前往成飞公司工作至今）的择业经历。他只投一份简历、只参加一次面试的故事在当时广为流传。在此之前，我对找工作这件事还没有丝毫的了解。那时我才意识到，去成飞工作是真实可行的。这便在我的心里埋下了一颗种子。

三年的时间很快过去。在2019年的夏天，我也迎来了自己的求职季。当时我的目标比较明确。先是参加了成飞的暑期实践训练营，也就是提前招聘的活动，之后投了深圳的两家公司，一家是手机设计，一家是无人机设计。经过一系列的笔试、面试，我拿到了这三个offer。考虑到自己一直以来的爱好，我当时主要在成飞与无人机设计之间选择，其中的纠结也曾让我很苦恼。设计无人机和制造战斗机都是我很喜欢的工作内容。当然，如果要选择其中一个，那肯定是制造“歼20”更吸引我。但成都与深圳之间的对比、两倍的薪资差异等因素，都让我的选择变得很难。我内心的天平不断摇摆：一边是较大的梦想和情怀，一边则有较小的梦想和现实。后来，我下定决心——我要去成飞。在我做出这个选择后，我发现自己很快忘记了曾经的纠结，这时常憧憬在成飞的工作。这时，我就知道，我选对了。

2019年参加成飞暑期实践训练营

除了一直以来的爱好，我遇到的两个人和他们的两句话也影响了我最终的选择。2019 年的寒假，我去往成飞，参加了社会实践。当时，我们遇到了一位工程师，他站在飞机下，听到我们来自清华之后，高兴又激动。他对我们说："我们的航空工业还很落后，还有很多差距需要追赶，需要清华的同学们来到这里。"我很受触动。一是对他所说的事实感同身受，二是感受到了社会对于"清华"两个字的期许。那时，我就在想，只要这里需要，我便愿意竭尽所能，贡献出自己的一分力量。第二次是去参加成飞的暑期实践训练营。结束后，我约刘翘楚师兄一起吃饭。我问师兄当时选择成飞是为什么。他说，就是为了航空报国。师兄的回答虽简单，但每个字都有足够的重量。其实我之前考虑到的更多是自己的爱好，而那位工程师和师兄的话让我经常思考：这种心态能否与航空报国的理念契合。后来我想，也许我现在还并不明白这四个字背后的意义，但既然自己愿意加入这个行业，在与他们同行后，自然能够找到属于自己的意义。



在成飞内部经常可以看到这样一句话：祖国终将选择那些忠诚于祖国的人，祖国终将记住那些奉献于祖国的人。虽然说不清楚原因，但我每次看到这句话时内心都会有一丝激动。将自己的事业融入祖国的事业里，这的确令人心潮澎湃。由于军工企业的特殊性，成飞内部还有另一句话流传："干惊天动地事，做隐姓埋名人。"我想到，"歼 10""歼 20"都从这里腾空而起，飞往祖国天空的四面八方，发动机的轰鸣声惊天动地。60 年来，无数人来到西部这座城市，其中的艰辛不为人知。简简单单的两句话背后，有着许许多多的故事，也深深吸引了我。

后来在做选择时，我会不断回想起在成飞的这两段经历。我想，如果不去成飞的话，我以后一定会后悔。不知道听谁说过：年轻时就应该做自己当下不后悔的选择。我深以为然。

在找工作时，我经常会受到周围同学、父母、朋友的影响。有的影响是有利的，有的影响是不利的。如何在其中寻找自己的方向，做出自己的选择，是每个人都会面临的问题。因此，需要不断地叩问本心，在找到自己内心的渴望之后，选择题似乎就迎刃而解了。

如果说我有什么可以分享的就业经验，那就是找到自己的热爱，做出自己的选择。在我看来，如果为了工作而工作，那似乎有些乏味。人生有足够的时间去寻找自己的热爱。我很幸运地在十几年前就找到了，并用时间证明了这并非一时冲动。而这份热爱能够与祖国的发展相结合，无疑让我的选择更加坚定。如果说曾经的我只是个仰望祖国腾飞的少年，那么如今的我则能够用自己的一分力量，让它飞得更高、更稳、更好。

写于 2020 年 6 月

侯珺森，清华大学机械系2020届硕士毕业生，毕业后去往成都飞机工业（集团）有限责任公司工作。

# 胡黎俐：守护12年前那颗梦想种子

我出生于四川自贡。四川是一个来了就不想走、也“走不脱”的地方。虽然毕业后的我将离开四川，去往上海工作，但萌芽于四川的梦想从未离我而去。它指引着我选择土木工程，来到清华深耕科研，毕业后将前往上海交通大学任助理教授。尽管回头看来，这个产生于2008年的梦，夹杂着无数的泪水。

## ■ 震后种下一颗梦想的种子

2008年，我正在四川自贡蜀光中学上高一。由于学校下午2：40才上课，因此5月12日那天下午2：28，我还在学校附近的家里。突然之间，我所住的老房子猛烈地晃动不止。等我反应过来这是地震、想往外逃的时候，门却因为变形打不开了。直到房屋停止了晃动，我才用全身力气打开门，飞快跑去操场，忐忑不安地等待。直到学校广播传来消息，我才知道汶川地震了。因为担心余震，那一晚，我和父母，以及上百个家庭，在操场度过了难熬的一夜。

一周后的升旗仪式上，校长朗诵了一首诗。其中有这么两句话：“无论你在哪里，我都要找到你。”我听到后，不禁流泪不止。那段时间，我一下课就回家看新闻。新闻上的故事让我一次次“撕心裂肺”。那些失去孩子的父母、失去父母的孩子、失去土地的大叔、失去双腿的学生，他们说着的乡音，他们周围的山水，让我觉得灾难和生离死别离我那么近。我甚至在想，要是震中再往我们自贡偏一点，我还活着吗？种种冲击让我依稀产生了一个想法：我希望自己未来可以建出更牢固、更安全的房子，让这样的惨剧不再重演。现在看来，这也许可以叫作“梦想的种子”吧。

高考后我进入天津大学，坚定地选择了“茅以升班”土木工程专业方向。天大茅以升校长有一首名诗：“回首前尘，历历在目，崎岖多于平坦，忽深谷，忽洪涛，幸赖桥梁以渡。桥何名欤？曰奋斗。”在这首诗的激励下，我在学习上严格要求自己，积极参加科研竞赛。渐渐地，我发现科研似乎与我的梦想很契合。

## ■ 读博需要“负重效应”

为了让梦想的种子茁壮成长，我选择来到清华大学土木工程系攻读硕士学位。进入研究生阶段后，我的主要任务从学习既有知识转变为探索未知领域。感谢学校、学院提供的大舞台，也感谢导师冯鹏教授的指导和信任，我很快找到了做研究的感觉。

我研究的大方向是通过新材料的应用有效地保障建筑结构的安全，具体是针对土木工程中广泛应用的钢结构开展研究。钢结构容易发生疲劳破坏和屈曲破坏。这两种破坏的发生都非常突然，会像汶川地震造成的破坏一样，严重威胁人民的生命财产安全。为了减少和避免这样的悲剧，在导师的指导下，我将高性能复合材料与钢结构进行了合理的组合，取得了良好的效果。因此，我在第一学期就发表了自己的第一篇 SCI 论文。这篇文章通过新材料的加固将钢结构的疲劳寿命提升到了原来的 3 倍。这让刚刚开始科研的我兴奋不已。紧接着，我又进行了一系列深入的机理分析和设计方法研究，并发表多篇文章。

硕士毕业之际，身边的同学有的去了房地产行业，有的转行去了金融行业。看着他们从象牙塔走向社会，我心中也有些羡慕。但相比起来，科研能够带给我更大的成就感，而曾经的梦想也在召唤着我。于是，我选择了转博。导师也十分支持我的决定。2017 年 9 月，我正式成为清华大学土木系的一名博士研究生。

在科技工作者日通过网易新闻直播向全国 38 万观众介绍近期研究

此后，导师给我提出了更高的要求。他希望我“做一流研究，当国际学者”。博士课题难度与硕士课题相比，高了太多。可以说，我在硕士阶段“四季如春”，却在博士阶段的一开头便“七月飘雪”。

我博士课题的具体研究方向是在既有技术的基础上提出应用复合材料加固钢结构屈曲性能的新技术。这种新技术不仅需要效果显著，还要求施工便捷、节省材料，并可大量应用于实际工程。刚开始，我完全找不到突破口，一筹莫展，甚至想到换课题。后来，通过大量的文献阅读，再加上与导师和课题组的同学充分讨论，我终于突破了瓶颈。在一个深夜，我突然想到可通过给钢柱施加预压力来增强其抗压性能。这就像有名的“负重效应”——船在有一定负重的时候，反而是最安全的。百万吨的巨轮很少被打翻沉没，沉没的常常是负重极轻的小船。于是，我创新地提出了预应力复合材料抗屈曲加固技术。这项技术从原理上挑战了人们认为预应力加固不能提高钢柱屈曲性能的传统观念。虽然这样的逆向思维一开始受到了一些冷遇和质疑，但我经过反复的理论论证和试验证明，最终证实了其可行性和优越性。相关成果不仅获得审稿人的高度评价，也在业内得到广泛关注。这段经历让我知道，人生没有一帆风顺，有时在黑夜里再坚持一下，就能等到黎明。

在第二届国际复材结构青年学者研讨会上做学术报告

在导师的指引下，我也十分注重拓展自己的国际化视野。读书期间，我曾前往瑞士苏黎世联邦理工学院等国际一流大学，与著名学者团队进行交流，与国际学术界建立起了良好的关系。在瑞士交流的 10 个月期间，我拓展了一个新的研究方向，并指导一位本校硕士完成其硕士论文，得到了国外导师的高度评价。为了获得更多国际专家的宝贵意见，我参加了 8 次国际会议，并在本研究方向最重要的国际会议——土木工程复合材料国际会议 CICE 上做过两次学术报告。此外，我还在第三届国际复材结构暑期学校作为唯一一名研究生与本领域的专家一起给几百名学生全英文授课，锻炼了自己的学术交流和表达能力。

就这样，通过老师的帮助和自己的努力，我在清华构筑了更清晰的梦想。目前，我共发表论文 20 篇（JCR Q1 分区 SCI 论文 9 篇、EI 论文 4 篇、国际及国内会议论文 6 篇、中文核心论文 1 篇），获得软件著作权 1 项，授权实用新型专利 4 项，并被行业标准《纤维增强复合材料加固修复钢结构技术规程》采用，为实现“建设安全家园”贡献了自己的一分力量。



## ■ 聚焦海洋土木，建设安全家园

转眼便到了 2020 年博士毕业之际，这是我亲历地震后的第 12 年。此时的我，回想起 2008 年那个刚上高一的自己，想对她说声“谢谢”——谢谢她在懵懂的年纪有了一个梦，因此我后面的人生才有了方向。

12 年之后的我，在学校、学院及导师的悉心培养下，具备了一定的科研能力，很有希望可以提出更多有效提升结构性能、保障建筑安全的新方法、新技术。因此，我决心通过做科学研究实现心中的梦想。在求职的时候，我将“高校任教”作为我的唯一目标，并有幸被破格录取为上海交通大学船舶海洋与建筑工程学院的助理教授。

上海交通大学的船建学院具有世界一流的实验设施和科研平台。其土木工程学科为教育部“双一流”学科。其中海洋土木方向是该学科为对接国家“建设海洋强国”战略和学校“大海洋”布局所定位的重点方向之一，与我未来的研究方向高度契合。从这里扬帆启航，我将努力探索将高性能复合材料推广于海洋工程结构和船舶结构，积极响应我国海疆主权保障、海洋开发的迫切需要；同时借助上海交大的国际化背景，努力与海内外专家建立常态化学术交流渠道，争取获得具有国际领先水平的科研成果，进一步实现“建设安全家园”的梦想。

其实我也曾幻想回到熟悉的家乡、回到父母身边，或是找一份朝九晚五的安稳工作，轻松地度过一生。但在必须做出选择的那一刻，我还是无法选择安逸。也许就像我的导师曾经说的：“从你步入清华大门的那一刻起，你将必须肩负起使命，你将不再可能选择安逸。”我想，我应该去最需要我的战场，去那里做一名奋斗的土木工程学者，学以致用，不忘初心，无问西东。

思想家康德曾说：“有两种东西，我们越是经常、越是执着地思考它们，心中越是充满永远新鲜、有增无减的赞叹和敬畏。一个是我们头顶的灿烂星空，一个是我们内心的道德准则。”2008 年的经历让我有了建设安全家园的梦想，也让我宠辱不惊，无所畏惧，这是我内心的坚守与准则。科研之路有时风调雨顺，有时布满荆棘，一路惊吓与惊喜同在，精彩不止，感叹不已，这就像是在探索未知的浩瀚星空。



感恩时代，感恩母校清华，感恩一路陪我披星戴月的亲友和良师，让我心怀坚定，仰望星空，扬帆启航。

写于 2020 年 6 月

胡黎俐，清华大学土木工程系 2020 届博士毕业生。毕业后任教于上海交通大学船建学院。

# 李佳婧：愿做一名年轻的“养老”人

接到邀稿，我的心情是意外而忐忑的。这是因为作为6月份刚刚离开清华、成为一名高校讲师的博士毕业生，我的职场生涯其实才刚刚开始。回首在清华 12 年的求学时光，我经历了多次选择的岔路口，一步步在纠结和迷茫中找到自己感兴趣的研究方向，做出无悔的职业选择。我很有幸能将这份心路历程梳理并分享给大家。

一切源起于高三时读到的一本书——《幸福的建筑》。作者阿兰·德波顿用优美而略带抽象的语言描绘了建筑与人的情感体验之间千丝万缕的关联，也让我对学习建筑、创造能够给人带来幸福感的空间这一事业无比神往。

## ■ 在推研岔路口的反思

如愿考入清华建筑系的我满怀憧憬。然而在本科的学习中，我却一度陷入深深的自我怀疑。没有绘画基础的我在设计课中总是为造型和建筑表现技巧欠佳所苦恼……大三结束推研时，我给一位心仪的老师发邮件、表示希望能成为她的研究生，却得到一句简短回复：“看了你的作品集，认为你不适合学建筑……”收到邮件的瞬间，我的内心是崩溃的，也不断反问自己：我是否不适合学建筑？

在反思的过程中，我想起了一段令我印象深刻的设计课经历。大二下学期，我跟随周燕珉老师进行了老人院课程设计。我从小和姥姥、外公住在一起，对老年人的生活有很多经验和体会。在做老人院设计的过程中，我也时常询问他们理想中的养老院是什么样子。在周老师的悉心指导下，我第一次有了“开窍”的感觉，学到了如何将使用者的需求“转译”成为建筑设计的语言，也取得了不错的设计成果。这个设计成果也给了我很强的信心：对生活的深刻理解是人性化设计的基础，其重要性不亚于建筑的造型、美学考量，而分析人的生活需求、研究更人性化的建筑正是我所热爱的，也许也是我比较擅长的。经过仔细的思考，我决定联系专注于老年与居住建筑研究的周燕珉老师，也十分幸运地得到了老师的欢迎和接纳。现在想来，还要感谢那位老师“直接”的拒信，让我有机会去反思自己真正喜爱和擅长的方向。

## ■ 从兴趣到专业

研究生期间，我开始了解我国的老龄化情况、养老服务体系以及相关政策，并跟随导师和研究团队调研了许多养老建筑项目，参与到相关的研究课题中，初步迈进了养老建筑的研究领域。2013 年刚好是我国养老产业的“元年”。国家密集出台多项政策，大力鼓励养老产业的发展。这也正是对养老居住建筑研究需求最为紧迫的时候。记得初中时，姥姥、外公选择离开家、入住郊区的养老社区。儿时的我曾经难以接受他们的离开，而通过这些调研学习，我渐渐开始理解和接纳了他们的养老选择，也对什么样的老年居住建筑更符合老年人的需求这一课题产生了强烈的兴趣。



成长过程中的这些经历和感触，让我对养老居住建筑这个研究方向满怀热情。但我也曾经有过动摇。那时，姥姥、外公刚搬到一所大型养老院居住。一个偶然的机会，我进到了院区角落一座不起眼的小楼，那里的情景触目惊心：窄小、黑暗的走廊边，七人间、十人间的居住环境毫无隐私可言；老年人大都处于卧床状态，眼神呆滞或是自言自语，由护工照料其基本的饮食起居;不甚洁净的公共卫生间中晾晒着被单、拖把和内衣，粗大的不锈钢扶手反射着冰冷的光……我带着无比沉重的心情走出那座小楼。公交车上，窗外光鲜热闹的街景与养老院中压抑的场景形成了巨大的反差。那一瞬间我突然想：养老这个议题太过现实和沉重，我要扎根在这一领域吗？而脑海中另一个声音又分明在说：正因我国养老居住环境、老年人生活质量还存在很多问题，才需要我们去研究吧。否则，未来我们将面对怎样的养老环境呢？

## ■ “未毕业”的“毕业季”

彼时的我也正面临着硕士毕业后是就业还是继续深造的选择问题。9 月，一次突如其来的脚伤将我送入了医院手术室。术后一周我就进入了大型设计院，开始实习和毕业设计工作。设计院的工作充实而愉快。我有幸参与到大型的养老居住项目中，每天都面临新的挑战，也有踏实的成长。周围的同事对我关照有加，令我感到十分温暖。我戴着护具、拄着双拐与同级的同学们一起通过笔试、面试，顺利拿到了这所大型设计院的 offer。而也就在这时，我的导师周燕珉老师约我进行了一次深谈。她认为我具备一定的研究潜质，问我是否考虑继续攻读博士。

虽然父母十分支持我继续深造，但我自己有些犹豫，担心自己难以达到博士所要求的研究水平。然而换一个角度想，不也正是因为博士学位对个人学术水平有极高的要求，才值得我去迎接挑战、锻炼自己的思维和研究能力吗？最终决定读博，另一个重要的原因是我希望在读博的几年时间中，能够作为导师研究团队的一员，为我国养老居住环境的改善工作贡献一点点力量。于是，我谢绝了设计院的 offer，一边潜心准备考博，一边跟随导师及研究团队开展老年居住建筑方面的科研工作。

硕士毕业时与导师在工作室的合影



## ■ 找到属于自己的那片“树叶”

硕士阶段，我参与了导师主持的国家自然科学基金项目申报工作。通过初期调研和文献学习，我对该项目的研究主题——“认知症老人的照料空间环境”产生了浓厚的兴趣。为了更好地了解认知症老人的需求，我参加了多个认知症照护的培训课程和会议论坛。在学习的过程中，我愈发感到为认知症老人营造好的照料环境本质上就是去满足人最基本而又常常被忽略的需求：感受到安全与关爱，被尊重，拥有选择，最大程度地发挥自己的能力，度过有意义、有价值的生活，而这也正回到了我选择建筑专业的初心。

当时国内的认知症照料才刚刚起步。为了摸清我国认知症照料设施的现状，我开始硬着头皮在网站上搜索认知症照料设施的信息，逐一打电话询问是否能去到机构中开展调研。我无数次在电话中被回绝，也体会过到机构后刚看了一圈就被推到铁门之外的窘迫，不过还是有一些热心的养老院向我打开了大门，让我能够进入设施深入调研。在调研中我发现，当前我国专业的认知症照料设施匮乏，许多设施空间环境存在严重的设计问题，认知症老人的生活质量普遍不高。但另一方面，通过与认知症老人、照护者、管理者深度交流，我也了解到这一领域中有许多专业又满怀爱心的工作者。他们在用心地关爱那些看似有些“糊涂”，实则单纯可爱的老人们。在一次调研中，一位患有认知症的老爷爷误以为自己居住的养老院是他的工作单位，每次遇到我都会热心地说：“这里我很熟悉，你有什么问题就来找我。”这些有趣、有爱的人们使我更加坚定了自己的研究方向。我想通过自己的研究为他们做些什么。



调研是充实而愉快的，研究却是严肃和艰难的。博士开题后，我得到了老师们的许多宝贵建议，才真正意识到博士研究的难度所在：既要具有相当的深度，又要具有一定的系统性；既要建立在已有的研究脉络中，又要抓住前人没有研究过的空白点。用顾朝林教授在研究方法课上的话说就是：“要在科学的大树上找叶子”。而“找叶子”谈何容易。一直以来受到的建筑学训练使我很难摆脱设计思维，而自身对于科学研究的范式也是一知半解。尽管在开题前三年我便选定了研究方向，开展了初步的探索研究，但迟迟找不到研究切入点。使得博士课题陷入停滞，一筹莫展。

不久后，我踏上了赴美国得州农工大学健康系统与设计中心的短期访学之旅。我的合作导师 Susan Rodiek 教授具备丰富的实证研究经验，也对帮助和指导青年研究者十分热心。在访学的半年中，我每周与她进行一次学术讨论，与她探讨我读到的文献、心中的困惑、调研中的体会。她也不厌其烦、事无巨细地与我分享研究的思路与方法，为我指点迷津。我所访学的中心是循证设计的发源地，也是美国医疗、养老建筑研究的重要平台。在这里我开始学习循证设计的方法，参加了许多学术会议和讲座。在 Susan 老师的推荐下，我与领域内多位重要的研究者、设计者、运营管理者建立了联系，参访了十余家优秀的认知症照料设施。通过了解领域内的研究与实践前沿，我逐渐建立起信心，也找到了自己的研究切入点——研究空间环境如何支持认知症老人的自主性，构建出了切实可行的研究思路。终于，我看到了属于自己的那片“叶子”。

访学的时光虽然短暂，却是真正领我走入研究之门的一段重要经历，也使我对研究和设计的关系形成了更深的认识。我庆幸当时的自己勇敢地向 Susan 老师发出了访学申请信，更庆幸自己用无数封英文邮件努力争取到了许多个参会学习、实地调研、与专家学者深度交流的机会。我意识到，只有在与他人的交流和碰撞中，才能有真正的成长和收获，也发现自己是如此热爱在研究过程中不断拓展对事物理解深度的体验。

在专注养老建筑设计的 pi architects 建筑事务所交流分享



## ■ 做一座桥

回国后，我一边开始收集数据，准备撰写博士论文，一边开始考虑毕业后的职业选择。曾有几个养老领域的大型企业向我伸出过橄榄枝，我也相信那里会有丰富的项目实践机会和优厚的待遇。然而，在博士期间，我跟随导师参与过一些养老项目设计咨询工作，深感当前国内养老建筑研究与设计实践存在严重脱节。我更希望做一个桥梁：通过实证研究更深入地挖掘老年人对空间环境的需求，探索空间环境如何能够改善老年人的生活质量，并分享给更多的设计师、实践者，尝试把研究与设计实践紧密联系在一起。高校教师是最能够同时兼顾研究、教学与实践的职业，而教学也要求教师不断去学习，去拓展和深化自己的知识体系，从而更好地传递给学生。这种不断提升自己、同时帮助他人的过程也是我很喜欢生活状态。仔细思考后，我决定申请高校教职，也幸运地得到了北京建筑大学的录用。

我深知高校教师这一职业背后的巨大挑战。在无数个时刻，我都怀疑和动摇过自己的选择，害怕自己承受不了“青椒”的压力，完成不了高额的指标，没有足够的能力拓展平台……每到这样的时刻，我就会回想起在美国认识的 John Zeisel 老师（环境行为学、认知症照护研究领域的重要跨界学者）给我的忠告：“当你对什么职业感兴趣的时候，先做做看，能够拥有工作的选择已经是很幸福的事，很多人的工作并没有选择。”我想，虽然一切并不容易，但不断试炼和提升自己，努力做一名合格的研究者、教育者的过程一定是有意义和有趣的。



我的经历中并没有惊天动地的挫败和转折。我也没有像其他优秀的同龄人一样广泛参加面试，在众多 offer 中权衡选择。面对一路上许多的岔路口，我仿佛是“一根筋”地选择了建筑，选择了养老，选择了读博，选择了研究认知症老人照料环境，选择了做一名高校教师。但我无悔于自己的选择，因为我始终能够从这些选择中感受到生命的澎湃。

现在的我，正在新的校园中开始作为一名新教师的工作。面对新的挑战，我会不断思考和实践如何做好一名知识的创造者和传递者，探索养老建筑如何为使用者带来更好的体验。前路漫漫，keep walking!

写于 2020 年 10 月

李佳婧，清华大学建筑学院 2020 届博士毕业生，毕业后任教于北京建筑大学。

# 李璎珞：我从园中来，带着兰花草

人是善于遗忘的动物。尤其是在长大后，我们对于很多酸甜苦辣习惯一笑置之，但与此同时，对改变自己的人生经历、人生节点也会变得“钝感”。因此，我特别感谢职业发展中心的邀约。这让我回忆那些改变我人生的瞬间，诉说选择成为高校教师的本心，并分享给有着同样欢乐、忧愁和烦恼的同龄人。所谓“不忘初心，才能砥砺前行”。

## ■ 我们终其一生，都是在寻找同类

作为清华马克思主义学院毕业生以及北理马院教师，无论多么诗情画意的标题，我都绕不过马克思主义这个主题。马克思说：“人的本质是一切社会关系的总和。”2015 年，初入清华的我，是孤独且迷茫的。当与清华大学博士生讲师团发生交集之后，我找寻到志同道合的人，也进入了“舒适区”，仿佛找到了“归宿”。

讲师团成立 20 周年，我曾接受过访谈。我说我对讲师团“初见倾心，再见痴心”。当找到了希望成为的人，并为之努力的时候，自己是满怀期待、充满动力的。当成为这群人的主心骨，担负起挚爱组织的责任的时候，自己是虽九死其犹未悔的。被称“团长”和自称“团子”（讲师团的成员）的日子里，我自认“一穷二白”——“穷”在不够博学广知，“白”在社工经验也不足。但当看到有前辈引领，有朋辈并肩作战的时候，我没有理由不“舍得一身剐”，去拼，去闯。我由衷感激那些黑暗时刻里与我一起顺着光亮走向光明的朋友们。

说说讲师团给我的种种启发。第一，所有的从容，唯默默努力耳。在讲师团的超负荷压力下，我实现了某种意义上的野蛮生长。比如，作为讲师，虽然站上讲台表现出的是自信大方，侃侃而谈，却殊不知背后要踩着高跟鞋适应久站，要战战兢兢、一字一句地打磨无数次，才能不说错、不丢人，才能安下心、站得稳。第二，要相信，所有的付出都有收获。不得不承认，事务性的工作确实会占用时间和精力，但能够“入主流”“上大舞台”的机会是可遇不可求的。这些经历可以转化为文章、求职简历的条目、试讲时的从容、青春的闪光回忆。我的幸运是这一切恰巧殊途同归。第三，找到同类的过程，也是认识自己的过程。在这个过程中，会对自己的价值观、优缺点有一个更全面的认识和把握，然后去选择一个爱的人、一项热爱的事业、一种自在的生活。

北京高校博士生宣讲团成立仪式后的合影

## ■ 毕业季里，冷冷清清的风风火火

2018 年 9 月，我受到国家留学基金委的资助，赴美国哥伦比亚大学进行为期一年的联合培养。在这一年中，我真正地独立生活在异国他乡，真正地直面毕业论文的压力，真正地开始考虑未来的职业规划和选择。

感触之一：运动是纾解压力的良方。毕业季的压力，尤其是博士毕业的压力，是父母无法理解的，是对同样面临毕业的同学不忍传递的。因此，找到日常的、可自我疏导的情绪出口尤为重要。在美一年的日子里，我坚持早睡早起、自己下厨，每天到健身房或者中央公园运动两小时以上。大汗淋漓之后确实心情舒畅。现在看来。这为毕业季所需的脑力与体力提供了重要保障。

感触之二：善于求助可以迈出困境。这点最为重要。当自己无法缓解焦虑情绪，意识到心态消极的时候，要敢于向最信任的人求助。在美期间，学术受阻、能力存疑、职业选择不清让我产生绝望感的经历大概有三四次。这种时候，我会用邮件的方式与导师联系。我很感谢我的导师欧阳军喜教授。他总会在第一时间点拨我、指导我、开导我。我的师兄师姐和好朋友们也会关心我，并向我分享他们毕业季时的心路历程。这些都成为对我的莫大鼓励。

感触之三：拷问内心之后再做出选择。临近择业关口，我们会接收到海量的招聘信息和职业建议。在刚开始选择的阶段，确实会很慌乱，很纠结甚至很痛苦。我曾经纠结的点就是，我既觉得自己什么都能干得了，又觉得哪方面都做不好，陷入某种极度自信和极度自卑交杂的死循环。但是最后，我排除所有来自他人的“我觉得你适合什么”，通过逆向思维拷问自己“你最不能离开什么”。我自己的答案是那一方讲台和校园氛围，因而坚定地将高校作为自己的择业方向。

所以，在那些孤独的、看似冰冷的日子里，为了目标的钻研、努力，面对未来的纠结、痛苦，身边人的指点、关怀都让冷清里透着人情味和精神力，变得风风火火起来。



## ■ 师者如兰，香远益清

梅贻琦校长曾说：“所谓大学者，非谓有大楼之谓也，有大师之谓也。”清华园里大师们不仅博古通今，而且具备令人仰视的风骨情怀。还记得在肖贵清老师获评“良师益友”称号时，我转发的文案就是这句“师者如兰，香远益清”。这也是我想对每一位我敬重、感激的老师们说的话。不仅如此，作为一名“师二代”，在我心中，教师早已不只是一个职业，更是一项事业。

当然，论才学、阅历、品格，我都要潜心修炼，才能担负起师者“传道授业解惑”的使命。我相信，因为心中的敬畏和对事业的热爱，自己会永远是那个从园子里走来，怀揣一代代种花人辛勤播种、自己小心采撷的兰花草的少年，只盼能把香气远播、远播、远播。在课堂内外的每一个点滴中，育己修身才能立德树人。

写这篇稿子时，我自始至终有一种作为普通清华毕业生“何德何能”的战战兢兢。谨以此篇作为给师弟师妹们的心里话，对恩师、亲友的无限感激，和自己在特殊年份里“云毕业”后、于星辰大海征途起航点的留念。

北京理工大学任教后首节课后与同学们的合影

写于 2020 年 11 月

李璎珞，清华大学马克思主义学院 2020 届博士毕业生。毕业后任教于北京理工大学马克思主义学院。

# 卢珊：从迷茫中醒来，到祖国最需要的地方去

## ■ 迷茫的“昨天”

“我的家，在东北松花江上，那里有满山遍野大豆高粱……”这里是东北，也是我从小生活并长大的地方。我生活的县城并不大，只有一条贯穿东西的主干道，直到我2016年参加高考的时候才开了第一家肯德基。还在上高中的我满脑子都是考上本科重点大学，让妈妈和老师满意。多亏了“自强计划”，我得以圆梦清华。

我从来都没有想过自己会来清华。至今还记得查到录取结果的那个傍晚，我坐在电脑前，久久不敢相信这是自己考出的分数。浑浑噩噩的我看着家人办完升学宴，看着妈妈帮我收拾好行李，看着姥姥将我送上火车，直到完成新生手续，躺在寝室的床上，我才有了一丝真实感。我才意识到：我真的来到了清华！

初进清华的我，依然感到迷茫。无论是大一的通识教育还是大二分流的选择，都使我感到迷茫。每日的生活也只是完成老师的规定任务：从课堂展示到期末论文，从文献阅读到小组讨论。我不知道自己还能够做什么，也不知道自己的未来会怎样。因为胆怯，我错过了社团和学生会招新，主要交际圈也仅限于室友和同班同学。身为“小镇做题家”的我认真完成作业后的成绩不好不坏。然而最令我恐惧的是，作为一名社科专业的学生，我独立思考、提出自己观点的能力明显不足。离开了文献和老师，我很少能提出自己的独到观点。上课的时候我也都是坐在角落里低着头，很害怕老师提问。

最开始的那段时间，除了上课和完成老师的规定任务外，我总是会宅在寝室里发呆，或者沉迷网络，试图逃避现实。那时的我想：“可能我这一辈子也就这样了……”可每当有这样想法的时候，我又会反问自己：“这样对得起亲人的养育之恩吗？对得起国家的政策吗？对得起学校的培养吗？”我不断地反问自己，也在试图克服这种迷茫，寻找自己的方向。

逐渐地，在别的领域，我逐渐发现了自己发光发热的机会。我选修了历史系的两门专业课。因为我本身就对中国历史很感兴趣，所以课上得很开心，期间抄写清华简的经历也让我印象深刻。闲暇的时候，我会去国家博物馆看展览，和同学一起去故宫、天坛、颐和园。我学会了与自己和解，并逐渐认识到接受自己在某些方面的平凡是人生的一堂必修课。在大二的暑假，我前往湖北省巴东县实践，开展关于旅游扶贫的调研。通过与村民的交谈，我了解到了一些之前自己从未关注过的领域，听闻了很多不曾想象的故事。在返程的火车上，我开始思考，在这样的一些领域，自己未来是否可以做些什么。

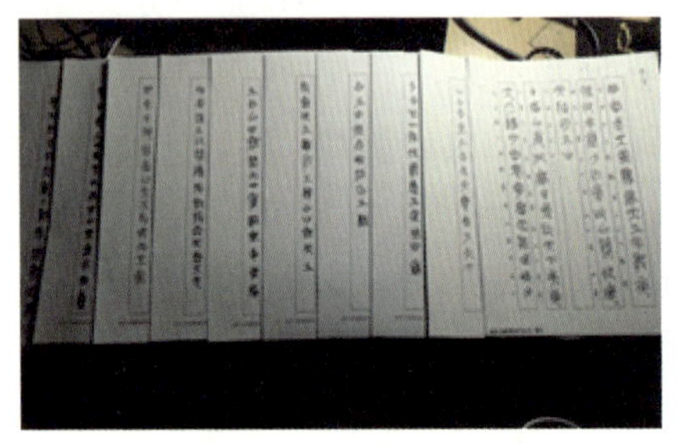

在先秦史课程上抄写“清华简”

在巴东县石桥坪村社会实践期间对贫困户进行问卷调研



## ■ 和解的“今天”

大四上学期，我得知自己推研失败。出结果那天，我刷新了很长时间的 info 网页，最后还是没看到自己的拟录取结果。在为所有被录取同学的朋友圈点完赞后，我关了手机，在寝室里偷偷哭了很久。保研失败也意味着我要开始求职了。然而那时的我对就业完全没有概念。查找招聘信息，制作个人简历，一切工作都要从零开始。然而，因为自身缺乏充分的求职准备，投递出去的简历要么石沉大海，要么即便收到了面试的通知，最终也由于恐惧没有去面试。紧接着，毕业论文的工作全面启动。这也使得我无心继续找工作，把全部的精力都放在了毕业论文的写作上。

第一次接触到大学生志愿服务西部计划，来自于院系就业工作助理老师在 2020 届本科毕业生微信群里面分享的报名链接。抱着好奇的态度，我点开了链接，之后又登录官网。看完了该计划的详细介绍以及很多前辈的经历分享后，我想自己也许可以报名，家人应该都会支持我。这是因为我来自东北的小县城，知道基层的真实情况，而且我的适应能力很强，也不怕吃苦。但是在我填报名信息时，我再一次陷入了自我怀疑：要是我落选了怎么办？要是我不敢去面试怎么办？要是去了服务地遇到挫折想当逃兵怎么办？鼠标定格在按钮上，我久久不敢提交。“但是人终究是要与自己和解的。试着相信自己一次，可以吗？你已经因为懦弱错过了社团，错过了学生会，错过了很多场面试，就勇敢这一次好吗？”最终，我下定决心，点击鼠标，提交了报名表。

社会实践小组成员与石桥坪村工作人员合影



得益于国家出台的高考贫困地区专项政策，我能够来到清华读书。大学四年间也是依靠国家的助学金，我才能够安心在清华学习、生活。我必须做些什么，哪怕是一些微不足道的事情，来回报国家和学校，从政策的受益者转变为国家的建设者。我决定报名参加今年的西部计划，选择前往新疆生产建设兵团完成为期 3 年的志愿服务项目。2020 年也是国家脱贫攻坚的最后一年，而西部地区作为全面建成小康社会的薄弱环节，需要社会上更多的年轻人不惧困难地来到这里，建设西部，建设我们的国家。这也正是习近平总书记在纪念五四运动 100 周年讲话中所提到的：“新时代中国青年要担当时代责任，要勇于砥砺奋斗。”

## ■ 未知的“明天”

从东北到西北，从祖国最东端到祖国最西端，坐火车需要差不多 60 个小时。我对志愿服务地的环境并不了解，也许会语言不通，生活习惯不适应。

我也不清楚未来的工作会有怎样的挑战。我可能会难过，会想家，但是我想我不会后悔。

《钢铁是怎样炼成的》的主人公保尔·柯察金曾说过这样一句话：“人最宝贵的是生命。生命每个人只有一次。人的一生应当这样度过：当他回忆往事，他不会因为虚度年华而悔恨，也不会因为碌碌无为而羞耻。”参加西部计划将会是我人生中一次重要的经历。如果可以的话，我希望留在西部，继续投身到新时代西部大发展的建设之中。我希望以此为契机更多地了解社会，锻炼自己的能力，磨炼自己的意志，坚定自己的信念，乐观地拥抱未来。“纸上得来终觉浅，绝知此事要躬行”。我希望可以通过参加这一计划，将自己所学更好地用于实践，尽自己所能帮助他人，从国家政策的受益人转变为国家社会的建设者。

我在这座园子里，笑过，哭过，得到过，也失去过。清华对于我来说，已经不单纯是生活、学习四年的地方。清华从方方面面改变了我。无论大一课上听到老师讲的“力求客观，绝不冷漠”，还是这三年来在国际关系专业课收获的全球化的视野，都使我获益匪浅。即便是曾经吐槽过的“阳光长跑”，也让我意识到：如果要“为祖国健康工作五十年”，就必须进行体育锻炼。四年里，虽然我在懵懂中浪费了很多时间，也在犹豫中失去很多好的机会，在迷茫中做出一些错误的选择，但我相信自己在更多的时间里是在成长的。大学生活的过去，不是结束，而是另一个开始。这些宝贵的经验和积累，会为我指明前进的方向。我希望未来的自己也可以坚持走下去，为国家的建设和社会的发展尽自己的绵薄之力，做出一些也许微不足道的贡献。到西部去，到基层去，到祖国最需要的地方去。在即将毕业的此刻，我想把这句话送给自己，也送给仍在学校读书的学弟学妹们。希望大家都能从迷茫中走出，与自己和解，向着更美好的明天出发！

写于 2020 年 6 月

卢珊，清华大学社科学院 2020 届本科毕业生。毕业后前往新疆生产建设兵团进行志愿服务。

# 马欣欣：在割裂的世界做一个坚定的国际合作倡导者

我在多边开发银行工作已近3个月了。这3个月中的无数个瞬间，我都在庆幸自己做出的职业选择。再去回首研究生三年时光，在每一个做选择的路口，似乎都是同样的信念在每一个慌忙纠结的时刻让我听从本心而坚定前行。即便是一场充满不确定性的冒险，我也从不曾有过遗憾、后悔。

一切大概始于2017年夏季在柬埔寨的日子。

那是我组织的一次全球健康主题的海外社会实践。当我置身于一个未曾接近过的发展中国家时，之前对很多社会问题的认知都被拓展到国际的范畴，比如依靠国际援助建立起来的疾病防控体系，比如基础学科极其薄弱（实践当时柬埔寨全国的数学专业博士不超过10人）的国家在工业信息时代的生存困境。而当时最令我感到震惊的是，越来越多的柬埔寨公民开始学习汉语，因为这可以帮助他们找到更好的工作，拥有更高的收入；西哈努克经济特区中有近百家中国企业入驻，不仅带动当地经济发展，还帮助当地解决医疗、社会治安等问题；《习近平谈治国理政》被翻译成柬文版，首相洪森倡议柬埔寨官员学者学习中国发展经验……而这一切，让我看到全球化的时代背景下的国与国之间的联系，以及一国的发展对其他国家可以带来的切实影响。彼时正是“一带一路”倡议被国际社会所热议之时，也是中国发展和中国力量被越来越多国家看到之时。作为新一代的青年人，如果能为中国的国际化事业和国际发展做出一些贡献，是否就是时代赋予我们的使命呢？

带着对发展议题的兴趣，我用整个研究生阶段进行了探索。

在欧洲交换时，我有机会在西方国家与不同文化背景的同学一起探讨中国，从外部视角探讨中国发展的相关话题。比如，“一带一路”倡议在经济上是否是新一轮产业链的转移？再比如，在中美贸易战不断升级的情况下，世界是否进入到新的“两极化”格局？诸如这样的讨论为我提供了一个非常宝贵的、理解西方视角下的中国的机会。而很多讨论的背后，其实都是不同发展路径的差异。只有客观地理解世界，理解差异，才能构建沟通合作的桥梁。中国正在参与、融入、影响世界，因此中国的发展经验需要被更好地理解，中国故事也需要被更好地讲述。我希望，我能够成为其中的一员。

赴柬埔寨社会实践合影，左一为马欣欣



我先后在比尔及梅琳达·盖茨基金会、联合国开发计划署实习和工作过，试图在国际组织的工作中增进自己对发展议题的了解。而这两段经历，都赋予了我巨大的成就感和满足感。普惠金融、扶贫、能源环境、国际合作……每一个议题在全球化视野下，都变得极其宏大。但是在这宏大的篇章中进行探索，也使得工作变得更加有乐趣，使得思考的边界被拓宽。而更重要的是，能在任何一个领域做出一点点贡献，都会产生极为重要的影响。正是这种责任感和成就感，让我希望能够将其作为自身的事业。

马欣欣于联合国开发计划署驻华代表处

但是求职的道路远比想象中的漫长和孤独。

整个秋招期间，我没有看到任何国际组织的求职机会。然而按兵不动需要极强的定力和魄力。我必须承认，我也很焦虑。面对着各类大企业、组织，我总会在“要不要去试一下”和“这真的是我想要的么”之间徘徊。而这种徘徊到了春招并没有缓解。在一些慌乱的尝试后，我虽然拿到了几个 offer，其中也有发展领域、国际合作或者企业国际业务相关的，但似乎一直没有让自己满意。身边的同学、朋友大多在秋招结束时已经有了心仪的 offer，而我却一直“战斗”到了最后一秒。并且，这条道路很少有同行者，就像是一个人天黑走夜路，看不到终点，也没有人在前方举起火把，只有自己一遍遍鼓起勇气去相信自己的坚持。

找工作大概也是需要一些运气的。三四月份的时候，我看到了多边开发银行的招聘通知。然而似乎刚刚感到黎明前的曙光，招聘就因为疫情被中止了。就在觉得可能要等不到了的时候，我在五月底收到了面试通知。就这样，我在临毕业的当口定下了工作，结束了这场无比漫长的求职季。



但是，选择工作也不是没有纠结的，特别是在特殊的 2020 年。在如今的国际形势下，去多边开发银行是一个好的选择么？找工作的同学都知道，身边人常常强调要“看趋势”“看平台”。可是国际发展的趋势到底是什么呢？疫情笼罩下的国际局势，变得更加扑朔迷离，世界似乎在变得越来越撕裂。怎样的选择才是符合趋势的呢？有几晚，我失眠了。身在局中的人似乎常常迷茫，而这条路的选择需要面对的还有巨大的不确定性和风险。辗转反侧时，我突然意识到：

选择工作就像是清华在毕业前出的最后一道考题。这道考题没有正确答案，也不会有老师打分，交卷即毕业。而回答的无非是：这些年成长为了怎样的人？选择什么样的人生？热爱什么样的生活？想成为什么样的人？

听从本心，无问西东，也许是做选择的要义。我看到了世界的割裂，但我仍然坚信国际合作的意义，愿意做一个坚定的国际合作倡导者。我清楚地知道所面对的风险和挑战，但我愿意去尝试，去努力。我也深知中国在国际化道路上所面对的质疑和遭遇的诘难，但我愿意成为一个讲中国故事的人。那么这份工作对我来说，除了是自己的心之所向，也是一种责任和使命。

如果问我工作 3 个月有什么感受，回答大概还是一如既往的使命感和成就感。我们对中国一个行业、一个市场地深入研究。这些研究成果可以分享给其他国家的同事，可以去其他部门例会上展示，让他们更了解中国市场。我们去推动一个企业“走出去”，就能让这个企业从与国际金融机构的合作中获益，提升自己的国际化运营水平和管理能力，并带动更多的国际业务。我们还可以去促进多边合作关系的建立，沟通不同的发展经验，增强相互了解。站在这个平台之上，总会觉得自己还能做，也应该做更多，让努力的意义被看到，个人的价值被认可。在宏大的国际合作篇章中，自己也可以成为一朵浪花，在奔涌的浪潮中起舞。

写于2020年9月

马欣欣，清华大学经济管理学院2020届硕士毕业生。毕业后就职于欧洲复兴开发银行。

# 汤雪逸：在清华这三年，是我从头来过的一次大考

当我看到直博录取信息的时候，焦虑已久的我终于感到了一种纯粹而轻盈的快乐。因为前途命运而紧绷的神经突然松懈下来，潮水般涌上的困意将我吞没。

手机屏幕上忽然落了一滴水。

我关掉浏览器抬起头，胡乱抹了一把，发现自己已在不知不觉间泪流满面。

## ■ 总被考试“教做人”

每年的九月都是大四保研学生的一场大考，尤其对我这种普通学生而言。我，一入大学泯然众人，临面试时履历还是简薄得可怜。最后幸而能有书读，和清华再续前缘五年，也算是上天眷顾。

能考上清华的人，每个都有不错的过去。高中时候的我满心以为自己未来会考上一个热门专业，闲暇时间用来发展一下爱好，过上传说中轻松又精彩的大学生活，再按计划顺利地推免硕士或直博，完成自己的愿望。

直到高考翻车之后。

我被调剂到了当年第一次试点大类招生的机械学院，随机分配到了机械系代管。第一学期，我就被微积分和线性代数沉重打击。消沉了一段时间后，我又开始乐观起来。然而，第一学期惨淡的成绩影响远比我想的严重。我和我最好的朋友约定好了报经济学双学位。结果她通过了，我没有通过。之后，因为转专业无望，我只好凭着似是而非的了解分流来到了精仪。

到了期末，本以为可以逆袭的我，又被微积分、线性代数和大学物理一起打击了一番，最后平均绩点连 3 都不到，排年级倒数十几名。辅导员告诉我，这样的话，想要本系保研直博都很困难，几乎是不太可能的事。被挫败感压垮的我发烧病倒。恰巧颈椎也出了问题，压迫神经导致手臂剧痛不止，夜夜无法入眠。身心交病之下，我又得知我一直以来有好感的男生“脱单”了。

恰巧在那个暑假，我还报名了暑期学校辅导员，给那些高中的学弟学妹们展示清华大学令人向往的一面是我的职责。我一面告诉他们这个园子是多么美好，一面忍受着逐渐蚕食我内心的自卑和痛苦——那一张张向往的脸都像曾经的年少的我，那时我还对明天抱有天真的希望。

而现在的我一无所有，只想头也不回地逃离这所我曾经梦想的学校。

## ■ “我想留下来”

此时，我觉得我的生活应该做出一些改变了。此前的一年，我唯一的业余爱好就是一个人拿着抄网去荷塘捞蛤蟆。我意识到不能再抱着 GPA 这一件失败的事情死磕到底了，就算命中注定本科四年读完就彻底告别校园生活，我也得努力找到一点值得自己寄托青春的事情。

然而我并没有什么才艺。我去面试了合唱队，没过。又去面试了国标队，也没过。最终我去报名了校女足。大二刚开学，我加入了校队。参加了两次训练后，我就入选了参加首高五人制足球锦标赛的十二人大名单。当时我还是一个上场机会寥寥的替补，一拿球就慌，但那是我在清华第一次如此真实地感受到梦想照进现实的感觉——

我在代表清华比赛！

代表清华走上首高赛场

那年的秋天已经很冷了。合照时的我们，头发被寒风吹起却大笑着，是那样地神采飞扬。在我 19 岁即将结束的时候，我终于真切地感受到大学生活的灿烂和美好。那次首高，我们获得了第三名，而我也在年末获得了球队的“最佳新人奖”。我的成绩也有了起色。

我重新萌生出了想要留下来的想法。

其实，对于一开始就没有打算出国的我来说，能够留在学校继续深造，应该是最好的选择。我去咨询了球队的学姐，也看了一些前辈们流传下来的保研资料，感觉最终最重要的无非是两项——学业成绩和科研经历。

我决定先专心提高成绩，努力争取课程的平时分，给期末出错留出余地。有的课程会有随机的随堂测试，其实每次也就占总评的几分而已。但我只要觉得某节课可能考试，就会提前一晚通宵复习。当然，其中好多次都是白熬夜了。对于文化素质课、文化核心课的论文任务，我即使丝毫不感兴趣，也绝不懈怠，非得下一番苦工才罢休。而到期末考试周前一个月的时候，我更是早出晚归，驻扎在图书馆。别人做一遍题能掌握，我不行，就做两遍三遍，直到会了为止。每当我坚持不住的时候，我就往书桌前贴一张小纸条，写上励志的话——原来的我会觉得这种事特别幼稚，但那时我的确脆弱到需要自己给自己灌“心灵鸡汤”。

而球队的训练和比赛更是给我增添了一份“甜蜜的负担”。正值春季学期的第十几周，“deadline”纷纷出现。我却和球队一起经历着周中三训加周末双赛的考验。我白天上课，晚上踢球，夜里写作业，周末比赛，早上偶尔还五点起床自己加练。那段时间我压力巨大，每天都在球队群里叫嚷着“我完了我要退学了”。但我除了坚持别无选择——如果放弃，就什么都没了。

现在看来，这种以 GPA 为导向的学习可能过于功利。但对我而言，那是当时唯一的救命稻草。大二一年，我训练全勤，成为副队长，成绩也飞速提高，还获得了当年的综合优秀奖学金和体育优秀奖学金。可见用心去做一件事还是有效果的。

## ■ 看清自己的心

到了大三，科研经历一片空白的我开始感到焦虑。与此同时，有同学早已经做了一两个 SRT（大学生研究训练计划），甚至早早到老师的实验室里干活了。习惯性拖延的我又踩着 ddl 匆忙报了一个本系的 SRT，准备开始初步体验科研，积攒经历。同时为了给自己多一些选择，我还报了一个双学位。我一边做着 SRT，一边继续努力提高 GPA，一边学着双学位，并把除此之外的全部精力都奉献给了校队。

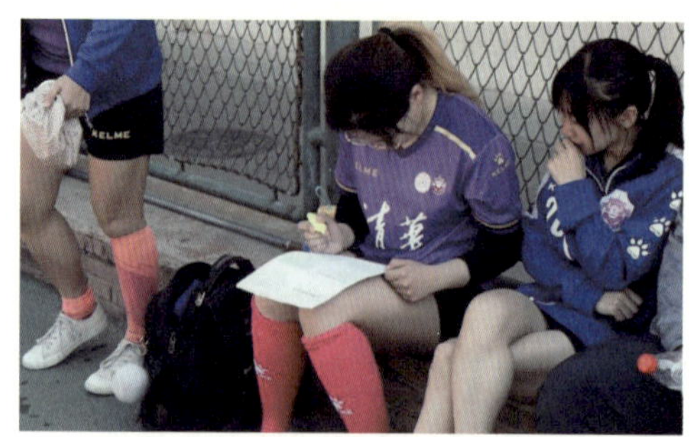

赛后突击第二天的考试

然而我发现，自己作为一个资质平凡的普通学生，根本顾不过来那么多事。当周末的比赛和双学位的课程冲突，我只好放弃了二学位的必修课。我也为我的 SRT 付出了很多课余时间，尽管那时我根本看不到什么成功的希望。

一边攒经历，一边刷成绩，一边踢比赛。这个学期我们队获得了有史以来的第一个五人制冠军。到了大三下学期，大家一起听完推研分享会，焦虑的情绪就已经在身边弥漫开。联系导师，成为想要继续读博的同学们必须要尽早完成的事。



到了这个时候，我却被纷繁复杂的信息迷花了眼。我从一开始，内心就是想要读博的。我对科研有向往。可是，各类劝退贴和学长学姐们的经验都告诉我读博要慎重。我不知道我这些浅薄的向往是否能支撑我在之后艰难的岁月中坚持下来。知乎上对热门专业的鼓吹、身边一些目标明确的同学的选择，也让我产生了内心的动摇。

后来我和一个同样在清华读书的高中同学聊天。谈到热门专业，他说，等到 40 来岁人就不缺钱了，提升幸福感才重要。我觉得他说得对。况且，我对挣钱没有那么迫切的渴望，也没有什么来自家庭的压力，周围的环境也没有对女博士的偏见。

我觉得我可以。那就试试吧！

在联系老师之前，我面对推研分享会上给出的招生名额列表，一时间觉得眼花缭乱。我面对陌生人比较内向，怯于在无甚准备的情况下直接去找老师面谈，只好从侧面入手，了解研究方向、实验室情况、学习年限、毕业去向等等消息。我翻阅往届的推免情况，发邮件联系各个实验室的学长学姐，收到了很多回复，并且约了热心学长面谈，对各个老师的情况都有了一定的了解。同时，我还在学位论文系统查阅已经毕业的学长学姐的博士论文，更具体地了解各个领域究竟在研究什么，自己对这些是否感兴趣等等。

等收集到足够多的信息，我心中已经有了决定。我读了几篇我心仪方向的文章，就发了邮件约老师面谈，并在邮件附上自己的简历和成绩单。面谈后，老师很快同意了接收我。

那时，我深知我在做出一个人生中极为重大的决定。既然在准备时我已竭尽全力，那么在选择时我就应该看清自己的心，知道自己真正想要什么，而不是人云亦云，随波逐流。

## ■ 满怀希望地走向明天

虽然已经联系了老师，但我的大三下学期仍然不好过。既想进老师的实验室，又难以在方向不太适合我的 SRT 上半途而废。分身乏术的我陷入纠结。同时，只修了寥寥几个学分的双学位课程也天天催人奋进。更令人兴奋以及崩溃的是，我们球队迎来了一个难得的参与全国赛的机会，就在刚刚踢完十一人制首高之后。这意味着我要选择是否在临近期末的时候缺两周课程，远赴江苏常州进行比赛。



这对我来说，简直是热血运动动漫的剧情照进了现实。作为球队的主力中后卫，我最终还是选择了去往常州参加全国赛。那两周恰好是各门专业课交大作业的时候。我只好趁着训练和比赛之余的深夜，躲在酒店厕所里写大作业，生怕影响队友休息。靠着同班同学的远程无私帮助，我熬过了这两周艰难的时光。尽管踢了两场大赛，在那个学期，我的必修限选课全部满绩，单学期排名 1/53，实现了我上大学以后从未想过的一个小目标。

第一次参加全国赛

时间很快来到了面试前。我的面试过程很顺利。事后老师也告诉我高分通过。我一直认为自己准备推研的整个过程顺利到不可思议。从成绩提高到联系老师，从提交材料到面试，都完全没有学长学姐们所说的那样紧张刺激，完全平淡又顺理成章地走了过来。

然而，在面试结束后，正当大家快乐看剧、享受生活的时候，我遇到了一个完全不是我个人努力所能改变的招生名额上的复杂问题。我怀着无比焦虑的心情度过了无数个难眠的夜晚，在那难熬的一周里，我看着我书桌前墙上犹有泪痕的励志标语，回想着我大一下学期的时候排名系里倒数十几，和辅导员聊起保研都觉得很有困难，到大三下学期的必限选排名1/53，以及从一个上场就会慌的替补到成为清华女足的队长的这三年。

我想我虽然因能力所限确实还不够优秀，但也算尽己所能。幸好经过导师的尽力协调和耐心帮助，最终结果仍然是好的。曾经我也偶尔迷茫自己的选择是否正确，但现在，我已经提前学会了珍惜和感恩。



我会满怀希望地走向明天。

写于2019年10月

汤雪逸，清华大学精仪系2020届本科毕业生，毕业后攻读本系直博。

# 王沛楠：在探索中设计人生

## ■ 决定

四年前做出读博的决定的时候，我稍有一点鲁莽。那时候，我刚刚结束一份在互联网公司的实习。顺带一提的是，那家当时是只占写字楼几层楼的小公司，现在已经在中国互联网的市场上跻身BAT之后的第二梯队。如果能够坚持下来留在那里，我现在也许挣得挺多。

但我一天也待不下去了。我在实习期还不到三分之一的时候就决定要走，因为我知道我不可能适应这里。

我相信自己还是比较努力的人。但我更喜欢自己安排在什么时候努力干活。我可以在早上11点才开始工作。如果有了写作的思路或者灵感，我可以一路干到晚上12点不觉得累。但打卡式的“996”，很快就让我失去了斗志。

学术研究，似乎是在那时唯一一个不让自己那么厌恶的工作。从现在来看，我相信自己做了一个至少不错误的选择。

我决心读博。导师也鼓励我去申请。当年赶上了清华的第一届博士“申请-审核制”。我便准备了一份“雄心壮志”的研究计划，连同其他各种材料交了上去。但计划从来赶不上变化。读博后繁重的课业和科研压力让我很快忘记了那份计划。

直到不久前，一位朋友因为申请博士向我寻求帮助，我才从故纸堆中翻出那个研究计划。细细数来，纵使我相信自己的博士生涯过得相当充实、辛苦，那份一页纸的“雄心壮志”在3年时间大概只实现了一半。

记得研究生生涯刚开始时，导师向每一位新入师门的同学推荐过韦伯的《学术与政治》，希望大家从中理解学术究竟是什么。说实话，当年看这本书，我几乎完全没有理解韦伯的深意，除了记住“祛魅”这个看起来光怪陆离的概念之外，已经几乎不记得韦伯说过什么。

而在我博士生涯的尾巴上，我不由感叹韦伯似乎洞悉了每一个求学的人可能面对的各种问题。他如同一面镜子反射了我在这个过程中遇到的诸多困惑与挑战。

从读博的第一天起，我就将这个过程视作自己职业生涯而非求学生涯的一部分。就像韦伯在他的讲座一开场，便极其务实地告诫各位未来的潜在“学术从业者”应当如何理解“学术”这份职业。

记得在博士的开学典礼上，有老师就特别提到“在座的各位博士，你们从现在开始不仅是我们的学生，更是我们的同事”。

这种身份的转换是痛苦的。和那么多成果卓著的老师们做名义上的“同事”也绝非轻松自在的事情。它意味着如果只是简单地完成课业、作业，取得好看的成绩，差不多是完全误解了博士这份工作。

在修够了所有学分之后，博士生涯的真正挑战才刚刚开始。最近看到某公众号发的一篇《为什么要读博士》的推文，我深以为然。文中说：



但如果今天还有人跟我说，我想多学点知识所以想读个博士，我觉得那你应该再去读几个硕士。博士不完全是一个学知识的过程，而应该是一个学习如何生产知识和创新知识的过程。

如果说学术对我有什么吸引力，那应该就是它“强迫”你在丰富的文献积累的基础上形成创造力。相比我在互联网公司那份让我觉得暗无天日的实习，选择学术的道路似乎变得理所应当起来。

疫情期间特殊的毕业，在空旷的大草坪前留影

## ■ 兴趣

现在想来，人总是要有些远大的理想的。但回到现实，读博大概就是慢慢打破过于远大的东西、“强迫”一个人脚踏实地的过程。

博士生涯的真正挑战之一，应当算是完成研究和论文写作了。在之前发表的论文中，有一篇是我从选题到内容视若珍宝的研究，但发表之后却应者寥寥，很快淹没在知网的论文大海中；另一篇我几乎没花费太多时间和心力的论文却引发了关注，甚至还被其他公众号转载。这让我不由地对自己的学术判断力产生怀疑。

韦伯则早早看清了这个过程，他告诫年轻学者：“在科学的领地，个性是只有那些全心服膺它的学科要求的人才具备的。”对于初入学术研究的人来说，个性恐怕是最需要被打磨的东西。

把自己希望实现的学术目标和研究方向的前沿问题相结合，并非一蹴而就的事。如果所做的东西和自己的兴趣差距很大，想必是难以长期坚持做下去的；而如果自己的兴趣不是整个学术界所关注的问题，就会陷入自己将研究视若珍宝，但得不到其他人回应、自说自话的尴尬状态。

如何找到自己的研究旨趣恐怕也不是一个容易的事情。在博士资格考试面试中，我发现当时的自己竟然没办法清楚完整地向老师介绍自己的研究方向。无奈我引用了曾经有位老师来学院讲座时提出的“逛公园”理论：博士生涯就像在一个精致的（理论）公园里闲逛，四处看看这朵花好看，那棵树漂亮，最后也不知道自己想要的是什么。

这个搪塞的答案显然无法让老师们满意，也让我开始彻底反思自己应该如何找准研究定位。就在我为研究方向困扰时，在美国访学期间的两件小事启发了我。

第一件是一次我在打 uber 的时候，司机知道我是中国人后，非常兴奋地把车停到路边，说很少载中国人，因此一定要给我听他最近非常喜欢的新歌——自中国的说唱团体 Higher Brother 的 Made in China。这个组合在中国影响力不大，却成为美国去年最受关注的海外说唱组合。Made in China 在 YouTube 上的点击量超过 1800 万，组合也顺利完成了美国巡演。

这件事让我意识到，能够渗透进普通美国人生活的中国文化，不一定是我们所了解的，甚至可能是我们一无所知的。国际传播的信息流动、中国文化的海外传播也一定存在着被遮蔽和被忽视的盲点。最终我把这个案例写进了博士论文。

另一件事发生在我去五大湖自驾的过程中。在北密歇根一个不起眼的小镇里，我看到一家文化衫商店门口挂着一幅巨大的抖音标志，橱窗里则满是印着抖音标志的文化衫。作为一个资深抖音用户，这个有点魔幻的场景引发了我极大的兴趣。后来我才逐渐了解到，抖音的海外版 TikTok 已经成为全球用户增长最快的社交媒体。在美国青少年群体中，抖音的那个小音符已经成为新的亚文化标签。

这让我对于国际传播的研究视野有了新的思考。在美国这个对于我的文化身份而言充满异质性的地方，日常生活中看似普通的内容——比如中国嘻哈音乐或者抖音——会包含着文化跨国流动中全球和本土关系和地位的重新建构。由于特朗普的禁令，现在 TikTok 的命运已经成为全球关注的问题。直到这个时候我才确信，自己找到了一个有价值的问题。

即使是“国际传播”这个听上去充满高大上元素的研究领域，也应当来源于研究者个人经验。因此应当从具体的、可以被感知的经验出发去尝试将这种日常和琐碎的现象理论化。而这些和我个人兴趣有所联系的内容，则让我会带着更大的热情去投入到研究中。



读博的这些年里，我被咨询过最多的问题莫过于“你觉得我应该读博么”。我大多先抱着劝退的心态，小心翼翼地告诉对方读博可能经历的艰辛和痛苦，剩下的留给对方去判断自己的决心和意志。

所谓学术，不是一种觥筹交错之间高谈阔论，也不是唇枪舌剑式的场面争锋，更多的时候是孤身一人面对无穷无尽的文献或数据，试图从中清理出一些可能的逻辑或者恰当的论述，再试图实现自己看似微不足道的研究贡献并将其公之于众。希望别人能够关注和引用自己的作品，让自己成为构建理论之塔的过程中的一块砖。

套用一句俗话：学术最大的英雄主义，可能就是认清这个事实之后还愿意用热情和心血投身其中了吧。

参加 2018 年 WAPOR 年会并宣读论文

## ■ 未来



博士的学习过程包含一点一点啃下看似无穷无尽的文献，期待不知道什么时候会出现的灵感，尝试整理混乱的思路并写成论文，以及祈祷编辑和审稿人高抬贵手。每一步都可能带来挫败感，但每一步的一点点进步都是能够让人增强信心继续前进的动力。我把这个感受称之为“相信过程”。

在这个过程中，我发现了写作的乐趣，也逐渐开始摸索如何写好一篇论文的技巧。能在这样的过程里苦中作乐，可以说是选择了一条适合的道路。

因此，在看到清华面向全校开设“写作与沟通”必修课并招募专职教师之后，人在美国访学还没开始准备求职的我立刻做了一份稍显简陋的简历投了出去。作为全国高校探索通识写作的先声，“写作与沟通”不仅对于学校而言是一个全新的挑战，对读博期间几乎没有明确求职预想的我来说，也是一个完全未知的挑战。

等到毕业开始准备这份工作的时候，我才真正意识到科研和教学有着明显的差异。自己想明白和自己写明白是一回事，但能够讲出来并且让学生听明白是完全不同的另一回事。如果说读博让我勉强摸到了学术的门槛，那么转身成为老师则一下又让我成为不折不扣的“门外汉”。

为了准备开课前的试讲，我甚至找来了最近很火的脱口秀大会，来用于获取一个人如何把事情讲得有意思的灵感。但真正站到讲台前时，砸包袱、抛段子只能说是点缀，甫一开口我就发现自己准备的内容前后衔接不连贯，中间过渡略显生硬，自己精心设计的问题却让听课者无从回应。我这才意识到，园子里的名师们看似举重若轻的授课背后其实大有学问。

于是我从头学起。在中心的集体备课中，经验丰富的同事们给我提供了各种思路和技巧，大到课程如何安排设计，小到如何调动同学之间两两互评互动。让我发现看起来貌似“脱口秀”式的讲课其实包含了一系列复杂的设计，老师与学生之间的互动既关乎知识，也关乎心理。对我这个在东南门保安眼里看来更像学生的准老师而言，用老师的思维设计，用学生的视角理解，可能就是我所能探索和尝试的一种方式。

从一开始探索着知道自己不适合什么，到探索着自己研究什么，再到今天探索着自己未来如何去做。我越来越觉得这个探索的过程本身是难能可贵的。任何职业选择，最终都会成为生活方式的选择。而探索的过程，在我看来就是一场设计生活的过程。



让我觉得幸运的是，我一直都有机会探索，并且能够在这个宝贵的过程中把握自己的方向。

写于 2020 年 10 月

王沛楠，清华大学新闻与传播学院 2020 届博士毕业生，毕业后任清华大学写作与沟通教学中心专职教师，教育研究院博士后。

# 虞宙：从清华园到联合国，从认识中国到了解世界

回首在清华的七年，从外文系到公管学院再到苏世民书院，我沐浴在“亚洲最美校园”清华园中，背后承载着清华“自强不息，厚德载物”的校训。七年弹指一挥间，我从一个懵懂青涩的高中生走进清华外文系，进而进入公管学院和苏世民书院，成为一名立足中国、放眼世界的研究生，再到踏入联合国，成为一名立志为全人类共同发展贡献力量的国际公务员。

参加第四届“模拟上合组织”青年会议

对于到国际组织工作，其实我早有想法。因为在我看来，这是一份能够真正将我的专业、兴趣和优势完美结合在一起的事业。回顾作出这一决定的过程，2015 年赴德国海德堡大学的交换经历可以说是在我成长的经历中埋下了一颗深深的种子。

## ■ 不平凡的2015年

2015年是不平凡的一年。可以说这是我生命中的一个重要转折点。这一年是德国难民危机爆发最严重的一年，也是欧洲最为动荡的一年。巴黎恐怖袭击、布鲁塞尔机场爆炸案、科隆性侵事件等都让我感受到了和平和稳定的可贵。

我至今仍然清晰地记得在11月的一个晚上，当时德国已经开始飘雪。在慕尼黑回海德堡的过夜大巴上，我遇到了一家来自叙利亚的难民。年事已高的父母带着两个孩子，其中一个看起来才不到5岁。凌晨1点，车行驶至卡尔斯鲁厄的检查站。德国警察上车检查，要求所有乘客出示护照。由于缺乏相关的庇护材料，加上语言交流的困难，这家叙利亚难民被警察强行赶下车，中间还伴随着一个孩子的哭闹声。



回到学校后，我又聆听了一场关于叙利亚难民的讲座，听一位难民讲述自己的逃亡之路——从战火纷飞的家乡坐船，辗转多个国家，充斥着恐惧和对前途的迷茫，亲眼见证着家人的逝去以及对于生命的惋惜。这一切亲历和所闻的真实故事都使我清楚地认识到我们所处的世界是多么复杂。贫困问题、难民问题、环境问题、人道主义关怀等并不是高高在上、与我们相去甚远的议题，相反，它们就在我们的身边，而问题的解决则需要全人类的共同智慧。

## ■ 从苏世民书院更好地认识中国

无论是各大公益类社团的支教活动、硕士生的暑期挂职锻炼，还是“思源计划”中贯穿本科生涯的三次暑期实践，抑或是“丝路新探”“Buddy Program”、军乐队海外演出、“唐仲英计划”、留学基金委的出国交换项目等，清华丰富的国内外实践资源极大地培养了我的本土情怀，拓宽了我的国际视野。

在国内外的各类社会实践中，我总能体会到基层是了解中国最为生动的教科书，认识到走出世界看中国的必要性。而在苏世民书院的这一年经历也帮助我认识到了一个更多元、更全面、更为真实的中国。

参加“丝路新探”赴南非海外实践活动



36个国家，139位同学，呈现出的是一个跨文化沟通与充分交流的平台。我们当中有出色的政治家、精通商业投资的企业家，也有深耕全球发展的倡导者。每一次的思维交锋，每一次的智慧碰撞都帮助我更好地去了解我所熟悉的中国在其他学者眼中究竟是什么样的。我至今仍清晰地记得假期时带着三位外国同学去往沈阳“九一八”历史博物馆参观的经历。在参观与交流中，我们彼此也对于那段刻骨铭心的历史也有了更深入的认识。书院这一年的经历也使我更加坚信：当今世界，唯有尊重、包容和理解才是解决任何分歧的王道。

## ■ 到国际的舞台上发出中国青年的声音

疫情之下，几乎所有的行业都难免受到波及。由于人口的流动受到限制，包括求职在内的许多活动也都被迫搬到了线上进行。然而，疫情就像是一面反光镜，对于国家的治理体系是一次挑战与检测，对于个人的发展更是如此。在疫情中的态度也决定了自身的未来。等待的过程是一场蓄力，挑战本身也暗藏着机遇。为此，除了认真完成学业，我也利用书院的平台和资源，与国外的同学保持密切联络，获取分析各国抗疫形势的第一手资料，也为下一步进入国际组织工作做好充足的准备。

疫情在全球的肆虐并没有打消我赴国际组织工作的意愿。在经历了各轮面试之后，我终于收到了 UNDP（联合国开发计划署）抛来的橄榄枝。只不过受疫情和国际差旅的影响，原本应当在亚太区总部所在地泰国开始的职业生涯，也被暂时安排在了联合国开发计划署的驻华代表处。我目前所在的团队主要聚焦于可持续商业与投资，希望通过金融工具搭建各类平台赋能企业，更高效地配置资源，从而进行更具有社会影响力的投资，以此更好地践行联合国提出的 17 个可持续发展目标的理念。

写于 2020 年 9 月

虞宙，清华大学人文学院 2013 级本科生，2017 年本科毕业后到公管学院攻读硕士学位，2019 年到苏世民书院攻读硕士。2020 年毕业后赴 UNDP 任联合国志愿者。

# 左婉：我在盖茨基金会做公益

公益大概可以算作大学以来我生活中最重要的几条主线之一。“力求客观，绝不冷漠。”大一时，在《社会学概论》的课堂上，老师打出的这句话令我印象深刻。社会参与为思考社会问题解决方式提供重要视角。大三时参与清华法律诊所的活动，除了定期前往北京法律服务中心提供咨询服务外，我还作为代理人帮助一位河北的农民工争取到了拖欠几年的加班费和补偿。这是我第一次意识到：原来通过个体的社会参与，能够为其他人带来好的改变。公益正是最直接的社会参与方式之一。它意味着发现问题并寻求解决方法，意味着世界和社会变得更好的可能。

社会经济条件、性别、出生地等这些结构性因素往往决定着一个人发展与成功的可能性。人的生活有时就像一场赌博。有的人从出生起就受到命运眷顾，有的人则面临重重障碍。健康、教育以及性别领域的结构性不平等是我一直以来关注的议题。我也在寻找能够有效参与、减少不平等的实践机会。

个人形象照

"All lives have equal value."这是印在我工牌上的一句话。帮助人们实现健康而有成效的生活正是基金会的工作宗旨。从基金会暑期实习生时期到现在，我主要参与公共健康和政策倡导领域的工作。疾病不仅是不平等的症状，也是不平等的原因，而公共健康就是推进平等的动力。提升疫苗的可及性和公平性正是对症的不二法门，也是我们工作的重点。宫颈癌在国内15岁至44岁年龄段女性常见恶性癌症中位列第二名（仅次于乳腺癌）。每年新发病例达十几万，数万女性因罹患宫颈癌而死亡，而注射HPV疫苗正是能够大大降低发病率、减轻疾病负担的解决方案，为女性的求学、职业发展及其家庭提供健康保护。当然，单纯依赖市场不足以解决问题。昂贵的接种费用（以HPV九价疫苗为例，3剂接种需4000元左右），漫长的等待时间（预约排队往往要几个月之久），甚至是对疫苗本身的闻所未闻（许多人从未听说过可以预防癌症的HPV疫苗这一讯息），都导致了女性群体在获得疫苗方面的不平等。这一现实要求我们支持国产疫苗的研发和上市，推动疾病负担和循证基础的研究，再到推广疫苗接种的相关科普。一方面保护女性的健康，另一方面也为女性的未来发展保驾护航。今年，鄂尔多斯和厦门都将HPV疫苗纳入到地区免疫规划中（十多岁的女孩们可免费接种）。这其实是送给贫困家庭少女们的最好礼物。



从2020年蔓延至今的新冠肺炎疫情也让公共健康成为热门话题。在疫情暴发后，我作为北京办公室应急工作组的一员参与了疫情应对、医疗产品研发以及公共卫生体系的相关工作，并重点关注受疫情影响的弱势群体。除了病毒带来的健康威胁之外，相伴而来的经济灾难、贫富差距拉大等次生灾难也让不平等的问题更加棘手。如基金会的一位前辈所说，公共健康从不是单纯的医学命题，而是复杂的社会问题。在医学、生物科技之外，社会学、人类学、心理学乃至传播学等都对公共决策至关重要，需要更多的思考。除了对公共健康领域的热忱之外，我更希望能够通过自己的跨学科背景和工作经验更好地为公共健康领域的投资和决策提供帮助，寻找社会创新的更多可能性。

同样的思考也促使我在疫情期间与几位朋友一起发起了"光援计划"，让疫情期间缺少电子设备的贫困学生能够有机会上网课，赶上教育进度。即使是到了21世纪的第3个十年，世界也没有变平。数字鸿沟因疫情变为数字深渊。一大批缺席的人失去了声音，从而失去了存在的痕迹。性别平等也在不断拉大。当生存问题得到解决，教育就成为推动发展的必经之路。除了解决疫情期间缺少上网课设备的燃眉之急外，我们的工作更聚焦于解决教育中固有的、受地理及社会经济条件影响的不平等问题，通过倡导二手设备捐赠和匹配相关网络资源提供接受教育及优质教育的机会。

发起光援计划

我一直很喜欢 2019 年基金会 Goalkeepers 报告结尾的话：

任何人的生活都不该是一场赌博……我们的目标是让每个人都拥有同等的机会。等那一天到来时，一个人的未来将不再由随机因素来决定，比如说你出生在哪里或者有多少 X 染色体。事实上，任何人的未来都不该被预设，它将完全取决于你的梦想和努力。

我们需要思考不平等的本质及其解决路径。即使现在还没有找到最后的答案，但是通过努力，我们能够朝着一个更加美好而平等的世界逐步靠近。而我希望自己也是这些努力的一部分。

写于 2020 年 11 月

左婉：清华大学外文系 2020 届本科毕业生。毕业后就职于比尔及梅琳达·盖茨基金会中国代表处。

# 后记

本书内容最初是在 2019 年毕业季，作为清华大学学生职业发展指导中心微信公众号“清华职业辅导”上的一个毕业季专栏与大家见面的。在这个专栏里，清华毕业生们以第一人称视角，真实地讲述自己在大学生涯中面临的发展困惑和职业选择，分享自己如何找到适合自己的道路的心路历程，迅速引起了在校学生乃至校友们的共鸣。读者的反馈给了我们将这个栏目在 2019 年毕业季后持续做下去的动力，并加大了约稿的力度，因此得以在清华大学建校 110 周年之际，将第一辑的 55 篇故事付梓出版，作为给清华 110 周年校庆的一份献礼。

我们很高兴以这样的方式为读者们提供近十年来清华学子职业选择与发展的一个“横截面”式的观察。在本书中，你既可以“探微”式地深入每一个个体投身社会时的多元与个性，又可以相对“宏观”地感受清华学子如何生动地将个人的兴趣价值融入中华民族伟大复兴事业的征途之中。如果本书能够为更多的清华学子乃至全国的青少年的生涯探索和职业选择提供一些参考，那我们将感到莫大的荣幸。

在本书编辑出版的过程中，万一、王子铭、王文婕、王煜、关晓壮、李凯特、李巽龙、李晨宇、张北辰、林子夜、贺少红、徐冉、徐雅楠、郭凯迪、葛逸清（按姓氏笔画排序）等师生也承担了大量的联络、编辑、校对工作，在此一并向他们表达感谢。